Knaur

Über den Autor:

Christian v. Ditfurth, Jahrgang 1953, ist Historiker und lebt als freier Autor und Lektor bei Lübeck. Er hat in zahlreichen Publikationen Aspekte der deutschen Zeitgeschichte analysiert. Buchveröffentlichungen u. a.: »Blockflöten. Wie die CDU ihre realsozialistische Vergangenheit verdrängt« (1991), »Internet für Historiker« (1997), »Ostalgie oder linke Alternative. Meine Reise durch die PDS« (1997).

Christian v. Ditfurth

Die Mauer steht am Rhein

Deutschland nach dem Sieg des Sozialismus

Knaur

Besuchen Sie uns im Internet:
www.droemer-weltbild.de

Vollständige Taschenbuchausgabe 2000
Droemersche Verlagsanstalt Th. Knaur Nachf. München

Umschlaggestaltung: ZERO Werbeagentur, München
Druck und Bindung: Clausen & Bosse, Leck
Printed in Germany
ISBN 3-426-61805-2

4 5 3

Für Gisela

PROLOG

Glücklich, wer's in Zürich aushält. Heute bin ich über den Utoquai zur Bellerivestrasse spaziert, strahlender Sonnenschein, links vorn, leicht ansteigend, der Riesbach, knapp 500 Meter hoch, rechts der Zürichsee, blau mit weißen Tupfen – Segelboote, Ausflugsschiffe. Gestern hatte ich die andere Route genommen, bin von der Nordspitze des Sees zum Belvoir-Park gelaufen, habe dort auf einer Bank dem munteren Treiben zugesehen: spielende Kinder, turtelnde Pärchen, alte Menschen auf der Flucht vor der Einsamkeit. Am Strandbad Geschrei, wildes Treiben, Gespritze, weit draußen ein Schwimmer mit blau-weißer Badekappe, der mit kräftigen Zügen das Wasser teilt. Hoffentlich überfährt ihn nicht ein unvorsichtiger Segler. Hier ist es immer wärmer, als es die Breitengrade eigentlich zulassen. 1963, vor 36 Jahren also, ist der See das letzte Mal zugefroren, hat man mir erzählt. Ich stelle mir Schlittschuhläufer vor, die den See wiegenden Schritts vom Mythenquai zum Zürichhorn überqueren. Ob ich das noch einmal erlebe? Wann kommt der nächste Eiswinter? Wo werde ich dann sein? In Deutschland? Kaum.

In der Stadt strotzt es vor Reichtum. Viel davon verdankt sie der Haupterwerbstätigkeit der Zürcher, dem Geldvermehren. Ein wenig aber auch »seinen« Flüchtlingen, Menschen, die Krieg und Unterdrückung in die ewig friedliche Schweiz trieben, viele davon nach Zürich. Richard Wagner und Georg Büchner waren hier, der große deutsche Baumeister Gottfried Semper schuf Mitte des vergangenen Jahrhunderts das Polytechnikum, das später als Eidgenössische Technische Hochschule (ETH) Albert Einstein aufnehmen sollte. Zürich war in der Zeit des

Sozialistengesetzes das Zentrum der sozialdemokratischen Emigration. Julius Motteler, der »rote Feldpostmeister«, fand immer Wege, den »Sozialdemokrat«, das illegale Parteiblatt, über die deutsche Grenze zu schmuggeln. Heute wäre das ein selbstmörderisches Unterfangen.

Lenin war verschiedentlich in Zürich. Von hier aus durchquerte er 1917 in einem plombierten Eisenbahnwaggon mit Genehmigung von Hindenburgs Oberster Heeresleitung Deutschland, um in Rußland seine »Aprilthesen« zu verkünden: Die Bolschewiki wollten mit friedlichen Mitteln an die Macht. Was aus dieser Absicht wurde, wissen wir. Und auch, was dem Putsch in Petrograd im Oktober folgen sollte. Ein Schlüsseldatum der Weltgeschichte, in den folgenden Jahrzehnten kamen Millionen von Menschen um oder wurden eingesperrt. Wie viele Menschen mögen noch in den Isolierungslagern der Demokratischen Republik Deutschland (DRD) sitzen, obwohl die Aprilkrise, der Aufstand von 1993, schon sechs Jahre zurückliegt?

Nur eine vergleichsweise kleine Minderheit konnte sich vor Tod oder Haft durch Flucht retten. So wie ich. Insofern hatte ich Glück. Oder ich hatte besser vorausgesehen, was kommen würde. Vielleicht aber war ich einfach nur ängstlicher als die meisten Mitmenschen. Nur gab dieses Mal die Wirklichkeit meiner Angst recht.

Aber warum klage ich? Es geht mir besser als vielen jener knapp 40 000 deutschen Emigranten in Zürich und auch besser als jenen 300 000 Frauen, Männern und Kindern, die seit 1989 in die Schweiz geströmt sind. Ich lebe nicht nur von der kärglichen Flüchtlingsunterstützung und bin auch nicht ohne Arbeit, sondern kann immerhin manchmal einen Artikel in einer schweizerischen oder österreichischen Zeitung unterbringen, und für diesen Bericht habe ich sogar einen Verlag gefunden.

Inzwischen gelingt es nur noch wenigen Wagemutigen, das neue Deutschland zu verlassen. Die meisten Flüchtlinge werden von den deutschen Grenzsoldaten ergriffen. Jedes Jahr sterben zig Menschen unter den Schüssen der Grenzposten oder im Splitterhagel der Minen und Selbstschußanlagen. Man hört auch immer wieder von Leuten, die an der Schweizer Grenze abgewiesen und nach Deutschland zurückgeschickt werden. Aber darüber findet man kein Wort in den deutschen Zeitungen, auch nicht in den schweizerischen. Es scheint fast so, als gäbe es ein stillschweigendes Einvernehmen zwischen den Deutschen und den Schweizern, die Lage an der Grenze nicht eskalieren zu lassen. Überhaupt halten sich die Politiker und Medien hier zurück. Kaum ein schlechtes Wort über den Nachbarn. Statt dessen immer wieder Verständnis und der Verweis darauf, daß Konfrontation die Reformkräfte in Deutschland nur schwächen würde. Erst wenn die Deutschen das Gefühl bekämen, sie wären respektierte, gleichberechtigte Nachbarn, könne sich der Sozialismus reformieren, behaupten einige Schweizer Politexperten. Viele wollen das glauben, aber diese Hoffnung ist auch ein Ergebnis der massiven Kritik der Berliner Regierung an den Eidgenossen, die nach deutscher Auffassung ihre Grenze zu lange als »Schweizer Käse« betrachtet hatten, wie die »Frankfurter Allgemeine Zeitung« hämisch kommentierte: zu viele Löcher für zu viele Menschen. Von einer »böswilligen Einmischung in die inneren Angelegenheiten des souveränen Deutschlands« hatte DRD-Ministerpräsident Karsten D. Voigt gesprochen, und das klang in manchen Schweizer Ohren wie das Rasseln von dreißig Panzerregimentern. Voigt beklagte sich vor allem über die deutschen Flüchtlingsvereinigungen in der Schweiz, die sich mühten, Kontakte nach drüben aufzubauen und Menschen bei der Flucht zu helfen. Tunnel waren gebaut worden, und Fesselballons waren nachts über die Grenze geschwebt, bis deutsche Grenzsoldaten einige mit Maschinengewehrsalven heruntergeholt hatten.

Aber inzwischen ist die Entspannung weit fortgeschritten. Sieht man ab von wenigen »unerfreulichen Zwischenfällen an der gemeinsamen Grenze«, so die Regierung in Bern, gibt es keine Streitpunkte mehr zwischen Deutschland und der Schweiz. Außer uns Emigranten. Über uns zanken sich mehr und mehr auch die Schweizer. Wir kosten Geld, auch wenn man meinen sollte, davon gäbe es hier genug. Wir sind der Grund für Ärger mit der deutschen Regierung, die mit Penetranz von Bern fordert, den »friedensfeindlichen Sumpf trockenzulegen«. Ohne uns würden die Geschäfte mit dem mächtigen Nachbarn besser laufen, behaupten einige, ohne aber Beweise anführen zu können. Außerdem nähmen wir Schweizern Arbeitsplätze weg. Es wird wohl nicht mehr lange dauern, bis Gruppen, nicht nur aus dem rechten politischen Lager, einen Volksentscheid erzwingen darüber, ob wir hierbleiben dürfen oder gehen müssen. Und wenn wir gehen müssen, wohin?

Hier in Zürich lebe ich zwar in der Fremde, fühle ich mich eingeschnürt und abgelehnt von vielen Einheimischen, aber die Menschen sprechen Deutsch, wenn es auch oft schwer verständlich ist. Bei aller geschäftstüchtigen Selbstbeschränkung – Zeitungen, Radio und Fernsehen berichten immerhin aus Deutschland, und wer zwischen den Zeilen lesen kann, entdeckt aufschlußreiche Facetten der deutschen Wirklichkeit. Natürlich lese ich jeden Montag den »Spiegel« und bewundere es fast, mit welch ausgefeilter Rabulistik das Blatt die Kurve kriegte. Fast so elegant wie die »Zeit«, aber unterhaltsamer. Ex-»Spiegel«-Herausgeber Rudolf Augstein sitzt irgendwo im Tessin, und der neue, jugendliche Chefredakteur, Günter Quirl, zeigt Biß, wenn auch mit begrenztem Feindbild. Soviel Lob über die Regierung hat man im Hamburger Magazin nie zuvor gelesen – alles im Zeichen der »Verantwortung für den Frieden«. Um so heftiger drischt das Blatt auf uns ein. Gerade diesen Montag wurde der »Emigrantenmafia in der Schweiz« mal wieder nachgewiesen, daß sie sich auf Kosten der braven Eidgenossen ihren fruchtlosen Intrigen gegen das neue Deutschland widme, wenn sie nicht gerade Skandälchen hervorbringe. In Österreich und anderen westeuropäischen Ländern sei es nicht besser. Und dann stand da als ein Beweis für diese Unterstellung Süffisantes über Helmut Kohl und seine einstige Bürovorsteherin Juliane Weber, die beide in Österreich, am Wolfgangsee, leben, während Hannelore Kohl in Oggersheim geblieben ist. »Ich und meine Kinder, wir sind und bleiben Deutsche und kehren unserem Vaterland auch in schweren Zeiten nicht den Rücken«, zitiert der »Spiegel« die Gattin des Ex-Kanzlers.

Die meist weniger geschickten Beschimpfungen und Lügen der großen und der kleinen Blätter aus Deutschland, der Radio- und TV-Sender schmerzen mich kaum noch. Aber immer wieder bitter ist es, die »Rheinische Post« zu lesen. Es gibt sie im Zeitschriftenladen im Hauptbahnhof. Bei der »Rheinischen Post« in Düsseldorf habe ich bis zu meiner Flucht im Frühjahr 1996 gearbeitet. Ich war keine der berühmten Edelfedern, die sich heute, wenn sie nicht emigriert sind, für die durchsichtigen Schmeicheleien von ZK-Sekretär Peter Boenisch mit gefälligen Artikeln bedanken. Ich war Sportredakteur und erfreute mich des Respekts meiner Kollegen, sofern sie mich denn wahrnahmen. Ich war einer jener fleißigen und zuverlässigen Schreiberlinge, ohne die eine Zeitung nicht funktioniert. Ich war austauschbar, aber warum hätte man mich austauschen sollen? Ich wußte eine Menge über Fußball, Reiten oder Leichtathletik, und meine Berichte kamen an. Das zeigten jedenfalls hin und wieder Leserbriefe.

Für Politik hatte ich mich damals kaum mehr interessiert als Otto Normalverbraucher. Lange hatte ich geglaubt, mich mit den neuen Umständen arrangieren zu können. Natürlich paßte mir die deutsche Vereinigung nicht, jedenfalls nicht so, wie sie durchgeführt wurde. Sicher, ich hatte den Diskussionen der Kollegen in der politischen Redaktion zugehört, von denen einige die Zukunft in schwärzesten Farben malten. Aber hatte nicht unser Chefredakteur, Gerhart Gerstig, erklärt, es werde nichts so heiß gegessen, wie es gekocht werde? Hatte er nicht geraten, ruhig zu bleiben, die neue Regierung nicht zu provozieren und seine »Pflicht als Deutscher« zu tun?

Ich hatte in dem Glauben gelebt, daß mir sowieso nichts passieren könne. Auch in der »antimonopolistischen Demokratie« würde Sport getrieben und mußte es Leute geben, die darüber berichteten. In der Tat ließ mich der Betreuer des Informationsministeriums, einige nannten ihn *Uhu*, lange Zeit unbehelligt, länger jedenfalls als meine Kollegen von der Politik. Aber dann war auch ich an der Reihe.

I.

Es ging los, als ich über das Endspiel der deutschen Fußballmeisterschaft am 23. Juli 1995 zwischen dem BFC Dynamo Berlin und dem FC Vorwärts Dortmund berichtete. Die Dortmunder hatten im Mai 1994 zu aller Überraschung erklärt, den Namen »Borussia« abzulegen, weil dieser an finsterste preußische Traditionen erinnere und dazu an den Wiener Kongreß 1814/15, auf dem die reaktionären Kräfte Europas Westfalen den Preußen zugeschlagen hätten. Dann kam noch die Sprache auf die Befreiungskriege, die man dialektisch vom reaktionären Preußentum trennen müsse, aber das habe ich nicht ganz verstanden, so, wie mein Begriffsvermögen mitunter aussetzt, wenn irgend etwas dialektisch begründet wird.

Wie dem auch sei, es war das Endspiel, in dem die Sieger der Westliga und der Ostliga aufeinandertrafen. Mit der Begründung, Reisekosten zu sparen, wurden die einstige DDR-Oberliga und die Bundesliga unter anderen Namen weitergeführt. In Wahrheit hatte ich es selbst miterlebt, wie Spiele zwischen ostdeutschen und westdeutschen Mannschaften zu politischen Demonstrationen der »Wessis« gegen die Vereinigung wurden, und manche »Ossis« hatten sich den Protesten gegen Partei und Regierung angeschlossen. Also blieben die Ligen getrennt. Der BFC Dynamo war all die Jahre Spitzenreiter im Osten, 1995 wurde Vorwärts Dortmund »Westmeister« mit einem Punkt Vorsprung vor dem FV 09 Weinheim, einem der großen Gewinner der »Befreiung des deutschen Fußballs vom Diktat des Profits«.

Das Spiel war merkwürdig. Obwohl die Dortmunder Mannschaft fast alle ihrer einstigen Profis verloren hatte – zwei von ihnen spielen in der Schweiz, die anderen in Frankreich, Belgien und Holland –, war sie haushoch überlegen. Wenn es mit rechten Dingen zugegangen wäre, hätten die Dortmunder 5:1 oder höher gewinnen müssen, aber sie verloren 0:1. Nationalstürmer Andreas Thom verwandelte in der 86. Minute einen Elfmeter, der nie hätte gegeben werden dürfen.

Ich durfte zum erstenmal über das Endspiel berichten. Eine große Ehre, die mir aber auch deshalb zugekommen war, weil viele meiner Kollegen die »RP« verlassen hatten. Ich war gewissermaßen übriggeblieben und galt schon deshalb als loyal. Das Spiel war in jeder Hinsicht denkwürdig. So viele Fehlentscheidungen eines Schiedsrichters waren mir noch nie untergekommen. Die Berliner waren einfach grottenschlecht, vielleicht hatten sie gerade einen Katastrophentag erwischt. Die Zuschauer im Berliner Olympiastadion waren trotzdem begeistert, aber die kamen fast alle aus den alten Bezirken, und auch die »Sportschau« im 1. Programm des Demokratischen Deutschen Fernsehens (DDF) berichtete offenbar von einer anderen Begegnung. Heribert Faßbender sabbelte nach seinem obligatorischen »Guten Abend, allerseits« von einer »überlegenen, erfolgsorientierten BFC-Spielkultur«, in der sich »dokumentiert, wie der Sport hierzulande unter Führung der Arbeiterpartei gedeiht«. Er hatte in seinem Filmbeitrag fast alle Dortmunder Torchancen herausgeschnitten und bemühte sich nach Kräften, die mehr als fragwürdige Elfmeterentscheidung des Magdeburger Schiedsrichters Bernd Eiermann gutzureden.

Das Spiel endete kurz vor Redaktionsschluß. Ich hackte die letzten Zeilen meines Artikels in den Robotron-Laptop – in Kollegenkreisen wegen seines rückenmordenden Gewichts auch als »Dresdener Klavier« bezeichnet – und schickte den Text per Fax nach Düsseldorf zur Redaktion. Niemand in der Redaktion, auch nicht der Uhu, schaute noch einmal darauf. Dazu war auch keine Zeit mehr, und Sport nahm man damals bei der »Rheinischen Post« noch nicht so ernst. Das sollte sich erst nach meinem Artikel ändern.

Als ich am nächsten Vormittag in der Redaktion auftauchte, fing mich der Pförtner ab, ich solle gleich zum Chefredakteur kommen. Seine Sekretärin erwartete mich mit unheilverkündendem Blick; unter diesem müssen vor der Einheit Kollegen erzittert sein, wenn sie angeblich zu freundlich über die sozialdemokratische Landesregierung geschrieben hatten. Ich mußte nicht warten, sondern wurde gleich zu Gerstig gerufen. Der empfing mich in seinem eichenvertäfelten Zimmer hinter einem mächtigen Jugendstilschreibtisch, an den Wänden rheinische Heimatmotive. Am Konferenztisch saß der Uhu, ein kleiner grauer Mann mit wachen Augen.

Der Kitsch im geräumigen Chefzimmer sollte wohl gemütlich wirken, aber gemütlich war es an diesem Tag nicht. Jedenfalls nicht für mich. Statt einer Begrüßung schmetterte Gerstig mir »Sie sind wohl wahnsinnig geworden!« entgegen, als ich die Tür gerade hinter mir geschlossen hatte. Vor ihm auf dem Schreibtisch lag die aktuelle Ausgabe der »Rheinischen Post«, die Seite mit meinem Artikel aufgeschlagen. »Fragwürdiger BFC-Sieg« lautete die Headline. Der gute Mann hatte einen hochroten Kopf und – Angst. Die schaute neben dem Zorn aus seinen Augen, aber das habe ich erst später begriffen. Ich sagte erst einmal gar nichts. Wie soll man auch sprechen, wenn einen eine Dampfwalze überrollt? Von der tobsuchtsähnlichen Tirade des Chefredakteurs sind mir nur wenige Details im Ohr geblieben: »illoyal zur neuen Regierung«, »feindlichen Einflüsterungen erlegen«, »Fußball ist mehr als Fußball«, »es geht um prinzipielle Fragen, ja, auch um den Weltfrieden«.

Beim Weltfrieden klickte etwas in meinem Gehirn, und ich wagte ein kurzes »Was hat denn der Weltfrieden …?«

Ich hätte nicht fragen sollen, denn nun wurde ich unter einer verbalen Sturmflut begraben: »Ach, das kapier'n Sie nicht?! Hätte ich mir denken können. Hat nur Bälle im Kopf, aber kein

Hirn. Mann, Sie müßten doch wissen, wie wichtig der Fußball den Deutschen ist. Und wenn da Streit zwischen Ost und West aufkommt, ja, was glauben Sie denn, stärkt das die gerade errungene Einheit? Natürlich nicht! Und wenn unser Volk sich streitet, dann freut sich der Imperialismus. Und mehr noch. Wenn wir schwach werden, werden die stark. So einfach ist das. Und das wollen Sie nicht kapieren? Sind Sie zu dumm, sind Sie auf den Feind hereingefallen, oder wollen Sie einfach nur stänkern, Sie Miesmacher? Und noch etwas, damit Sie sehen, daß ich die Hoffnung bei Ihnen noch nicht ganz aufgegeben habe: Es sollte sich sogar schon bis zu Ihnen herumgesprochen haben, daß der BFC nicht irgendein Fußballverein ist. Sie wissen doch, die Leute im Politbüro und im Ministerrat, die sind genauso fußballbegeistert wie Sie und ich. Ist das nicht sympathisch? Und weil die in Berlin wohnen, sind sie BFC-Fans. Und wenn, sagen wir mal, der Genosse Krenz Ihren Artikel liest, ja, was wird er dann denken? Daß hier in der Redaktion die Einheitsbegeisterung überschäumt?«

Während ich über den Weltfrieden und die deutsche Einheit belehrt wurde, saß der Uhu schweigend am Konferenztisch. Er verzog keine Miene, sondern schaute mich nur fortwährend an. Er prüfte meine Reaktionen. Und, so glaubte ich zu spüren, er prüfte auch den Chefredakteur. War da noch etwas vom alten Zusammenhalt aus Vorwendezeiten? Ich hatte keinen Zweifel, am Ende würde nicht Gerstig, sondern der Uhu entscheiden, was aus mir würde. Ob ich mit einer Verwarnung wegkäme oder ob ich mich »in der Produktion bewähren« durfte. Wobei das mit der Produktion nicht wörtlich zu nehmen war. Ein Kollege aus der Lokalredaktion durfte sich als Friedhofsarbeiter bewähren. Nachdem ein Sarg mit einem Unfallopfer in die Grube gefallen war und sich geöffnet hatte, haute er nach Frankreich ab. Aber das war 1991, als die Grenzen noch nicht hermetisch geschlossen waren.

Es wurde weder eine Verwarnung noch die Bewährung in der Produktion. Ich wurde gefeuert. Ich könne von Glück sagen, nicht in einem Lager gelandet zu sein, flüsterte mir die Chefsekretärin zu, das hätte ich allein Gerstigs Mut zu verdanken. Der habe für mich gekämpft wie ein Löwe.

Nach meiner fristlosen Entlassung traf ich den Chefredakteur zufällig noch einmal, als ich am Rheinufer unter der Theodor-Heuss-Brücke spazierenging. Erst wollte Gerstig so tun, als erkenne er mich nicht. Aber dann hielt er doch an, auch wenn ich ihm ansah, wie peinlich ihm das Treffen war. Er schaute sich, während wir miteinander sprachen, auch fortwährend nach allen Seiten um wie eine Katze, die beim Fressen die Umgebung sichert. Ummalt vom Verkehrsgedröhn, das von der Brücke zu uns hinunterdrang, bemühte er die alten Zeiten, um mir zu erklären, daß ich zu meinem Schutz gefeuert worden sei. »Verstehen Sie das bitte, ich konnte Sie als langjährigen Kollegen doch nicht ins Messer laufen lassen. Was sollte ich tun, der Betreuer bestand darauf, daß Sie gehen müssen. Boenisch hat getobt: ›Der Artikel richtet sich nur vordergründig gegen den BFC, in Wahrheit ist er ein Anschlag auf die Einheitsregierung, auf alle nationalen Kräfte. Das hat mit Fußball nichts mehr zu tun.‹ Hätte ich Sie nicht entlassen, beim nächsten Vorfall wären Sie verhaftet worden. Und wissen Sie, was Sie mir noch eingebrockt haben? Kapluck höchstpersönlich hat mir einen Rüffel verpaßt. Im ZK hätten einige schon von ›feindlichen Positionen‹ im Bezirk Essen-Düsseldorf gesprochen, und er, Kapluck, habe alle Mühe gehabt, die Gemüter zu beruhigen. Das habe ihm gerade noch gefehlt, die Westgenossen hätten es schwer genug im ZK.«

Manfred Kapluck, 1. Sekretär der Bezirksleitung Essen-Düsseldorf, Mitglied des ZK der Sozialistischen Einheitspartei der Demokratischen Republik Deutschland (SEdDRD) und Abgeordneter des DRD-Volkstags, des gesamtdeutschen Parlaments, das war ein schweres Kaliber. Selbstbewußt, eitel, linientreu und gnadenlos. Wer ihm vor die Flinte kam, hatte nichts zu lachen. Denn Kaplucks Humor war so phantasievoll wie einseitig. Mit beißendem Spott stürzte er sich auf seine wehrlosen Gegner oder auf Leute, die er dafür hielt, und vergnügte sich daran, wie sich jene wanden, die seiner argumentativen Heimtücke ausgeliefert waren. Der Mann war gerade mal ein gutes Jahr Bezirkschef, aber diese Zeit hatte genügt, um die unglaublichsten Geschichten über ihn in Umlauf zu bringen. Vielleicht wollte er das auch, weil es in seinen Augen zur Aura eines kommunistischen Funktionärs in revolutionärer Zeit gehörte. Es war Revolution in Deutschland, wenigstens in seinem westlichen Teil, in dem die antimonopolistische Demokratie aufgebaut, die Macht des Großkapitals gebrochen wurde.

Auch wenn ich alles tat, um kein Mitleid mit Gerstig in mir aufkommen zu lassen, schwante mir, daß dieser Mann nur noch aus Angst bestand, Angst um sich, um seinen Job, um seine Familie. Er bemühte sich nach Kräften, mir klarzumachen, daß er mir ja eigentlich einen Gefallen getan hätte, mich klug »aus der Schußlinie gezogen« habe, aber er redete vor allem gegen die eigenen Zweifel an in der Hoffnung, sich von der Angst zu befreien, wenn er seine Zweifel besiegte.

Ich muß ziemlich ungläubig geguckt haben. Aber Gerstig war nicht davon abzubringen, daß ich ihm dankbar sein müsse. »Und außerdem, Sie werden schon sehen. Kopf hoch, Junge!« Dann schaute er sich noch einmal um und verschwand eiligen Schrittes in einem Auflauf blauhemdiger FDJler.

Vielleicht war Dankbarkeit nicht völlig unangebracht. Denn kurz nach meinem Rausschmiß klingelte es eines Morgens an meiner Tür. Ich wohnte im Erdgeschoß einer geräumigen, leicht vergammelten Altbauvilla im Stadtteil Oberkassel; schließlich hatte ich nicht schlecht verdient als Sportredakteur. Als ich im Bademantel öffnete, stand da eine ganz in Grau gekleidete ältere Dame, vornehm, mit weißen Haaren, Silberspange im Dutt, auf der Nase eine Brille mit schmalem Silberrand. Sie lächelte freundlich, übersah taktvoll meine nicht mehr ganz fabrikneue Morgenbekleidung und stellte sich vor als Mitarbeiterin des Bistums Essen, Frau Grützel. Sie komme von ihrer Kirchengemeinde an der Heiligen-Schutzengel-Kirche im Dekanat Essen-Stoppenberg. Sie habe gehört, daß ich meine Arbeit verloren hätte.

Ich war überrascht. Erst ein paar Stunden später begann ich zu ahnen, was dahintersteckte. In Vorwendezeiten hatte die »Rheinische Post« glänzende Beziehungen zu den beiden großen Landeskirchen. Kein Wort der Kritik war jemals in ihren Zeilen zu lesen gewesen. Aber nun, seit der Einheit, sah man weder Herausgeber noch Chefredakteur jemals eine Kirche betreten. Trotzdem schien die Verbindung nicht gänzlich abgerissen zu sein, und vielleicht fühlten sich die Kirchenleute ja auch noch ein bißchen in der Schuld der »RP«.

Frau Grützel gab gleich zu, sie kenne meinen Namen nicht, aber der Herr Pfarrer und auch Bedienstete im Dekanat seien sportbegeistert, sie hätten viele Artikel von mir gelesen und fänden es schade, daß ich nun keine mehr schreiben würde. Offenbar waren die frommen Sportfans keine Anhänger von Fortuna Düsseldorf, denn sonst hätten sie sich nicht so freundlich an meine Artikel erinnert.

Ich bat Frau Grützel herein, führte sie in die Küche, entschuldigte mich für den schlampigen Zustand meiner Wohnung, aber das überhörte sie und ignorierte auch die Gläser und schmutzigen Teller, die ich rasch vom Tisch räumte, um sie im Spülbecken verschwinden zu lassen. Gestern abend waren Johannes und Elvira hiergewesen, wir hatten wenig gegessen und viel getrunken, Wodka. Johannes und Elvira kannte ich vom gemeinsamen Germanistikstudium, sie waren die letzten Freunde, die mich besuchten seit meinem Rausschmiß. Von meinen Kollegen in der Redaktion hatte ich nichts mehr gehört und gesehen. Sonst telefonierte ich nur noch ab und zu mit meinem Bruder Willi. Er sah mir zwar verblüffend ähnlich, so daß viele uns für Zwillinge hielten. Aber innen drin waren wir ganz verschieden gestrickt. Willi war Funktionär der DKP gewesen, seit ihrer

Verschmelzung mit SED und SPD arbeitete er für die Sozialistische Einheitspartei und war schon deshalb nicht mein Lieblingsgesprächspartner.

Frau Grützel strich ihren grauen Rock glatt und setzte sich auf den Stuhl, den ich ihr angeboten hatte. Sie trug im Gesicht ein feines Lächeln, und mit freundlicher, fast tonloser Stimme sagte sie: »Wissen Sie, wir können Ihnen leider keine Arbeit als Redakteur anbieten. Sie sind zwar Mitglied unserer Kirche, aber gesehen haben wir Sie bisher nie, weder im Gottesdienst noch bei einer unserer zahlreichen Veranstaltungen.«

»Woher wissen Sie das, Sie kommen doch aus Essen, wie Sie sagen?«

»Der Glaube kennt keine Grenzen. Natürlich haben wir mit unseren Freunden in Düsseldorf über Sie gesprochen. Und die kennen Sie leider nicht.«

Diese Feststellung schmerzte sie, jedenfalls verlor ihr Gesicht kurz das feine Lächeln, und sie schaute mich streng an. Aber Frau Grützel fing sich gleich wieder, und das feine Lächeln kehrte in ihr Gesicht zurück. »Sie verstehen, daß wir Ihnen schon deshalb keine größere Aufgabe im ›Frohen Boten‹ übertragen können – vielleicht kennen Sie ja unsere Bistumszeitung?« Ich bemühte mich um einen nichtssagenden Gesichtsausdruck. »Und außerdem wäre es unserem Herrn Bischof auch nicht recht, die Regierung zu verärgern. Die Herren in Berlin sind ja so sensibel. Unsere Kirche bemüht sich mit aller Kraft, ein Auskommen mit ihnen zu finden. Aber das ist manchmal schwer.« Sie schaute betrübt auf die Tischplatte. »Wir als Kirche sind ja für Ausgleich und Harmonie, Feindesliebe …« Frau Grützel schaute sich erschreckt um, als hätte sie sich bei etwas Furchtbarem ertappt. »Selbstverständlich sehen wir in den Regierenden keine Feinde. Sie verstehen?«

Ich verstand.

Frau Grützel bot mir an, freiberuflicher Korrektor des »Frohen Boten« zu werden. Das war, bei allem Respekt vor dem Korrektorberuf, nicht die Aufgabe, die ich mir ersehnt hatte. Aber eine andere würde ich kaum bekommen. Es war besser, als Arbeitslosengeld zu beziehen. Dieses Relikt aus kapitalistischer Zeit gab es noch, wenn auch die Sozialistische Einheitspartei auf ihrem letzten Parteitag angekündigt hatte, daß diese »Erblast des Imperialismus« mit seinen Grundlagen, nämlich der Macht der Monopole, mit dem ersten gesamtdeutschen Fünfjahrplan 1999 auf dem Müllhaufen der Geschichte landen würde.

Wie sich das kirchliche Streben nach Harmonie und Ausgleich gestaltete, sollte ich Buchstabe für Buchstabe erleben, als ich meinen neuen Job als Korrektor beim »Frohen Boten« antrat. Die Bezahlung war kläglich. Ich mußte mich daran gewöhnen, Fehler zu suchen, Wörter und Sätze also nicht instinktiv richtig zu lesen, sondern erst einmal für falsch zu halten. Ich war auf der Jagd nach Fehlern und triumphierte, wenn ich mal einen besonders gut versteckten fand. Glücklicherweise vergaß ich darüber manchmal, was ich las. Ich konnte mit frommen Worten noch nie etwas anfangen, und manche klangen so verquast und gedrechselt, daß gegen meinen Willen fast eine Art Bewunderung in mir aufkam angesichts dieser stilistischen Kunstfertigkeit. Ich hätte mich noch so mühen können, aber Theologendeutsch hätte ich nie hingekriegt.

Der Job war nervenaufreibend. Nicht wegen der Fehler, sondern weil ich den Inhalt der zu korrigierenden Texte doch nie ganz ignorieren konnte. Da war die Rede von der »Kirche im Sozialismus«, von der Vorbildrolle der Kirchen der ehemaligen DDR, die im streitbaren Einvernehmen mit dem Staat »zum Wohle aller Menschen« gewirkt hätten, von der Notwendigkeit, im Weltkirchenrat für den Weltfrieden einzutreten, von den »gemeinsamen geistigen Wurzeln von Christentum und Sozialismus« und von »kritischer Partnerschaft«. Der ehemalige evangelische Thüringer Landesbischof Moritz Mitzenheim wurde als Vorbild dargestellt, weil er sich in den fünfziger und sechziger

Jahren »neuen Herausforderungen für seine Kirche« nicht verschlossen habe (das Ehrenmitglied der Block-CDU hatte, wie ich heute weiß, sein Kirchenamt mißbraucht, um Walter Ulbricht zu preisen). Selbstkritik wurde geübt, daß die Kirche sich in der Vorwendezeit zu oft und zu leichtfertig mit allzu weltlichen Kräften verbunden habe, mit dem Verweis auf Jesus, der die Händler aus der Kirche verjagte. »Wir haben in den sieben fetten Jahren zuwenig für die Armen und Entrechteten getan, die sieben mageren Jahre stehen unter dem Gebot von Verzicht und Solidarität. Das ist nur gerecht.«

Fast drei Monate arbeitete ich als Korrektor des »Frohen Boten«. Ich würde es wohl heute noch tun, wenn ich nicht einen kleinen Fehler übersehen hätte. Ich konnte einiges zu meiner Entschuldigung anführen und tat dies auch, aber ich konnte nicht abstreiten, daß der Fehler meine Jagd überlebt hatte. Es ging um die Weihnachtsausgabe 1995, genauer, um den Leitartikel des Bischofs. Ich hatte wenig geschlafen, weil Johannes vorbeigeschaut hatte. Er klagte über Ehestreit, Elvira wollte ein Kind – »die Regierung gewährt doch jetzt Müttern soviel Hilfe« –, Johannes wollte keines: »In solchen Zeiten kriegt man keine Kinder.« Ich war fast ein bißchen froh gewesen, daß ich es einmal nicht war, der jammerte, und schlüpfte gerne in die Rolle des überlegenen Richters. Und dies um so lieber, je mehr Wodka floß. Es war ein bißchen zuviel Wodka geflossen.

Am Morgen danach lagen in meinem Briefkasten die Fahnen der Weihnachtsausgabe des »Frohen Boten«. Dabei eine Notiz: »Bitte beeilen Sie sich, wir sind spät dran.« Es war schwer geworden, Drucktermine zu bekommen. Also kochte ich mir einen starken Kaffee und trug meinen benebelten Kopf zum Schreibtisch. Der Weihnachtsartikel des Bischofs war eine Qual, schlimmster Herz-Jesu-Kitsch über das »Fest der Brüderlichkeit«. Mein Verhängnis wartete in der vorletzten Zeile. Ich war froh, so gut wie fertig zu sein, und nahm quasi nur noch mit dem linken Auge zur Kenntnis, daß der Bischof im »Beschluß des Novemberplenums des ZK durchaus den Willen zur Verständigung aller am Wohle der Menschen interessierten Kräfte in unser aller Deutschland« erkannt haben wollte. Und er lobte die »fruchtbare Zusammenarbeit aller gesellschaftlichen Kräfte im vergangenen Jahr«.

Ich verzierte auch die letzte Seite noch kunstvoll mit meiner Paraphe, packte die Fahnen in einen Umschlag, stieg auf mein Fahrrad und radelte zum »VEB Vorwärtsdruck« in der Düsseldorfer Innenstadt, wo der »Frohe Bote« hergestellt wurde. Die frische Novemberluft tat mir gut, und meine Laune stieg in dem Maß, wie mein Kater verblich. Ich hatte nicht die geringste Ahnung, daß ich keinen Grund hatte, gut gelaunt zu sein. Aber das ging mir erst kurz vor Heiligabend auf.

Ich mache mir nicht viel aus Weihnachten. Als »Alleinlebender«, wie »Single« mittlerweile heißt, fehlen einem so ziemlich alle Gründe, einen Weihnachtsbaum zu kaufen oder Kerzen oder Engelfiguren oder das Krippenensemble. Hätte ich letzteres erstanden, wäre mir vielleicht mein tristes Dasein in Zürich erspart geblieben – obwohl es wahrscheinlich weniger trübselig ist, als heute in Deutschland zu leben. Ich hätte die Weisen aus dem Morgenland ja möglicherweise buchstäblich im Blick gehabt, als ich des Bischofs Leitartikel korrigierte. Der schrieb über »die Treue der sogenannten Heiligen Drei Könige im Glauben, was zeigt, daß man dem Herren gehorchen soll und nicht den verderblichen Einflüsterungen von Despoten«.

Was den Bischof dazu verleitet hatte, im fünfzigsten Jahr nach der in Deutschland bombastisch begangenen Niederlage des Naziregimes im Zweiten Weltkrieg die Weisen aus dem Morgenland zu strapazieren, weiß ich nicht. Aber er hatte unzweifelhaft versucht, ein biblisches Gleichnis zu finden für die Pflicht zum christlichen Widerstand gegen Hitler. Und er hatte sich damit eingelassen auf jenen antifaschistischen Impetus, der den Herrschenden als neudeutsche Sinnstiftung so sehr am Herzen lag.

Auf der Suche nach Gemeinsamkeiten mit den Kommunisten hatte der Bischof nicht zum erstenmal das »Erbe des Widerstandes gegen den braunen Ungeist« bemüht.

Man konnte ja über den Bischof sagen, was man wollte, bibelfest war er, und sein Gleichnis paßte gut. Herodes, Tetrarch von Judäa und großer Völkermörder seiner Zeit, hatte die Weisen aus dem Morgenland beauftragt, Jesus auszuspionieren. Aber die Weisen hatten sich angesichts des gerade geborenen Gottessohnes zum Widerstand gegen den Unhold besonnen und »zogen durch einen andern Weg wieder in ihr Land«. Daraufhin hatte Herodes alle Kinder in Bethlehem töten lassen, um auf jeden Fall das eine umzubringen, vor dem er sich schrecklich fürchtete. Glich dieser Wahn nicht jenem vermeintlich wahllosen Abschlachten, dem vor einem halben Jahrhundert zig Millionen Menschen zum Opfer fielen? Es war ein durch und durch antifaschistisches Gleichnis. Es lag ganz auf der Linie, die der Bischof seit einigen Jahren eingeschlagen hatte. Auch in seinem Leitartikel für die Weihnachtsausgabe des »Frohen Boten« bekundete er die Loyalität seiner Kirche, die »fruchtbare Partnerschaft«, wie sich die Annäherung verklausulierte.

Diese und viele andere Argumente brachte der Bischof vor, als ihn zu seiner Überraschung am Mittag vor Heiligabend 1995 Kapluck anrief. So erzählte es mir jedenfalls Jahre später in Zürich Raimund Ohnelang, damals persönlicher Referent des Bischofs, eines der Opfer der »Bethlehem-Krise«, wie der denkwürdige Vorfall bald in Kirchenkreisen genannt wurde. Ohnelang erweckt den Eindruck eines glaubwürdigen Zeugen, und so will ich seine Schilderung der Ereignisse hier wiedergeben.

Kapluck tobte am Telefon. Er schrie von einem »Anschlag auf das Verhältnis Staat – Kirche«, verlangte, daß der Bischof sich öffentlich distanziere vom eigenen Artikel – »Tun Sie Buße, Herr Bischof, tun Sie Buße. Das dürfte Ihnen als wahrem Christenmenschen doch nicht so schwerfallen.« Kapluck war bekannt als Kirchenhasser. Er verstand es, bissige Bemerkungen einzustreuen, sobald er über Kirche, Religion und Glauben sprach. Da waren der SED im Westen Genossen zugewachsen, die eben nicht all die Jahrzehnte das Parteilehrjahr durchlaufen hatten und auch nicht die Parteihochschule »Karl Marx« absolvieren konnten. In der Einheitspartei war immer mal wieder die Rede von den »westlichen Radikalinskis«, denen die »revolutionäre Geduld« fehle.

In der DDR hatte die SED jahrzehntelang gebraucht, um herauszufinden, daß die Kirche im Sozialismus nicht so schnell abstarb wie erwünscht und von Marx, Engels und Lenin vorhergesagt. Die Genossen lernten, daß brachiale Unterdrückung das Absterben nicht beschleunigte. So entschieden sich die Kommunisten, die Kirchen zu bearbeiten, sie durch Zuckerbrot und Peitsche Schritt für Schritt auf die eigene Seite zu ziehen, immer in der Hoffnung, daß die Kirche sich in dem Maß überflüssig machte, wie sie sich auf den Sozialismus einließ. In der DDR war man damit schon recht weit gekommen, und die Zahl der Gläubigen sank. In den neuen Bezirken aber standen die Einheitssozialisten noch ganz am Anfang, auch wenn die Kirchenoberen und manche an der Basis schon Zugeständnisse gemacht hatten. Erfreut nahm die SED zur Kenntnis, daß der auf einen Ausgleich mit Staat und Partei zielende Kurs der beiden großen Kirchen in der DDR allmählich auch im Westen Fuß faßte.

Aber noch gab es in vielen westlichen Landeskirchen, evangelischen wie katholischen, Widerstand gegen den »gottlosen Marxismus«, setzten sich vor allem Pfarrer für demokratische Freiheiten ein und ließen systemkritische Gruppen in Kirchenräumen tagen. Dafür brauchte es einigen Mut, denn seit der Einheit hatte die SED in den alten Bezirken immer wieder übel zugeschlagen. Der Berliner Pfarrer Rainer Eppelmann saß im Zuchthaus Bautzen, seine Bluesmessen und sonstigen »staatsfeindlichen Aktivitäten« hatten die SED schon lange genervt. Seit die SED auf Proteste in Westdeutschland keine Rücksicht mehr nehmen mußte, wurden die konsequentesten Oppositionellen im Osten in Gefängnisse und Zuchthäuser gesteckt.

Im Westen war es oft noch schlimmer. Wellen der Hysterie erfaßten die Staatspartei, wann immer sie Widerspenstiges erahnte. Auch wenn die Genossen nach außen hin pausenlos erklärten, die »übergroße Mehrheit des deutschen Volkes hat sich für Sozialismus und Frieden entschieden«, sie glaubten selbst nicht daran. Hinzu kam, daß die Westgenossen sich in Opposition geübt hatten und es nun lernen mußten, Macht auszuüben. Zwar saßen in Schlüsselpositionen Funktionäre aus dem Osten, aber der Versuch, sich eine gesamtdeutsche Legitimation zu geben, verlangte, daß Genossen aus dem Westen mitregierten. Bei aller Schulung waren viele einstige DKP-Funktionäre hypernervös. Sie wollten den Genossen aus dem Osten beweisen, daß sie den neuen Anforderungen gewachsen waren, sie wollten keine Fehler machen, und sie wollten die Macht nicht gefährden. Letzteres war zwar auf absehbare Zeit unmöglich, auch weil sowjetische Eliteeinheiten in die von Amerikanern, Engländern und Franzosen geräumten Kasernen eingerückt waren, aber die Kommunisten waren derart machtbesessen, daß sie auch Gefahren witterten, wo keine drohten. Und besonders argwöhnisch waren sie natürlich im Westen.

Aber das allein hätte nicht gereicht, um die »Bethlehem-Krise« auszulösen. Ich habe nicht herausfinden können, ob Kaplucks Kirchenhaß spontan ausbrach oder ob er einem Plan aus Berlin folgte. Ohnelang glaubt, daß die obersten Kirchenbearbeiter nur auf eine Gelegenheit gewartet hatten, um einmal kräftig die Peitsche zu schwingen. Wenn das stimmt, hatte ich einfach Pech.

Es half nichts, daß der Bischof beteuerte, er halte die Regierenden nicht für Despoten und habe nicht zum Widerstand aufgerufen. Sein Gleichnis beziehe sich allein auf das Gebot des Widerstands gegen die braune Diktatur, dem die Kirche nicht in ausreichendem Maß gefolgt sei. Der Bischof äußerte sich verwundert über die Vorstellung, daß die Regierenden es überhaupt für möglich hielten, mit Despoten verwechselt zu werden.

Und er beschwor die gute Zusammenarbeit zwischen Kirche und Staat, die »besonders im Rheinland schon erste Früchte« gezeitigt habe.

Es war aber alles umsonst, denn Kapluck konnte seine Thesen beweisen, und das verdankte er mir. Niemand konnte mir vorwerfen, daß ich vermeintlich Anstößiges in einem Artikel des Bischofs übersehen hätte. Wer war ich denn, daß ich es hätte wagen können, in theologische Auslassungen meines obersten Gebieters einzugreifen? Aber ich hatte einen Buchstabendreher nicht erkannt, der veränderte den Sinn eines Satzes, und das reichte. Denn im »Frohen Boten« stand nicht »fruchtbare Zusammenarbeit aller gesellschaftlichen Kräfte im vergangenen Jahr«, sondern »furchtbare Zusammenarbeit«. Meinem katergetrübten Auge war entgangen, daß R und U in unerlaubter Weise ihren Platz getauscht hatten.

Kapluck weigerte sich, dies als einen Satzfehler anzuerkennen, und nahm das Adjektiv »furchtbar« als »eindeutigen Beleg dafür, daß sich das Gleichnis des Bischofs gegen die führende Partei richtet, ja, daß in diesem Artikel die Partei der Antifaschisten auf eine Stufe mit den Nazis gestellt wird. Und wenn Sie, Herr Bischof, das anders sehen, wenn Sie es so nicht gemeint haben, dann muß es Volksfeinde in Ihrem Bistum geben, die hinter Ihrem Rücken Partei und Staat unterminieren wollen. Das liegt in Ihrer Verantwortung. Sorgen Sie für Ordnung.«

Für Kapluck war es der lang gesuchte Grund, die Kirche in seinem Bezirk noch stärker zu schikanieren. »Das ist nicht mehr Widerstand zwischen den Zeilen, sondern eine konterrevolutionäre Plattform«, dröhnte er. Und da er die Existenz einer solchen Plattform behauptet hatte, gingen er und die Sicherheitsorgane nun daran, die Plattform zu finden. Sie brauchten nicht lange.

Zwei Buchstaben am falschen Platz zur falschen Zeit schufen ein staatsfeindliches Zentrum im Bistum Essen. Die Beteiligten wurden als »Glieder einer volksfeindlichen Verschwörung« und als »Agenten der NATO« beschimpft. Namen nannte die Partei aber nicht. Sie wollte es dem Bischof überlassen, sein Reich zu säubern.

Es war ein Lehrstück in marxistisch-leninistischer Taktik. In den Zeitung war häufig die Rede davon gewesen, man müsse »differenzieren zwischen denen, die der Volksmacht feindlich gegenüberstehen, und jenen, die irregeleitet wurden und Volksfeinden auf den Leim gegangen sind«. In der »Bethlehem-Krise« hieß das, daß die Partei es dem Bischof nahelegte, sich als Opfer einer Intrige zu fühlen, die volksfeindliche Kräfte in seinem Bistum ausgeheckt hätten. Die »Agenten des konterrevolutionären Stützpunkts im Bistum Essen«, wie die »Rheinische Post« zu berichten wußte, hätten den Bischof hereingelegt, um die Kirche in ihre verfassungswidrigen Umtriebe gegen den antimonopolistischen Staat zu verwickeln. Und so wurde ich, der kleine Korrektor, zum Staatsfeind wider Willen und war, ohne es zu wissen, Mitglied einer »antidemokratischen Zusammenrottung«.

Das Trommelfeuer in den regionalen Medien dauerte drei Wochen. Dann begriff der Bischof, was von ihm verlangt wurde. Waren denn nicht immer wieder regierungskritische Töne im Bistum zu hören gewesen? Hatten diese Meckerer, die da von »gottloser Zeit« sprachen, nicht wirklich überzogen? Mußten sie denn unbedingt immer wieder den Staat provozieren? Hätten sie ihm statt dessen nicht helfen müssen, wo doch die Staatsmacht noch so verunsichert war, daß sie oft das rechte Maß nicht fand? Der Bischof war überzeugt davon, daß er seine Schäfchen nicht leichtfertig verlassen durfte. So nahm er die schwere Last auf sich, sich von den »Umtrieben, die nicht das Wohl des Ganzen im Sinne haben«, zu distanzieren. Er gab die Konterrevolutionäre zum Abschuß frei. Zwei Pfarrer, über die sich die Partei schon lange geärgert hatte, wurden in die Altenpflege versetzt. Ohnelang, der den Bischof mit seiner schlichten Geradlinigkeit nervte, wurde Helfer in der Armenfürsorge. Der

Bischof mochte sich damit beruhigen, daß er diese und andere angebliche Staatsfeinde vor dem Gefängnis rettete, indem er sie aus der Schußlinie zog.

Darunter auch mich. Ende Januar stand Frau Grützel plötzlich wieder vor meiner Tür. Das feine Lächeln war ganz aus ihrem Gesicht verschwunden. Sie schaute mich traurig von der Seite an, als ich sie einließ. Sie müsse mir leider sagen, daß ich nicht mehr als Korrektor für den »Frohen Boten« arbeiten könne. »Wissen Sie«, sagte Frau Grützel, »unser Bischof hat immer das große Ganze im Auge. Sie verstehen?«

Ich verstand.

Offenbar aber hatte es sich der Bischof ausbedungen, daß die Sicherheitsorgane nicht oder wenigstens noch nicht zugriffen. Und auch in der Presse war der »Stützpunkt des Klassenfeinds« plötzlich kein Thema mehr. Die Staatsmacht hatte mir und den anderen Protagonisten der »Bethlehem-Krise« eine Gnadenfrist eingeräumt. Aber was würde passieren, wenn sie eins und eins zusammenzählte und herausbekam, daß ich genau der Sportredakteur war, der im Mittelpunkt des BFC-Skandals gestanden hatte? Oder wußten die Sicherheitsorgane das schon?

Ein paar Tage nach meiner zweiten Entlassung war ich abends bei Johannes und Elvira zu Besuch. Sie wohnten in der Kaiserswerther Straße im Düsseldorfer Norden, und ich fragte mich jedesmal, wenn ich bei ihnen war, wie sie den Verkehrslärm dieser Durchgangsstraße nahe eines Autobahnzubringers und das Gerumpel und Gequietsche der Straßenbahnlinie Messegelände – Hauptbahnhof aushielten.

Diesmal war ich wieder der Mann mit den Sorgen. Ich hatte auch nach meinem Rausschmiß bei der »Rheinischen Post« nie wirklich Angst gehabt um mich. So bitter es war, daß ich meinen Job verloren hatte, und so trostlos die Aussichten gewesen waren, einen neuen zu finden – erst jetzt kroch mir die Furcht mit Eiseskälte in die Glieder. Letzte Nacht hatte ich halb wach, halb im Schlaf vom Zuchthaus geträumt und von einer monströsen Gerichtsverhandlung mit mir als Angeklagtem. Im Halbschlaftraum sah ich mich seltsamerweise im Volksgerichtshof der Nazis, vorne hinter dem Richtertisch Roland Freisler, auf der Anklagebank neben mir der bulgarische Kominternfunktionär Georgi Dimitroff. Aber das lag gewiß nur an einem Dokumentarfilm, den ich gerade gesehen hatte, in dem der »heldenhafte Widerstand der Kommunisten und aller anderen Demokraten gegen die Hitler-Barbarei« gezeigt wird.

Ich hatte mitbekommen, wie Menschen aus meiner weiteren Umgebung plötzlich verschwanden. Manchmal hörte man später noch, daß sie verurteilt worden seien, meistens zu erschrekkend hohen Haftstrafen. Sicherungsverwahrung gab es inzwischen auch für Leute, die wiederholt gegen die Gesetze der DRD verstießen, vor allem gegen jene Paragraphen, die das »friedliche Zusammenleben beim Aufbau der antimonopolistischen Demokratie« regelten. Justizminister Horst Eylmann (CDU) hatte angekündigt, daß der Staat »im Interesse seiner gesetzestreuen Bürger hart durchgreifen« werde. Er kenne keine politischen Straftäter, sondern nur Kriminelle. »Ob einer in ein Haus einbricht oder mit dem Staat bricht«, sei ihm einerlei. Deutschland sei ein Musterbeispiel für den Kampf um die Menschenrechte. Sofern die Menschenrechte noch nicht ganz durchgesetzt werden konnten, sei dies eine »Erblast« aus jener unseligen Zeit, als Deutschland durch die Schuld der NATO gespalten gewesen sei. Man könne »die Wunden, die der Kapitalismus unserem Volk in Jahrzehnten geschlagen hat, nicht binnen weniger Monate heilen«.

Diese Äußerungen hatten mich zuerst erschreckt, aber inzwischen überraschte mich kaum noch etwas, was ich von frisch gewendeten künftigen Kommunistenfreunden hörte oder las. Sie gaben sich oft besonders kämpferisch und wollten so ihre wenig rühmliche Vergangenheit vergessen lassen. Sie lebten in der Angst, als unsichere Kantonisten verdächtigt zu werden, und deshalb neigten sie dazu, ihre Loyalität besonders energisch zu bekunden. Ich hatte dafür Verständnis, schließlich war auch ich kein Held, sondern durch dumme Zufälle in die mißliche Lage geraten, aus der ich mich nun herauswinden mußte.

Denn soviel wurde mir im Gespräch mit Johannes und Elvira klar. Die Sicherheitsorgane würden mich früher oder später auf dem Kieker haben. Ich stand bestimmt schon in ihren Listen. Bei irgendeiner Kampagne gegen Volksfeinde würden sie sich an mich erinnern.

Es sollte unser letzter gemeinsamer Abend sein. Wir sprachen über vergangene Zeiten, über das Studium, über Johannes' schwieriges Dasein als Mathe- und Deutschlehrer – »Mein Gott, wir müssen jetzt Hermann Kant, Willi Bredel und Jurij Brězan durchnehmen!« –, über Elviras Kinderwunsch und die Nerverei, Ersatzteile für die kaputte Waschmaschine zu bekommen. Zum erstenmal spürte ich einen Hauch von Entfremdung, der sich zwischen uns auftat. So, wie Johannes über sein Dasein klagte, war er doch ganz verwurzelt in Ehe, Schule und Stadt. Er schimpfte, aber er gehörte dazu. Er hatte sich abgefunden, so, wie ich mich mit den neuen Verhältnissen abgefunden hätte, wäre das Pech mir nicht treu geblieben. Bei diesem Gespräch spürte ich, daß in mir der Entschluß wuchs abzuhauen. Mir blieb keine Wahl. Bevor ich es im Kopf verarbeiten konnte, hatte die Seele schon entschieden. Ich gehörte nicht mehr dazu. Das hatten die anderen mir beigebracht, und ich hatte die Lektion gelernt. Ich mußte weg. Nur, wohin? Und wie?

Noch Tage vor unserem letzten Gespräch hätte ich keine Hemmung gehabt, Johannes und Elvira von meinem Entschluß zu erzählen. Ich hätte sie um Rat gefragt. An diesem Abend aber reifte mit der Entscheidung abzuhauen die Gewißheit, daß ich von nun an niemandem mehr alles sagen durfte. Ich gehörte auf die andere Seite, und mochten die, die hier blieben, auch kein gutes Haar am neuen Deutschland lassen, sie waren doch fest mit ihm verwachsen. Sie bejubelten die großen Erfolge deutscher Sportler, waren stolz auf wissenschaftliche Leistungen, über die in den Medien geprahlt wurde, beanspruchten fraglos die »sozialen Errungenschaften«, die die »Regierung des ganzen Volkes« gewährte, und meckerten inbrünstig über Mißlichkeiten des antimonopolistischen Alltags. »Uns geht's doch noch gut«, sagten manche. Hörer der deutschsprachigen Sendungen französischer oder britischer Radiostationen wußten von der verheerenden Wirtschaftskrise in der Sowjetunion, in Polen, Rumänien und anderen Ländern des Rats für Gegenseitige Wirtschaftshilfe. Verglichen damit, ging es den Deutschen wirklich gut.

Mir ging es nicht gut. Ich hatte Angst. Mit dem Entschluß zu fliehen wuchs die Furcht, doch noch erwischt zu werden. Ich hatte Ohnelang am Vortag auf der Königsstraße, der »Kö«, gesehen, als er die Auslagen des VEB Textilbedarf Riesa betrachtete. Ich sprach ihn nicht an. Was hätten wir reden sollen? Und was konnte geschehen, wenn wir beobachtet wurden? Einige Stunden war ich beruhigt, denn wenn der einstige persönliche Referent des Bischofs in Freiheit war, dann sollte es mich kleines Licht erst recht noch nicht treffen. Aber vielleicht wurde Ohnelang gerade in diesem Augenblick, in dem ich mich selbst zur Ruhe ermahnte, verhaftet. Vielleicht beschuldigte er mich bereits, der Kopf einer »anti-antimonopolistischen klerikalen Verschwörung« zu sein.

Man konnte zu der Zeit erstaunliche Bezichtigungen lesen. Der langjährige IG-Chemie-Vorsitzende und SPD-Bundestagsabgeordnete Hermann Rappe zum Beispiel hatte im »Gewerkschaftsprozeß« zugegeben, als »Agent des USA-Imperialismus« schon vor der deutschen Einheit den Auftrag gehabt zu haben, »die westdeutsche Gewerkschaftsbewegung gegen Sozialismus und Frieden zu indoktrinieren«, damit die »Arbeiterklasse die Kriegsvorbereitungen der NATO nicht durchkreuzen« konnte. Sein direkter Auftraggeber sei Ex-Verteidigungsminister Georg Leber gewesen, der wiederum seine Weisungen aus dem NATO-

Hauptquartier in Brüssel bekommen habe. Das »antigewerkschaftliche Zentrum« habe seine wichtigste Aufgabe darin gesehen, die fortschrittlichen Kräfte in der Arbeiterbewegung um Detlef Hensche, Lothar Mahlein und andere mit allen Mitteln zu bekämpfen. Rappe beschuldigte im Prozeß bekannte Gewerkschafter, »mindestens objektiv den Kriegstreibern in die Hände gearbeitet« zu haben.

Rappes Reue brachte ihm nicht viel, er wurde zu zwölf Jahren Haft in Bautzen verurteilt. Die Dokumente des Prozesses sollen demnächst »zur Warnung vor den antidemokratischen Umtrieben des Klassenfeindes« im Kölner Verlag VEB Kiepenheuer & Witsch veröffentlicht werden, bestimmt ein Spitzentitel des Herbstprogramms 1999 – gewissermaßen ein Konkurrenzbuch zu meinem, das im (fast) gleichnamigen Exilverlag erscheint.

Nun war ich nicht Hermann Rappe, und über meinen Prozeß würde kaum eine Zeitung berichten. Auch wenn mir wohl keine zwölf Jahre drohten, mir war jeder Tag Knast einer zuviel. Also nichts wie weg. Aber wie? Ich grübelte, erfand wilde Fluchtszenarien, die jedoch im Kugelhagel der Grenzsoldaten endeten, wenn mich nicht schon vorher der tödliche Stromschlag am letzten Stacheldrahtzahn umgebracht hatte.

Republikflucht war schon damals ein fast aussichtsloses Unterfangen. Seit der Einheit im Oktober 1990 war der Zaun um Deutschland immer höher und engmaschiger geworden. In die Grenzgebiete durfte nur reisen, wer einen Passierschein bekam. Zehntausende von Menschen waren in den vergangenen Jahren ins Hinterland umgesiedelt worden, viele auch mehr oder weniger freiwillig gegangen, um der Öde im Grenzgebiet zu entkommen. Die Grenztruppen, darunter viele ehemalige Angehörige des Bundesgrenzschutzes, standen als »Wacht am Rhein«, wie sich ein linientreuer Gelegenheitslyriker in der letzten Wochenendausgabe der »RP« versucht hatte. Dazu kamen Minen, Selbstschußanlagen, Hunde und neuerdings diverse »elektronische Kundschaftersysteme«, ein Beitrag des VEB

Elektrotechnik »Ernst Thälmann« in Berlin und München, der ehemaligen Siemens- und Bosch-Werke, zum Aufbau der antimonopolistischen Demokratie. Die Berichte in der Presse darüber sollten die Menschen abschrecken, die »Scheidelinie zwischen Krieg und Frieden« zu überschreiten.

Ich hatte einiges gelesen über die Bemühungen der Regierung, das eigene Land gegenüber dem Westen abzudichten. Die ehemalige innerdeutsche Grenze war das Modell, dessen Schrecken aber dank des technischen Fortschritts noch gesteigert wurde. Es war nur eine Frage der Zeit, bis die sowjetischen Spionagesatelliten genutzt werden konnten, um jeden Fluchtversuch frühzeitig zu erkennen.

Trotzdem versuchten immer wieder Menschen, die Sperranlagen zu überwinden. Und erstaunlicherweise endete nicht jede Flucht in den Maschinenpistolensalven der Grenzposten oder den Splittern der Antipersonenminen. Jedenfalls traten hin und wieder Menschen in den deutschsprachigen Sendungen ausländischer Stationen auf, die berichteten, wie sie Todesstreifen und Stacheldraht in abenteuerlicher Manier schadlos bezwungen hatten. Aber diese Berichte wurden seltener, und man hörte in vielen Fällen heraus, daß die mutigen Flüchtlinge oft einfach nur wahnsinnig viel Dusel gehabt hatten. Die meisten Flüchtlinge, das war klar, wurden erwischt und hart bestraft, wenn sie überlebten.

Ich war nie sonderlich sportlich, und das muß man auch nicht sein, um über Sport zu schreiben. Ich traute mir nicht zu, mich wie ein Indianer zur Grenze zu robben, um dann mittels ausgetüftelter Gerätschaft die tief gestaffelten, waffenstrotzenden Sperranlagen zu überklettern. Ich hatte den breiten mörderischen Gürtel um Deutschland herum an verschiedenen Stellen betrachtet, und mir schauderte bei der Vorstellung, es mit ihm aufzunehmen.

Fliegen konnte ich auch nicht. Das hatte ich nicht gelernt. Und selbst wenn, wie hätte ich ein Flugzeug bekommen sollen? Waren doch die Flugplätze streng bewacht.

Der einfachste Weg wäre der beste, erkannte ich in diesen Wochen. Je komplizierter ich die Sache anging, desto eher würden Fehler meine Flucht gefährden. Einfach in den Zug nach Frankreich, nach Belgien oder in die Schweiz setzen und es darauf ankommen lassen? Dumme Idee, die Grenzer würden mich schnappen. Mich in einem Zug verstecken? Fast genauso dumm, denn die Züge aus Deutschland heraus standen lange an den Grenzen, bis jeder Waggon innen und außen peinlich genau untersucht war. So ging es nicht. Hätte ich ein Ausreisevisum, ich könnte mich einfach in einen Zug oder ein Flugzeug setzen und käme ohne Mühe heraus. Aber wer würde mir ein Ausreisevisum in den Paß stempeln? Möglicherweise hätten mir gut gefälschte Papiere geholfen. Aber ich wäre vor Angst gestorben, daß die Fälschung bei der Grenzkontrolle auffliegen würde. Und ich kannte niemanden, der Papiere fälschte.

Es dauerte ein paar Tage, bis bei mir endlich der Groschen fiel. Am Ende meiner Grübeleien stand eine einfache Lösung, wenn es mich auch viel Überwindung kostete, ihr näherzutreten. Mein Bruder Willi mußte mir helfen. Genauer gesagt, unsere erstaunliche Ähnlichkeit. Trügen wir die gleichen Frisuren und Wilhelm keinen Schnauzbart, wir wären von Außenstehenden nicht zu unterscheiden. Schon in unserer Kindheit hatten wir unseren Spaß daran, andere in die Irre zu führen. Wir malten uns aus, wie es wäre, wenn einer von uns eine Bank überfiele. Würde er erwischt, er könnte immer sagen, der andere wäre es gewesen. Den Zeugen hätte ich sehen wollen, der uns auseinanderhalten konnte.

Nun wollte ich keine Bank überfallen, sondern aus Deutschland fliehen. Aber das war inzwischen nicht weniger gefährlich. Die neue Regierung kümmerte sich wenig um das, was Justizminister Eylmann »hyperrechtsstaatliche Zimperlichkeit« nannte. Man mußte Verbrechen, oder das, was der Staat dafür hielt, nicht mehr selbst begehen. Wenn man etwas von einem »Verbrechen gegen Staat und Gesellschaft« wußte und es nicht anzeigte, wurde man fast genauso hart bestraft wie der Täter.

Die Gerichte waren schnell bei der Hand mit Vorwürfen wie »Zusammenrottung«, »Bandenbildung«, »Verschwörung«, »antidemokratische Hetze«, und zu einer »terroristischen Vereinigung« konnte seit der Einheit schon gehören, wer die Sicherheit des Staates gefährdete. Nach dem antimonopolistischen Rechtsverständnis bestimmte sich nämlich die Schwere einer Straftat auch nach ihren möglichen Folgen, selbst wenn diese nicht angestrebt worden waren. Hätten Proteste nach Auffassung der Gerichte unter Umständen in bewaffneten Konflikten münden können – was die Sicherheitsorgane natürlich weit im Vorfeld unterbunden hätten –, dann liefen die Rädelsführer Gefahr, als »Terroristen« zu lebenslangen Haftstrafen verurteilt zu werden.

Ich hatte kein gutes Gefühl gehabt, als in den siebziger und achtziger Jahren in Westdeutschland das Strafrecht verschärft wurde. Allerdings konnte niemand ahnen, daß die neuen Machthaber den größten Profit davon haben würden. Auch weil rechtsstaatliche Grundsätze vor der Einheit abgeschliffen worden waren – in bester Absicht natürlich –, trafen manche Maßnahmen und Gesetze der neuen Herren die Volksmeinung genau. Und doch klagten die antimonopolistischen Juristen über die Mühen der Strafverfolgung zu Bonner Zeiten. Jetzt gab es kurze Prozesse und harte Urteile. Die Boulevard-Zeitungen jubelten, und viele Bürger waren zufrieden. Man konnte ja gegen diese Regierung sagen, was man wollte, die Kriminalität bekämpfte sie konsequent.

Willi war meine einzige Chance. Nur, würde Willi mitmachen? Würde er sich der Gefahr aussetzen, wegen Fluchthilfe verfolgt zu werden? Aber das war nicht einmal die höchste Hürde. Willi war Funktionär der *Partei*, und das machte meinen Trick so riskant wie erfolgverheißend. Würde Willi mich verraten? Wenn nicht, würde er mir helfen?

Ich hatte mit Willi nur sporadisch Kontakt. Ab und zu telefonierten wir miteinander oder trafen uns bei unserer Mutter zu runden Geburtstagen. Die zuvor gute Verbindung war abgerissen, als Willi Anfang der achtziger Jahre in die DKP eingetreten war. Er war viel unterwegs, ein Jahr Schulung in Ostberlin, ein weiteres Jahr in Moskau. Begeistert hatte er mir von den drei Jahren erzählt, in denen Michail Gorbatschow Generalsekretär der sowjetischen Kommunisten war. Aber er hatte seinen Genossen geglaubt, als sie ihm nach Gorbatschows Sturz erklärten, der KP-Chef hätte die Sowjetunion und damit das ganze kommunistische Weltreich fast ruiniert. Die Sowjetunion sei am Ende gewesen, als Andrej Gromyko und Jegor Ligatschow die Notbremse gezogen hätten. Die DKP, deren Führung Gorbatschows Perestroika und Glasnost ohnehin nicht geheuer war, beeilte sich, die »Rettung des Sozialismus« begeistert zu begrüßen. In der Partei hatte es schon rumort, und die Führung um Herbert Mies wurde in Frage gestellt. Die »Phase der Irritation« und des »neuen Personenkults« war vorüber, in der DKP (wie in anderen kommunistischen Parteien) wurde aufgeräumt. Erstaunlicherweise war Willi unter denen, die »Irrtümer« eingestanden und auf die neue alte Parteilinie schworen. Ich habe Willi damals nicht verstanden, als er sagte, die Sache des Sozialismus sei zu wichtig, als daß man sie in bester Absicht gefährden dürfe. »Auch ich bin für mehr Demokratie, aber was nutzt alle Demokratie, wenn der Sozialismus daran zugrunde geht?« hatte er mich gefragt.

Nach der Einheit hatte Willi Parteikarriere gemacht. Er war in die Geschäftsleitung des parteieigenen Brücken Verlags in Düsseldorf aufgestiegen. Der Brücken Verlag hatte vor der Einheit dazu gedient, Geld aus dem Osten zu waschen, um die DKP zu finanzieren, wie mir Willi in der Gorbatschow-Phase einmal erzählt hatte, als unser Kontakt wieder etwas enger geworden war. Nun importierte der Brücken Verlag Literatur aus der Sowjetunion, um seine Leser von den »Vorzügen des Sozialismus« zu überzeugen.

In den letzten Jahren hatten Willi und ich politische Themen gemieden und nur noch über Belangloses gesprochen. So ersparten wir uns Streit. Nun mußte ich Willi fragen, ob er mir bei meiner Flucht half. Ich rief ihn an, und er hatte schon am nächsten Abend Zeit für mich. Ich erzählte ihm von meinem Pech bei der »Rheinischen Post« und dem »Frohen Boten«. Es überraschte ihn nicht, er schien ohnehin zu mehr als gedämpften Reaktionen kaum fähig. War er abgearbeitet? Das gewiß auch, aber er hatte bei allem, was er sagte, einen resignierenden Unterton. So hatte ich ihn noch nie erlebt. Obwohl es draußen kalt regnete, bat er mich zu einem Spaziergang. »Die frische Luft tut uns gut«, sagte er zur Begründung. Draußen ergänzte er: »Ich bin vielleicht übervorsichtig, aber man kann nie wissen. Es ist für dich besser, wenn niemand mithört, und für mich auch, befürchte ich.« Er ahnte schon, daß unser Gespräch besser unter uns blieb. »Weißt du, ich bin für den Sozialismus und sehe auch ein, daß Opfer gebracht werden müssen. Die Genossen im Politbüro und in der Bezirksleitung sind auch nur Menschen. Und über den Mist, den wir heute verzapfen, werden wir morgen vielleicht schon lachen.« Nach einer Pause setzte er hinzu: »Hoffentlich.«

Ich verstand nicht, was er meinte. Vielleicht litt mein Begriffsvermögen unter meiner Aufregung. Ich glaube, daß Willi mit sich selbst nicht im reinen war, daß er sich Mut zusprach, aber gleichzeitig wußte, daß es sinnlos war. Möglicherweise wirkte auch der Gorbatschow-Bazillus nach.

Unvermittelt, weil ich nicht wußte, wie ich es vorbereiten sollte, sagte ich: »Ich muß weg.«

Er schaute mich nachdenklich an: »Das kann ich mir vorstellen. Ich habe von deinem Ärger gehört. Die Genossen haben mich auf den Arm genommen. ›Bist du nicht der mit dem konterrevolutionären Bruder?‹ haben sie mich gefragt. Warum hast du mir davon nichts erzählt?«

Was hätte ich auf diese Frage antworten sollen? »Weil ich Angst hatte, daß du auf der anderen Seite stehst.« Nein, ich sagte es nicht, er hätte zornig werden können. Und das hätte meinem Unternehmen geschadet. Jetzt würde ich ja erfahren, auf welcher Seite er stand.

»Du mußt mir helfen. Ohne dich komme ich nicht raus.«

»Wo willst du hin?«

»In die Schweiz, nach Zürich.«

»Um Himmels willen, warum in die Schweiz, warum nach Zürich? Da wimmelt es vor Emigranten. Und die Schweizer Behörden werden irgendwann alle rausschmeißen, weil sie unsere Vorwürfe leid sind. Die Schweizer verdienen gut an uns, die haben einen Heidenbammel, daß das irgendwann aufhört.«

»In der Schweiz spricht man deutsch, die Österreicher lassen keinen mehr rein, genausowenig wie Luxemburg und Liechtenstein. Ich muß aus Deutschland raus, bevor sie mich greifen. Ich habe nämlich keine Lust, einen klerikalfaschistischen Agenten abzugeben.«

Willi nickte leicht mit dem Kopf. Fast hätte ich mich bei ihm entschuldigt dafür, daß ich ihm zugetraut hatte, mich zu verraten.

Willi war im Kopf schon immer schneller gewesen als ich, und deswegen hatte ich ihn oft genug beneidet. Auch diesmal arbeitete sein Hirn blitzartig: »Gut, ich bringe dich hier raus. Genauer gesagt, mein Paß bringt dich raus. Ich fahre ja oft in die Schweiz und nach Österreich, um unsere Filialen dort zu inspizieren. Die werden immer wichtiger als Devisenbringer. Nichts einfacher, als eine Reise in die Schweiz zu organisieren. Du mußt dir nur einen Schnauzer wachsen lassen und den Scheitel auf der anderen Seite ziehen, und jeder wird dich mit mir verwechseln ...«

»Und was wird aus dir?«

»Da mach dir mal keine Sorgen. Ich werde einfach behaupten, du hättest meine Reisedokumente geklaut. Dann kriege ich zwar einen Rüffel wegen mangelnder Wachsamkeit und Begünstigung der Republikflucht, aber das halte ich aus. Mach ich halt noch mal auf Selbstkritik wie nach Gorbatschow.«

Willi wurde heiter, offenbar gefiel ihm die Vorstellung, den eigenen Genossen einen Streich zu spielen. Im Gegensatz zu mir hatte er schon immer das Risiko geliebt. Er war zweimal von der Schule geflogen, war eineinhalb Jahre von der Uni verwiesen worden als Rädelsführer eines Studentenstreiks. Seit der Einheit war es aber vorbei mit dem Protestieren. Streikende Studenten landeten heutzutage im Knast, und Willi war Funktionär der herrschenden Partei. Statt gegen die Macht aufzustehen, mußte er sie nun ausüben. Glücklich war er damit nicht, auch wenn er es sich selbst nicht eingestand. Unzufriedenheit mit den Folgen der selbst herbeigesehnten antimonopolistischen Umwälzung und die Lust an der Gefahr machten es Willi leichter, mir zu helfen. Vielleicht half ich ja sogar ihm, aus seinem tristen Dasein auszubrechen. Das bildete ich mir jedenfalls gern ein, denn mir schwante die Gefahr, in die ich Willi bringen würde, auch wenn er sie offenbar auf die leichte Schulter nahm.

Es ist leicht, einen Scheitel zu verlegen. Aber wie lange braucht ein Schnauzer, um zu wachsen? Nichts interessierte mich in den kommenden Wochen mehr als diese Frage. Da ich keine Freunde mehr hatte, mußte ich auch niemandem erklären, warum ich mir einen Bart wachsen ließ. Jeden Morgen starrte ich hoffnungsfroh in den Spiegel, um doch wieder enttäuscht zu sein von den kläglichen Fortschritten des Bartwuchses. Sollte ich mit Hormongaben versuchen, das Haarwachstum zu beschleunigen? Mehr Vitamine essen? Mich in eine Sexaffäre verstricken, weil reger Geschlechtsverkehr angeblich den Bartwuchs fördert? Keine schlechte Idee, nicht nur des Barts wegen. Aber mit wem? Es hatte früher immer quälend lang gedauert, bis es mir gelungen war, eine von mir auserwählte Frau davon zu überzeugen, daß sie mit mir nicht völlig falsch lag. Und oft genug war ich gescheitert. Also verwarf ich diesen anregenden Gedanken und wartete.

Am 16. April rief Willi an. Er hatte eine Inspektionsreise nach Basel bewilligt bekommen, um die dortige Filiale des Brücken

Verlags zu vermehrtem Frankenverdienen zu ermahnen. So hatte ich meinen Nutzen am unstillbaren Devisenhunger der DRD. Der Schnauzer war zwar noch etwas dünn, aber deutlich sichtbar und sollte ausreichen, dem ohnehin nicht mehr ganz frischen Paßbild Willis zu entsprechen. Meine Hände zitterten, als Willi mir seinen Paß mit dem Visum gab, das ihn bevollmächtigte, die Grenzen des neuen Deutschlands zu überschreiten. Dank Willi war ich nun Reisekader.

Ich packte nur einen kleinen Koffer und eine Aktentasche, um nicht den Verdacht zu erwecken, ich wollte mehr als nur eine kurze Dienstreise unternehmen. Ich zog Anzug, Schlips und Mantel an, weil Genossen im Ausland Deutschland repräsentierten, und das begann bei der Kleidung. Ich entfernte alles aus Portemonnaie und Brieftasche, was auf meine wahre Identität hätte schließen lassen. Nur von meinem Reisepaß konnte ich mich nicht trennen. Auch wenn es leichtsinnig war, ich schob ihn ins Futter meines Koffers.

Am Düsseldorfer Hauptbahnhof kaufte ich mir die aktuelle Ausgabe des »Neuen Deutschlands«, des »Organs des Zentralkomitees der Sozialistischen Einheitspartei Deutschlands«, und die »Rheinische Post«. Ich war viel zu früh, mein Zug, der Städte-Expreß »Feliks Dsershinski« von Warschau nach Basel, fuhr erst in einer halben Stunde. Ich hatte meinen Fahrschein gestern gekauft und am Schalter der DRD-Bahnen versehentlich nach einem Intercity-Ticket gefragt. Der Schalterbeamte, an der Uniform das Parteiabzeichen mit den verschränkten Händen, schaute mich irritiert an. »Sie sind wohl im neuen Deutschland noch nicht angekommen?« schnauzte er. Ich begann zu zittern und verfluchte mich wegen meiner Fahrlässigkeit. »Wir reden hier kein Amikauderwelsch, sondern deutsch, klar! Ich rate jetzt mal, daß Sie einen Fahrschein für den Städte-Expreß nach Basel wollen. Richtig?«

»Ja, den Städte-Expreß ...«

»Warum denn nicht gleich so«, sagte der Beamte jovial, nun friedlich gestimmt ob seines pädagogischen Erfolgs, und händigte mir das Ticket aus. Ich war schweißnaß, als ich mich zu Hause aufs Bett warf. In dieser Nacht schlief ich kaum, die Angst brachte mich fast um.

Leider war die Bahnhofsfreßfläche, wo man früher herrliches Eis und viele andere Leckereien erstehen konnte, längst in ein »Kabinett des antimonopolistischen Aufbaus« verwandelt worden. Plakate, Bücher, Dokumente und Fotos kündeten von den Errungenschaften des von der »Macht der Konzerne befreiten Deutschlands«. Am häufigsten abgebildet war Egon Krenz. Der Generalsekretär war im vergangenen Sommer in Düsseldorf gewesen. Ich erinnere mich noch gut daran, weil die ganze Innenstadt für den Verkehr gesperrt war und alle Betriebe, auch die »Rheinische Post«, Delegationen schicken mußten, die am Straßenrand mit Fähnchen winkten. Ich hatte mitgewinkt und mir nicht viel dabei gedacht. Ich entdeckte befriedigt, daß mein Beitrag zur kollektiven Krenz-Begeisterung in der Ausstellung nicht dokumentiert war.

An einem Stand kaufte ich, eher um die Zeit zu überbrücken denn aus Interesse, die Memoiren der einstigen FDP-Größe Wolfgang Mischnick mit dem aufschlußreichen Titel »Vom Liberalismus zum Sozialismus. Ein Leben für Deutschland«. Der Rückentext zitiert aus dem Buch: »Ich hatte lange auf den Kapitalismus gesetzt und ihn als ›Marktwirtschaft‹ verharmlost, bis ich spät, aber nicht zu spät, verstand, daß die Freiheitsrechte des Menschen nicht im verantwortungslosen Individualismus verwirklicht werden, sondern im Aufgehen des einzelnen im Ganzen. Mit diesem Buch trage ich einen Teil meiner Schuld ab.«

Mischnick hatte 1989 eine rasante Pirouette hingelegt und wenige Jahre später viele seiner Parteifreunde in die offenen Arme der Liberaldemokratischen Partei Deutschlands (LDPD) geführt. Er war danach, gewiß auch aus Altersgründen, in der Tagespolitik nicht mehr aktiv, aber wenn es darauf ankam, den »Sozialismus aus liberaler Verantwortung« zu begrüßen, zitierten die Medien den Dresdener gern. Vielleicht würde ich auf der Fahrt mal in Mischnicks Memoiren schauen, und wenn es nur zu dem Zweck war, mich abzulenken.

Als ich die Treppen zum Gleis hochstieg, sah ich meinen Zug schon warten. Es war ein ziemliches Gedränge, ein Grund, weshalb ich Zugreisen mied. Die Benzinpreise stiegen, und Autos wurden knapp. Was Umweltpolitiker in der Voreinheitszeit gefordert hatten, wurde jetzt wahr, wenn auch unter sozialistischem Vorzeichen. Und das bedeutete zunächst, daß immer mehr Dinge immer schlechter funktionierten.

Ich hatte eine Platzreservierung im Großraumwagen, weil ich hoffte, hier weniger aufzufallen als in einem Abteil. Neben mir in der Dreiersitzreihe, am Fenster, saß schon eine hübsche Schwarzhaarige in dunkelblauem Kostüm, aber ich hatte zunächst genug damit zu tun, nicht sichtbar zu zittern. Immerhin, tröstete ich mich selbst, ich würde mit einer schönen Erinnerung ins Zuchthaus gehen. Die Frau würdigte mich keines Blicks, sondern war in die »Einheit« vertieft, das theoretische Organ der SEdDRD. Auch das noch, dachte ich. Ich darf jetzt keinen Fehler machen. Hoffentlich verwickelte sie mich nicht in ein Gespräch. Ich hatte vom Buchverlagswesen keine Ahnung und hätte schlechte Karten gehabt, wenn sie mich nach Beruf und Reisegrund gefragt hätte. Das tat sie aber nicht. Sie lächelte mich aus dunkelbraunen Augen an, schaute auf ihre schlichte Armbanduhr und seufzte leicht: »Jetzt haben wir schon sechs Minuten Verspätung. Ich bin ja mal gespannt, wann ich in Basel ankomme.«

Ich nickte nur, brachte, vor Angst verkrampft, kein Wort heraus. Sie sagte auf der ganzen Fahrt kein Wort mehr.

Wollte sie auch in die Schweiz fahren, oder würde sie am letzten deutschen Bahnhof aussteigen? Ich traute mich nicht, sie zu fragen. Ich wußte jetzt nur, daß sie die gesamte Strecke neben mir sitzen würde. Unter anderen Umständen wäre es reizvoll gewesen, mit einer hübschen Frau an der Seite das Rheintal mit der Loreley hinunterzufahren, aber ich dachte nur daran, daß sie Genossin war. Gut, ich wußte es nicht genau, und das Parteiabzeichen trug sie nicht. Aber wer sonst würde freiwillig das staubtrockene Ideologieblatt der Einheitssozialisten lesen?

Dreizehn Minuten zu spät, um 15 Uhr 24, setzte sich der Zug quietschend in Bewegung. Die Schwarzhaarige mit den braunen Augen schaute nur kurz aus dem Fenster, wohl um sich zu vergewissern, daß wir nun wirklich losfuhren. Ihre Skepsis war begründet. Zwar verkündeten in Aushängen an den einstigen Werbeflächen in den Waggons die Bahnkollektive, daß sie »um jede Minute« kämpfen wollten. In den letzten Jahren aber schien es so, als bemühten sich die Kollektive nach Kräften, das »Erlebnis Bahn« zu verlängern. Die Fahrt von Düsseldorf nach Basel dauerte in der Voreinheitszeit fünfeinhalb Stunden. Wir würden laut Fahrplan sechsdreiviertel Stunden unterwegs sein, in Wirklichkeit aber nun schon mindestens dreizehn Minuten länger. Je länger wir unterwegs waren, um so länger mußte ich Angst haben. Ich versuchte mich durch Lesen abzulenken.

In der »Rheinischen Post« gab es auch heute nur Erfolgsmeldungen. Die Büros im ehemaligen Epson-Bürohaus waren vorfristig in Drei- und Vierraumwohnungen umgebaut worden – »unser Beitrag zur kämpferischen Übererfüllung des Wohnungsbauprogramms«, meldeten die Baubrigaden »Fritz Hekkert« und »Max Reimann«. Die Staatliche Kunstakademie kämpfte siegreich gegen die »verderblichen Einflüsse von Nihilismus und Amerikanismus« und bereitete eine Ausstellung vor mit Werken sibirischer Künstler unter dem Titel »Sozialistische Geborgenheit und kultureller Reichtum«. Die Stadt erwartete eine Delegation aus der Mongolischen Volksrepublik. »Wir wollen lernen von der reichhaltigen Erfahrung der mongolischen Genossen beim Aufbau des Sozialismus«, wird Oberbürgermeister Jürgen Möllemann zitiert. Niemand hatte sich schneller auf die Seite der »Sieger der Geschichte« geschlagen als Möllemann. Von ihm stammt das Motto des *liberalen Optimismus*. Ich habe bis heute nicht begriffen, was er damit ausdrücken will: daß der Optimismus liberal ist oder der Liberalismus optimistisch? Zur Belohnung für seine Anpassungsfähigkeit wurde er als einziger »kleinbürgerlicher Demokrat« Oberbürgermeister einer Großstadt. Er bedankte sich fast jeden Tag mit Lobpreisungen der führenden Partei, die »allen fortschrittlichen Demokraten Kraft und Orientierung gibt«. Möllemann würde bestimmt irgendwann auch ein Buch schreiben, weil nur er selbst seine Taten angemessen würdigen kann.

Sein Parteifreund Mischnick ist ihm da 312 Seiten voraus. Er beginnt sein Werk mit einer Würdigung des Dresdener SED-Bezirkschefs Hans Modrow, der ihm in »geduldigen, freundschaftlichen Gesprächen« geholfen habe, die »historische Überlegenheit des Sozialismus« zu erkennen.

Freudig will ich die mir verbleibenden Lebens- und Lehrjahre dazu nutzen, die große Erkenntnis zu verbreiten, daß sich der Mensch nur entfalten kann, wo wahre Freiheit herrscht. Dank der großzügigen Hilfe der Sozialistischen Einheitspartei haben viele meiner ehemaligen Parteifreunde und ich erkannt, daß wir einem verkrüppelten Liberalismus angehangen haben. Der wahre, wirkliche Liberalismus geht auf im Bekenntnis zu den Freiheitsidealen unseres Volkes. Der echte Liberalismus wurzelt nicht im Nationalliberalismus der Bismarck-Zeit, nicht im Wirtschaftsliberalismus der Weimarer und Bonner Jahre, sondern entstand auf den Barrikaden der Französischen Revolution und des deutschen Bürgeraufstands 1848/49. Sein Niedergang begann mit der Kapitulation vor den Hohenzollern, setzte sich fort in der Unterstützung des deutschen Imperialismus bei der Anzettelung zweier Weltkriege und endete mit der Degenerierung zur Partei einer kleinen Clique von Großkapitalisten. Seine Wiederauferstehung erlebte der deutsche Liberalismus mit dem Sonderparteitag der ehemaligen FDP, auf der fast einstimmig das »Programm des antimonopolistischen Aufbaus«

verabschiedet wurde. Die Häme, die einstige Parteigrößen wie Baum und Hirsch im Ausland über uns verbreiten, bestätigt die Richtigkeit unseres Weges.

Ich legte Mischnicks Werk weg. Ich hatte zu viele umfallen sehen in den letzten Jahren, als daß es mich noch sonderlich aufregte. Und war ich selbst nicht umgefallen? Hatte ich mich nicht in meinen Sport verkrochen und die sonstige Wirklichkeit ignoriert, hatte ich also nicht auch mitgemacht? Ich war kein Widerstandskämpfer. Ich hatte nichts riskiert, sondern war durch Pech oder Dummheit, ganz wie man es sehen wollte, zur Flucht getrieben worden. Und ohne Willis Hilfe wäre ich nicht abgehauen. Eigentlich war Willi mutiger als ich, denn wenn ich schon längst sicher in der Schweiz sitzen würde, mußte er sich unangenehmen Fragen stellen.

Wir fuhren durchs Rheintal. Manche sagen, Deutschland sei hier am schönsten, aber vielleicht kennen sie nicht das ganze Deutschland, und vielleicht meinen sie mehr die Mythen als die Wirklichkeit. Winzig klein die Loreley, eher kitschig als schön die Dörfer am Stromufer.

Die Schwarzhaarige neben mir hielt sich immer noch an der »Einheit« fest. War sie die einzige Genossin, die diese marxistisch-leninistische Bleiwüste spannend fand? Ich hatte noch keinen SED-Genossen erlebt, der im privaten Gespräch die »Einheit« gelobt hätte. Statt dessen hörte ich immer wieder den Rat, das Parteiblatt schonend zu lesen, sonst würde es zu Staub zerfallen.

Mit fast einer Stunde Verspätung erreichten wir Basels Badischen Bahnhof, die letzte Station vor der Schweizer Grenze. Die Schwarzhaarige blieb sitzen, also wollte sie auch bis zur Endstation weiterfahren. Wir standen schon eine Dreiviertelstunde, als endlich zwei Grenzbeamte den Großraumwagen betraten. Als ich dran war, reichte ich einem Beamten meinen Paß. Er tippte auf einer kleinen Tastatur irgend etwas ein, schaute mich prüfend, fast bedrohlich an, verglich mehrfach das Bild in meinem Reisepaß mit meinem Aussehen und studierte gründlich das Visum. Ich weiß heute noch nicht, wie ich diese Minuten der Angst überstand. Mußte mir nicht jeder ansehen, daß ich gerade dabei war, mit falschen Reisedokumenten abzuhauen? Wie dumm war ich gewesen, meinen echten Reisepaß im Kofferfutter zu verstecken, schalt ich mich. Ich war klatschnaß am Körper, und auch auf der Stirn kam langsam der Schweiß. Dann erklang ein Piepston aus dem Gerät, in das der Grenzer etwas eingegeben hatte, er schaute mich um einige Grade freundlicher an, gab mir meine Papiere und sagte: »Gute Reise und viel Erfolg, Genosse!«

Die hübsche Schwarzhaarige neben mir legte die »Einheit« weg und reichte dem Grenzer ihren Paß. Als ihre zarte Hand einen Moment lang direkt vor meinen Augen verharrte, sah ich, daß sie zitterte. Die gleiche Prozedur wie bei mir. Aber als das Gerät wieder piepste, verdunkelte sich das Gesicht des Beamten: »Kommen Sie bitte mit. Wir müssen da etwas aufklären«, sagte er streng.

»Aber wenn ich meinen Zug ...«, widersprach die Schwarzhaarige leise.

»Dann bekommen Sie den nächsten«, unterbrach der Beamte sie hart. »Nehmen Sie Ihr Gepäck mit.«

Sie stand auf und hob ihren schweren Koffer von der Gepäckablage. Der Beamte half ihr nicht, ich auch nicht. Sie schleppte den Koffer mühsam den Gang entlang und verschwand hinter der Tür. Sie warf keinen Blick zurück. Warum hätte sie es tun sollen?

II.

Emigration tut weh. Exil ist kein Ersatz für Heimat, selbst wenn das Gastgeberland uns freundlicher behandelte. Exil ist öde. Wir warten auf etwas, was zu unseren Lebzeiten kaum geschehen wird. Keiner kann sich vorstellen, daß das Sowjetimperium zusammenbricht, aber das wäre die einzige Chance, weil sich sonst die Dinge in Deutschland nicht ändern. Flüchtlinge dürfen nicht arbeiten, nur manchmal gelingt es mir, unter Pseudonym einen harmlosen Artikel in einer Schweizer Zeitung zu veröffentlichen.

Wir sind unseren Gastgebern lästig. Im Gegensatz zu den paar Deutschen, die legal arbeiten in der Schweiz, gelten wir als Staatenlose. Deutschland hat die meisten Emigranten ausgebürgert. Kurz nach meiner Flucht war ich so dreist, die deutsche Botschaft in Bern aufzusuchen, um meinen Paß verlängern zu lassen. Der Pförtner des Botschaftsgebäudes empfing mich höflich. Noch freundlicher dann der Botschaftssekretär, der mich im Foyer abholte und in sein Bürozimmer bat. Er servierte Kaffee und Schokolade und war ganz Mitgefühl. Ja, er könne sich gut vorstellen, daß das Leben in der Emigration traurig sei. »Wissen Sie, ohne Heimat könnte ich, glaube ich, gar nicht leben.«

Er war voller Sorge um mein Schicksal und sagte mir, daß er mir bei einer Repatriierung gerne helfen würde. Ich könne auch sicher sein, nach meiner Rückkehr nicht nur meine Staatsbürgerschaft zurückzuerhalten, sondern auch einen meinen Fähigkeiten angemessenen Arbeitsplatz. »Vielleicht sogar ein bißchen mehr.« An Strafverfolgung brauchte ich keinen Gedanken zu verschwenden. »Wir sind nicht rachsüchtig. Mein Gott« – er stutzte, vielleicht weil Gott sich mal wieder eingemogelt hatte –, »wer hat nicht schon Fehler gemacht, ja, richtig dumme Fehler? Und, ich gebe es zu, in Deutschland war es am Anfang, gleich nach der Einheit, für viele nicht einfach. Glauben Sie mir, auch ich hatte so meine Zweifel. Aber jetzt bauen wir den Sozialismus auf. Es geht voran, glauben Sie mir.« Solange ich aber nicht freiwillig nach Deutschland zurückkehrte, sei es ihm leider unmöglich, meinen Paß als gültiges Dokument anzusehen. »Unsere Regierung hat entschieden, daß alle Menschen, die Republikflucht begangen haben, keine deutschen Staatsbürger sein können. Daher gilt Ihr Paß nicht mehr. Und einen Paß ohne Gültigkeit kann ich nicht verlängern.« Er schaute mich traurig an. »Allerdings«, er zögerte zwei, drei Sekunden, »allerdings, es gäbe da eine Möglichkeit. Wir wissen ja, daß viele Exilanten in Wahrheit gar keine Feinde Deutschlands sind. Manche sind weggelaufen, weil ihre Ehepartner glaubten, fliehen zu müssen. Andere sind Einflüsterungen von Feinden erlegen und bedauern schon, daß sie nicht mehr zu Hause sind. Ich habe schon manchen Emigranten erlebt, der begriffen hat, daß er hier das Spiel fremder Mächte spielt, auch wenn er es gar nicht will. Ja, glauben Sie mir, fast jeden Tag treffe ich hier ehemalige Landsleute, die einen Weg zurück suchen. Oder doch zumindest ihren deutschen Paß wieder haben wollen. Und« – er sah mich bedeutungsvoll an – »es gibt einen Weg. Wir suchen Gesprächspartner unter den Emigranten. Wir möchten die Sorgen unserer Landsleute – ja, ich betrachte sie immer noch als Landsleute – kennenlernen. Und wir möchten Emigranten berichten, was sich in der Heimat so tut. Nicht das, was Sie in deutschen Zeitungen lesen können, sondern wirklich ungefilterte Information. Das alles nach dem Motto ›Eine Hand wäscht die andere‹. Glauben Sie bloß nicht, Sie wären der einzige, der auf diese Weise seinen Paß zurückerhalten hat, obwohl er im Exil lebt. Am liebsten aber wäre uns natürlich, Sie würden Ihren Irrtum einsehen und nach Deutschland zurückkommen. Aber wenn Sie noch in der Schweiz bleiben wollen, dann sollten Sie uns hin und wieder besuchen, sich mit mir unterhalten. Dann kriegen wir auch die Sache mit dem Paß hin.«

Manchmal bedaure ich es heute leise, daß ich den Vorschlag des Botschaftssekretärs brüsk zurückgewiesen habe. »Ich bin doch kein Spitzel«, warf ich ihm entgegen, stand auf und ging.

Aus den Querelen, die das Leben anderer Flüchtlinge fragwürdig bereichern, halte ich mich heraus. Ich hatte vor meiner Flucht keinem politischen Lager angehört und tue es auch jetzt nicht. Außerdem bin ich eher harmoniebedürftig als streitlustig. So bin ich wenig beteiligt am Gezänk in der Emigrantenszene. Ich kann mit allen Seiten, mit den Linken so gut wie mit den Rechten, mit den Eiferern wie mit den Resignierten, mit kommunistischen Renegaten wie mit Monarchisten. Ohne diese Kontakte könnte ich nicht wahrheitsgetreu berichten von dem, was in Deutschland geschah und noch heute geschieht. Dieser Bericht ist das einzige, was mich davor bewahrt, in Aussichtslosigkeit zu versinken. Ich kann es inzwischen gut verstehen, daß sich nach 1933 Menschen töteten, als sie sich vor den Nazis in Sicherheit gebracht hatten. Emigration ist ein finsteres Loch.

Heute kenne ich viele Tatsachen oder habe zumindest plausible Vermutungen. Ich ahne inzwischen, welch riskantes Spiel Moskau spielte. Es gibt meinem traurigen Dasein einen Sinn, die Hintergründe der deutschen Tragödie herauszufinden. Um sie zu verstehen, füge ich in meinem Bericht Tatsachen, Annahmen, Fragen und Informationen zusammen in der Hoffnung, dem Leser, vor allem aber mir selbst Westdeutschlands Weg in die Diktatur und mir meinen Weg ins Exil zu erklären. Erklärung ist ein bißchen Trost. Die Zeit, die ich damit verbringe, alles Wissenswerte herauszufinden und aufzuschreiben, macht mein Emigrantendasein etwas weniger leer. Der Leser möge es mir nachsehen, daß ich nicht in jedem Fall Informanten nennen kann, ja, hier und da sogar Spuren verwischen muß. Viele Menschen haben sogar im Exil noch Angst vor dem deutschen Geheimdienst. Ich habe manche Begebenheit nachgestellt und glaube doch, die Wahrheit nicht vergewaltigt zu haben. Natürlich habe ich nicht etwa an Politbürositzungen oder vertraulichen Verhandlungen zwischen westdeutschen und ostdeutschen Politikern teilgenommen. Und doch glaube ich, daß meine Kenntnisse mich berechtigen, einige Begebenheiten zu schildern, als wäre ich dabeigewesen. Für alle diese Fälle gilt: So oder wenigstens so ähnlich ist es gewesen.

Die Langeweile der Emigration wird selten durchbrochen. Hin und wieder geistern Gerüchte durch die Szene, die alle das gleiche meinen: Die Amerikaner oder die NATO oder die Chinesen oder die UNO oder wer auch immer planten dieses oder jenes, um den Russen Westdeutschland wieder wegzunehmen. Jedes Gerücht bestätigt nur, daß allerorten das Wunschdenken regiert. Warum sollte jemand die *Pax sovietica-americana* stören? Sie nutzt allen, außer den Deutschen. Die Deutschen im Westen hatten vom kalten Krieg profitiert, nun endlich bezahlten sie für die Verbrechen des NS-Regimes. Das war nur gerecht.

Die größte Eruption erfaßte die Emigrantenszene im Mai 1993, vor meiner Zeit, als eidgenössische Medien meldeten, daß Erich Honecker aus Deutschland aus- und in die Schweiz eingereist sei. In Deutschland war über die Gründe wild spekuliert worden. Presse und Fernsehen hatten vom 12. ZK-Plenum nur berichtet, daß der »Generalsekretär des Zentralkomitees der Sozialistischen Einheitspartei Deutschlands, Vorsitzende des Föderationsausschusses der Demokratischen Republik Deutschland und Vorsitzende des Staatsrats der Demokratischen Republik Deutschland aus gesundheitlichen Gründen von allen seinen Ämtern zurücktritt«. Gleich waren Gerüchte aufgekommen: daß es einen Machtkampf gegeben habe zwischen Honecker und Krenz, daß Moskau sich gerächt habe für Honeckers Halsstarrigkeit in den achtziger Jahren, als dieser alle Mittelstreckenraketen in Europa als »Teufelszeug« verdammt hatte, also auch die sowjetischen. Und natürlich wurde gemunkelt über bösartige Krankheiten von Alzheimer bis hin zu Krebs aller Art. Und warum war der einst mächtigste Mann Deutschlands, der »Generalsekretär der Einheit«, nicht in Deutschland geblieben, um seine angeschlagene Gesundheit im luxuriösen und perfekt ausgestatteten Regierungskrankenhaus zu pflegen, und warum emigrierte auch seine Frau, die offenbar kerngesunde Ex-Volksbildungsministerin Margot Honecker, in die Schweiz? Mochte ja sein, daß Honecker krank war, aber das war kein Grund, in die Emigration zu gehen.

Was aber waren die Gründe?

Mein Vorteil bei der Suche nach den Ursachen für Honeckers Exil war, daß ich mich erst seit meiner Flucht wirklich für Politik interessiere. Erst durch die Flucht wurde mein Dasein politisch. Ich hatte daher keine Gelegenheit gehabt, Vorurteile anzuhäufen, und galt vielen als naiv. Sofern ich am Rand in Emigrantendebatten verstrickt wurde, bemühte ich mich, die Motive Andersdenkender zu begreifen. Warum dachten sie nicht so, wie die Tatsachen es vorschrieben? fragte ich mich, in der festen Überzeugung, selbst nur Fakten und Logik anzuerkennen. Ich erntete manches Unverständnis und hin und wieder gar Haßausbrüche, weil ich sogar versuchte, Vernunft in Maßnahmen der Sozialistischen Einheitspartei in Deutschland zu entdecken. Meine Lust an solchen Streitereien schwand mit der Einsicht, daß nur wenige versuchten, den Schatten ihrer Vorurteile zu überspringen.

Zu den wenigen gehörten Karl-Otto Meisnitz und Erwin Säbler. Meisnitz war einst Abteilungsleiter im Zentralkomitee im Reich des mächtigen Wirtschaftssekretärs Günter Mittag gewesen. Bis zu seiner Flucht während eines offiziellen Österreichbesuchs Mittags 1997 gehörte er auch der Wirtschaftskommission des Politbüros an. Säbler hatte die ZK-Abteilung Wissenschaft und das Büro des Politbüros geleitet. Er war mit seinem Chef Honecker 1993 aus Deutschland ausgereist. Säbler und Meisnitz waren im Zürcher Exil weitgehend auf sich gestellt, galten sie doch als Helfer beim »Anschluß«, wie in Analogie zur Angliederung Österreichs an Deutschland 1938 die Wiedervereinigung oft genannt wurde. Der schwergewichtige, kurzatmige Meisnitz, mit starker Hornbrille auf der Nase, und der fast dürre Säbler mit seinen kleinen grauen Augen waren froh über jeden, der sie nicht als Feind betrachtete. Das erleichterte es mir, mit ihnen ins Gespräch zu kommen.

Ich mußte diese Leute kennenlernen, die aus dem engsten Machtzirkel Deutschlands kamen, weil ich mir von ihnen Informationen für meine Aufzeichnungen erhoffte. So war ich in meinen zahlreichen Unterhaltungen mit den Ex-Funktionären gewiß manches Mal zu verständnisvoll oder habe zumindest nicht widersprochen, wo ich hätte widersprechen müssen. Aber ich fühlte mich nicht als Gesprächspartner, sondern als Journalist. Ich entdeckte einen tieferen Sinn darin, Informationen zu gewinnen. Überzeugen konnte ich Meisnitz und Säbler sowieso nicht mehr, zu tief waren sie in ihrer Verbitterung versunken. Sie faßten Vertrauen zu mir, verlangten aber, daß ich ihre Informationen erst nach ihrem Tod verwertete. Daran habe ich mich gehalten.

Meine Schilderung der dramatischen Ereignisse, die in der deutschen Einheit mündeten und eine neue Weltordnung begründeten, wird den Leser in vielen Punkten nicht überraschen, sofern er all die Jahre die Berichterstattung in den Medien verfolgt hat. Selbst aus dem »Neuen Deutschland« lassen sich ja Einsichten in die Verhältnisse in der Heimat gewinnen. Wenn etwa die Partei die Genossenschaftsbauern aufruft, »alle Kräfte zu mobilisieren, um die Ernte rechtzeitig und in ausreichender Menge zu sichern«, dann weiß der kundige Leser, daß mal wieder eine Mißernte angesagt ist. Und wenn im Winter die Nationale Front »eine noch bessere Ausnutzung der Energieressourcen« verlangt, dann müssen Menschen frieren, oder die Straßenbahnen fahren seltener, oder Produktionsanlagen müssen zeitweilig stillgelegt werden, oder es passiert alles zusammen.

Vor der Einheit wurden die Menschen in Westdeutschland mit Informationen überschüttet, und vielen gelang es nicht, sie zu sortieren, um sich ein einigermaßen zutreffendes Bild der Wirklichkeit zu machen. Zumal die Informationen verkauft wurden, und ihr Wahrheitsgehalt nicht immer an erster Stelle stand. Es war wie beim Gemüse, das, wenn es groß ist und glänzt, in die Handelsklasse I eingruppiert wurde, auch wenn es vielleicht grauenhaft schmeckte. Sensationsberichte verstellen den Blick auf die Realität. Wer könnte das besser wissen als ein Sportredakteur, der erleben mußte, wie das Fernsehen jede noch so jämmerliche Kickerdarbietung schrill aufpeppte, um die Ware Sport zu verkaufen.

Manches von dem, was ich dem Leser berichte, ist so noch nicht berichtet worden. Weil die Informationen von Meisnitz und Säbler stammen oder von anderen Emigranten, die mir ihr Vertrauen schenkten unter der Bedingung, ihre Namen nicht zu enthüllen. Daran werde ich mich halten, auch wenn meine Darstellung an Gewicht gewönne, dürfte ich mehr Zeitzeugen nennen. Ich bitte den Leser um Nachsicht, wenn ich auf den folgenden Seiten zusammenfassend schildere, welche politische Kausalkette die Wiedervereinigung Deutschlands ermöglicht und mich wie viele andere Menschen ins Exil gezwungen hat. Ich habe mich bemüht, die Darstellung auf das Unabdingbare zu beschränken. Ohne sie aber wäre mein Bericht nicht nur unvollständig, sondern zahlreiche Leser würden meine Erlebnisse auch für unglaubwürdig halten. Nicht zuletzt liegen die Wurzeln für das erstaunliche Verhalten zahlreicher einstiger westdeutscher Politgrößen in einer Zeit, in der uns Deutschen fast alles möglich schien, nur nicht die Einheit.

Im Rückblick kann man sagen, daß die deutsche Vereinigung mit dem NATO-Doppelbeschluß begann. Im Dezember 1979 hatte die westliche Allianz als Antwort auf die Stationierung von neuen sowjetischen Mittelstreckenraketen angekündigt, 1983 ebenfalls Raketen mittlerer Reichweite in Westeuropa aufzustellen, sofern es nicht vorher in Verhandlungen gelänge, das angeblich gestörte atomstrategische Gleichgewicht wiederherzustellen. Hinter dem »NATO-Nachrüstungsbeschluß«, wie seine Befürworter ihn auch nannten, stand vor allem der bundesdeutsche Kanzler Helmut Schmidt. Er befürchtete, daß die Bedrohung durch sowjetische Raketen, die jede Stadt Westeuropas vernichten, aber die USA nicht erreichen konnten, die europäischen Verbündeten von den Vereinigten Staaten »abkoppeln« könnte. Würden die USA zurückschlagen, wenn nicht das eigene Territorium bedroht oder angegriffen würde, oder würden sie ihre Alliierten im Stich lassen, weil ja jeder Atomschlag der einen Supermacht gegen die andere unvermeidlich beider vollständige Vernichtung nach sich zöge? Würden die USA also Selbstmord begehen für Deutschland, Frankreich, Belgien oder Luxemburg?

Es ging keineswegs um eine sowjetische Überlegenheit bei den Atomwaffen, die gab es nie, sondern um eine potentielle Zerreißprobe des westlichen Bündnisses. Gewissermaßen stellte die NATO Raketen auf, weil die kleinen Partner dem einen großen Partner nicht zutrauten, für sie zu sterben.

Atomwaffen hatten beide Seiten mehr als genug. Sie konnten die Erde jeweils mehrfach umpflügen, und die Amerikaner immer ein bißchen gründlicher als die Russen. Das, was da in den Raketensilos, in Flugzeugen oder U-Booten darauf wartete, auf die Menschheit losgelassen zu werden, überschritt um ein Vielfaches die Bewaffnung, die als Abschreckung notwendig gewesen wäre. Es war Wahnsinn.

Das spürten die Menschen auf den möglichen Atomwaffenschlachtfeldern von morgen. In Westeuropa entstand eine zig Millionen umfassende Friedensbewegung. Sie warf ihren Regierungen vor, die Sicherheit nicht zu stärken, sondern zu gefährden, wenn sie Raketen aufstellte, die Moskau als Erstschlagwaffen verstehen mußte, waren sie doch fähig, binnen weniger Minuten, ohne Vorwarnzeit, strategische Ziele in der Sowjetunion zu zerstören. Sogar in der Redaktion der »Rheinischen Post« gaben sich zwei Kollegen als Friedensaktivisten zu erkennen, was bewirkte, daß sie als Kommentatoren für alle sicherheitspolitischen Themen gestrichen wurden.

Als, wie vorauszusehen war, bis 1983 keine Verhandlungserfolge erzielt waren, begann die NATO, Pershing-2-Raketen und Marschflugkörper in Deutschland, Italien und anderen westeuropäischen Staaten aufzustellen. Es war eine irrwitzige Situation. Den Sowjets gelang es nicht, die NATO zu entzweien, und die Friedensbewegung, auf die Moskau gesetzt hatte, war nicht stark genug, die »Nachrüstung« zu verhindern. Die »Nachrüstung« wiederum war für die Russen Grund, weitere Mittelstreckenraketen aufzustellen, und insofern erreichte der NATO-Doppelbeschluß das Gegenteil dessen, was seine Urheber beabsichtigt hatten. Noch einmal, und hier so dramatisch wie gefährlich, zeigte sich, wie rationale Entscheidungen im Irrsinn enden können.

Die Menschheit stand am Abgrund. Das merkten auch Regierungen in Osteuropa. Viele in der SED etwa hofften, daß die *Freunde* doch irgendwann einlenken würden. Selbst die SED-Spitze war verunsichert. Während kräftig weitergerüstet wurde, bemühte sich Honecker, den Dialog mit der Bundesrepublik nicht abbrechen zu lassen. Die Signale aus Ostberlin waren deutlich: Die SED wollte Frieden, nicht zuletzt, weil die ohnehin angespannte Finanzlage der DDR weitere Rüstungen nicht hätte tragen können. Die politische Stabilität des SED-Staats hing aber davon ab, daß die die Wirtschaftskraft des Landes strapazierenden Sozialprogramme fortgeführt wurden.

Wirtschaftsexperte Meisnitz sagte mir in einem unserer Gespräche:

Eigentlich war die DDR schon 1982 oder 1983 pleite. Wir hatten riesige Auslandsschulden und wußten nicht, wie wir sie zurückzahlen konnten. Der Milliardenkredit, den Strauß damals vermittelt hat, hat uns weitergeholfen, vor allem weil unser Ansehen bei den Banken im Westen gestärkt wurde. Aber trotz dieser und anderer Hilfe der BRD hätten wir nicht mehr lange durchgehalten. Wären die Beziehungen zur BRD gestört worden und wäre kein Geld mehr geflossen, dann hätten wir den Laden dichtmachen müssen. Unsere Oberen mochten sich über die ganze Wahrheit der Finanzkatastrophe belügen, aber sie ahnten zumindest, daß ohne die BRD die ganze sozialistische Herrlichkeit binnen weniger Jahre im Eimer gewesen wäre.

Besonders gefährlich wurde die Lage durch die Agonie der Sowjetunion. Nachdem der schon einige Jahre an Altersschwäche leidende Leonid Breschnew 1982 gestorben war, folgten ihm in rascher Folge Ex-KGB-Chef Jurij Andropow und der längst senile Konstantin Tschernenko, letzterer ein verknöcherter Mann des Apparats, ersterer aber eine bemerkenswerte Erscheinung. Andropow wußte, daß die Sowjetunion am Rand des Untergangs stand, daß das Riesenreich reformiert und das Wettrüsten beendet werden mußte. Der intelligente und geistig bewegliche einstige Geheimdienstchef wäre gewiß der Mann der Reformen gewesen, wenn er nicht schon bei seinem Amtsantritt todkrank gewesen wäre.

Andropows größte Tat war es, den Landwirtschaftssekretär Michail Sergejewitsch Gorbatschow zum Vollmitglied des Politbüros zu machen. Nach Tschernenkos Tod 1985 konnte die alte Garde um Ligatschow und Gromyko Gorbatschows Ernennung zum Generalsekretär nicht mehr verhindern. Und der neue starke Mann ging sofort daran, die jahrzehntelange Erstarrung von Partei und Sowjetstaat aufzubrechen. Bald kannte die ganze Welt Glasnost und Perestroika: Öffnung der geschlossenen Gesellschaft für Kritik und Meinungsstreit und Umbau von

Wirtschaft und Verwaltung. In der Sowjetunion sollte kaum ein Stein auf dem anderen bleiben.

Im Westen gab es viele, die dem neuen Kurs in Moskau mißtrauten. Ein liebgewordenes Feindbild drohte verlorenzugehen, für manche viel zu schnell. Der neue deutsche Bundeskanzler Helmut Kohl verglich Gorbatschow mit dem Nazipropagandisten Joseph Goebbels, US-Präsident Reagan überhörte lange die Abrüstungsappelle aus Moskau und setzte statt dessen auf den Krieg der Sterne. An Stelle von Abrüsten stand Totrüsten auf der Tagesordnung, wohlwissend, daß die Sowjetunion wirtschaftlich kaum mithalten konnte.

Daß das Moskauer Imperium am Ende war, wußten die Experten allerdings nicht. 1984 analysierte der »Spiegel«-Redakteur Fritjof Meyer in einem Buch unter dem Titel »Weltmacht im Abstieg« den »Niedergang der Sowjetunion«, und die Kremlastrologen und Sowjetologen, die Kommunismusexperten und Aufrüstungsbefürworter lachten. Einige nachdenkliche Gemüter im ZK der SED aber wollten nicht einstimmen in die allgemeine Heiterkeit. Zu gut kannten sie das Wirtschaftsdesaster im eigenen Land. Und sie wußten, daß es in der Sowjetunion noch schlechter stand. Bei einem unserer Gespräche verwies mich Meisnitz auf Meyers Buch und sagte über seinen Autor nur trocken: »Der wußte über die *Freunde* mehr als sämtliche Propagandisten der Sowjetunion. Aber es gibt ja nichts Schlimmeres, als wenn der Klassenfeind seinen Finger in die Wunde legt. Die Genossen im ZK haben sich gehörig aufgeregt über Meyers Enthüllungen.«

Die meisten Sowjetexperten aber glaubten lieber den Propagandisten und ihrer Mär von der Macht des Moskauer Imperiums. Sie verwiesen als Beleg auf das riesige Waffenarsenal der Supermacht, auf die Erfolge ihrer Weltraumfahrt, auf die im *Großen Vaterländischen Krieg* bewiesene Opferbereitschaft der Sowjetmenschen, auf die gigantischen natürlichen Reichtümer des größten Landes der Erde. Und sie irrten sich alle, Meyer hatte recht.

Gorbatschow, lange Jahre Parteisekretär in Stawropol, kannte die wirkliche Lage seiner Heimat aus eigener Anschauung. Als er Vorstandsvorsitzender des Riesenkonzerns Sowjetunion wurde, war die Firma praktisch pleite. Er mußte das Steuer herumreißen, binnen kürzester Zeit alles umkrempeln, was seine Vorgänger in ihrer Tumbheit nicht einmal wahrgenommen hatten. Chruschtschow, Breschnew und Tschernenko waren keine Massenmörder, aber sie waren Stalinisten reinsten Wassers gewesen. Die Führer der Sowjetunion glaubten an die Macht des Willens, an das »Primat der Politik«. Sie starrten auf die Macht – »die Machtfrage, Genossen, ist das entscheidende« –, verfolgten vermeintliche und tatsächliche Oppositionelle, steckten kluge Köpfe in den Gulag, statt ihre Kritik als Hilfe anzunehmen, und trieben die Wirtschaft tiefer in den Abgrund. Sie ließen ihre Ökonomieexperten über die »Wirkung des Wertgesetzes im Sozialismus« schwafeln und gaben doch mehr aus, als sie einnahmen. Die Fabriken verkamen, die Landwirtschaftstechnik verrottete, und die Auslandsschulden wuchsen. Man kann die Wirklichkeit lange Zeit ignorieren, irgendwann meldet sie sich doch gnadenlos zurück.

Gorbatschow war die letzte Chance der Sowjetunion, aber er hatte keine. In den drei Jahren, die ihm die Stalinisten ließen, konnte er nichts erreichen, außer den Menschen die Hoffnung einzupflanzen, daß Sozialismus und Demokratie doch keine unüberwindlichen Gegensätze waren. Oder war es eine Illusion? Wir werden es nicht mehr herausfinden.

Die drei Jahre Gorbatschow genügten seinen Nachfolgern aber, allein ihm die Verantwortung für Wirtschaftskrise und Hungersnot anzulasten. »Hätte der Verräter Gorbatschow nicht die Grundlagen des Sozialismus, wie sie die Sowjetmenschen in Jahrzehnten heroischer Aufbauarbeit geschaffen haben, erschüttert, müßte keiner hungern, und niemand wäre ohne Arbeit«, erklärte der neue KPdSU-Generalsekretär Jegor Ligatschow. Die Hardliner waren offenbar froh über die drei Jahre Gorbatschow, denn mit ihm hatten sie einen Sündenbock gefunden. Alles, was schiefgegangen war, schoben sie ihm in die Schuhe. Und sie verwiesen darauf, daß die Öffnung zur Demokratie und zum Westen der Sowjetunion geschadet habe. In der ihm eigenen Knappheit sah Andrej Gromyko den Beweis dafür erbracht, daß »Kapitalismus und Sozialismus sich so gut vertragen wie Feuer und Wasser«.

Kurz nach dem Putsch der Stalinisten im August 1988 wurde auch deutlich, daß das Militär zu den treibenden Kräften der Wende zurück zählte. Wie befreit verkündeten die Marschälle der Sowjetunion ihr Programm zur »Wiederherstellung des militärstrategischen Gleichgewichts«. Die Abrüstungsverhandlungen mit den USA wurden abgebrochen. Gorbatschows Ankündigung, den Krieg in Afghanistan zu beenden, wurde widerrufen. Weitere SS-20-Raketen wurden stationiert, und unter Bruch des ABM-Vertrags – der die Aufstellung von Raketenabwehrsystemen verbietet – begannen die Sowjetstreitkräfte, Militärstützpunkte und einige Großstädte mit Systemen zur Abwehr von Interkontinentalraketen zu bestücken. Als Begründung führten die neuen Herren im Kreml an, die Amerikaner hätten mit ihren Sternenkriegsplänen diese neue Runde des Wettrüstens eröffnet und lägen weit vorne.

Die Sowjetunion machte auch sonst keinen Hehl aus ihrer forcierten Aufrüstung. Die Machthaber im Land Lenins erklärten, vom Westen dazu gezwungen worden zu sein. Sowjetmarschall Kulikow, Oberkommandierender des Warschauer Pakts und einer der Köpfe des Stalinistenputsches, sagte hart: »Niemandem wird es gelingen, die große Sowjetunion totzurüsten. Wer uns oder einen Verbündeten angreift, richtet sich selbst zugrunde. Die sowjetischen Menschen werden jede militärische Herausforderung bestehen und die Errungenschaften des Sozialismus notfalls mit der Waffe in der Hand verteidigen.«

Die meisten Beobachter im Westen sahen hinter dem Raketenrasseln im Osten mehr als reinen Selbstbehauptungswillen.

Es war offensichtlich, daß Moskau der NATO demonstrierte, daß die Sowjetunion unbesiegbar war und einem Krieg nicht ausweichen würde. Wenn nicht mehr.

Der Putsch in Moskau überraschte den Westen. Er war ein Schock, der zeitweilig alles lähmte. Wie Kaninchen auf die Schlange starrten Politiker, Medienleute und Bürger auf die Umwälzung im roten Riesenreich. Selbst ich, der ich keinen Hang zur Politik hatte, spürte, daß die Geschichte ihren Lauf änderte.

Von heute auf morgen waren die bisherigen Koordinaten der Weltpolitik von der Tafel gewischt worden. Nur wenige Tage zuvor schien alles auf eine grundlegende Entspannung des Ost-West-Konflikts hinzudeuten. Gorbatschow erfreute sich in Westeuropa und den USA wachsender Beliebtheit und überzeugte allmählich auch einige jener Politiker und Journalisten, die in Moskau den Wohnsitz des Teufels vermuteten. Sein Bild vom »europäischen Haus« verhieß gutnachbarschaftliche Beziehungen.

Manche trauten sich sogar daran zu denken, daß die deutsche Vereinigung in greifbare Nähe rücken könnte. SED-Chef Erich Honecker, der sich starr der neuen Moskauer Beweglichkeit verweigerte, würde nicht ewig leben. Vielleicht würden seine Nachfolger in Gorbatschows Fußstapfen treten. Aber die Auguren spekulierten nicht zu laut, wollten sie doch die trotz allem guten Beziehungen zur DDR nicht durch Wiedervereinigungsphantasien belasten. Die christlich-liberale Koalition unter Bundeskanzler Helmut Kohl setzte die Zusammenarbeit mit dem SED-Regime fort, so, wie es schon die sozialliberalen Vorgängerregierungen Willy Brandts und Helmut Schmidts getan hatten. Die Mauer war nicht weg, aber sie wurde durchlässiger. Für Anerkennung und Devisen zahlte Honecker mit menschlichen Erleichterungen – ein merkwürdiges Geschäft, aber es funktionierte.

Doch mit dem Putsch in Moskau war von einem Tag auf den anderen alles anders. Kriegsangst kam auf. Der Vergleich mit der Kubakrise geisterte durch die Leitartikel, aber bald wurde es auch der Öffentlichkeit klar, daß diesmal die Lage noch gefährlicher war als 1962, als die Welt wegen des Streits um sowjetische Raketen auf Kuba am Rand des Dritten Weltkriegs gestanden hatte.

Ein angeschlagener Boxer ist gefährlich. Die Sowjetunion war wirtschaftlich am Abgrund, aber hochgerüstet bis an die Haarspitzen. In einem letzten großen Kraftakt hatten die Machthaber in Moskau alles aus ihrer Bevölkerung und ihren Rüstungsbetrieben herausgepreßt, um die gewaltigste Kriegsmaschine der Weltgeschichte aus dem Boden zu stampfen. Und sie wurden nicht müde, stolz auf ihre neuesten militärischen Errungenschaften hinzuweisen. Sie veranstalteten gigantische Manöver in der DDR, in Polen und in der ČSSR. Sie zeigten auf Paraden modernste Waffen in furchteinflößender Zahl.

Moskaus Verbündete zahlten dafür einen hohen Preis. War in den Wirtschaftsabteilungen des ZK der SED der verlustreiche Handel mit der Sowjetunion schon zuvor als »bitterer Honig« bemäkelt worden, so forderte Moskau nun, daß seine Partner sich stärker am großen Rüsten beteiligten. Bald verbreiteten sich Unsicherheit, wenn nicht Angst im Haus am Werderschen Markt, dem Sitz des Zentralkomitees der SED. Wenn die DDR-Führung nicht mehr in der Lage sein sollte, die teuren Sozialprogramme für ihre Bevölkerung zu bezahlen, dann würde die Unzufriedenheit in der Bevölkerung wachsen, dann verloren Honecker und Genossen Ansehen und Rückhalt in der Bevölkerung. Laut Meisnitz witterten einige ganz hellhörige Genossen sogar, daß die *Machtfrage* sich stellen könnte.

Es konnte für die militärischen Demonstrationen der Sowjetunion nur einen Grund geben: Die Russen setzten alles auf eine Karte. Die Gründe dafür dämmerten den gescheiteren Leitartiklern im Westen bald. Alle die klugen Schreiberlinge und Experten hatten die wirtschaftliche Kraft der Sowjetunion maßlos überschätzt. Sie hatten mit leichten Abstrichen geglaubt, was die Parteitage und die Neujahrsreden der Sowjetführer verkündet hatten. Doch nun wurde es offensichtlich: Wenn die Russen die Dinge weiter so laufen ließen, dann würden die Gesetze der Ökonomie dem Arbeiterparadies binnen weniger Jahre den Garaus machen. Das Sowjetreich würde auf dem Müllhaufen der Geschichte landen, womöglich zerfallen in Bürgerkriegen zwischen seinen zahlreichen von den Russen beherrschten Völkern. Und mit dem großen Imperium würde sich die »ruhmreiche Rote Armee« in ein Gebirge von Schrott verwandeln, und die Marschälle der Sowjetunion wären arbeitslose Freizeitkrieger, wenn sie nicht sogar der Rache der für ihre hochfahrenden Weltbeglückungspläne ausgeplünderten Sowjetmenschen anheimfielen. Das waren keine rosigen Aussichten.

Der ehemalige ZK-Abteilungsleiter Meisnitz hatte in den Jahren vor seiner Flucht akribisch alle Informationen gesammelt, die er im Zentralkomitee aufschnappte. Er erinnerte sich noch gut an seine Verblüffung, als Genossen, die zu Gesprächen in Moskau gewesen waren, durchblicken ließen, den Russen sei es ganz recht, wenn im Westen immer mehr Leute glaubten, das rote Riesenreich wäre am Ende. Natürlich leugneten Ligatschow und Genossen den ehrenrührigen Tatbestand, daß die der kapitalistischen Anarchie doch epochal überlegene Planwirtschaft pleite war. Aber sie entdeckten nur Vorteile für sich, wenn Journalisten und Politiker im Westen es glaubten und verkündeten. Wurde so die Ernsthaftigkeit der Moskauer Absichten nicht noch unterstrichen? Wer mit dem Rücken an der Wand steht, hat keine Lust auf Experimente. Und wer nur noch eine Chance hat, nimmt sie wahr.

Als Hitler 1939 den Zweiten Weltkrieg begann, war das Deutsche Reich fast zahlungsunfähig. Die NS-Kriegsmaschine wurde geschmiert mit Raubgut. Aber die Zeit der räuberischen Beutezüge war vorbei, die Gold- und Devisenreserven Westeuropas blieben Moskaus Zugriff versperrt. Krieg bedeutete nicht mehr Eroberung, sondern Vernichtung. Die Sowjetunion hatte bereits ihre Bündnispartner stärker zur Kasse gebeten, aber ruinieren durfte sie ihre Satelliten nicht, weil sonst deren politische Stabilität und militärische Stärke ausgehöhlt würden. Kuba war ein Faß ohne Boden, es würde niemals autark werden. Und die Rohzuckerpreise fielen weiter. Die militärischen Abenteuer in Afrika und Afghanistan kosteten auch nur Geld. Gelang den Russen nicht ein gigantischer Befreiungsschlag, dann waren sie und die gesamte kommunistische Weltbewegung am Ende. Dann hätten sie nicht einmal mehr genug Geld, um das Lenin-Mausoleum weiter zu unterhalten, und müßten den Staatsgründer endlich beerdigen, wie er es sich gewünscht hatte.

Finstere Töne drangen vom Osten in den Westen. Die Sowjetführung setzte deutliche Signale, daß die bisherige Hilfe des Westens durch Kredite und Getreidelieferungen nicht mehr reichte. »Ohne Sozialismus hat die Weltgeschichte keinen Sinn. Und ein Sozialismus ohne Sowjetunion ist undenkbar«, schrieb ein A. Maximow in der »Prawda«. Jeder Experte im Westen wußte, daß Maximow ein Pseudonym war und daß hinter dem Artikel niemand Geringeres stand als das Politbüro der Kommunistischen Partei der Sowjetunion. In anderen Beiträgen fabulierte Maximow über einen möglicherweise »bevorstehenden großen Krieg, der dann mit eherner Notwendigkeit ausbricht, wenn der stets aggressive Imperialismus nicht zurechtgestutzt wird«.

Die Botschafter der UdSSR in Washington, London und Paris wurden bei den Regierungschefs – nicht den Außenministern, wie es das Protokoll verlangt – vorstellig und erklärten, die Sowjetunion verlange die Wiederherstellung des strategischen Gleichgewichts und Kompensationen für die immensen Verluste im Zweiten Weltkrieg. Moskau sei damals mit einem Almosen abgespeist worden, obwohl die Sowjetunion die Hauptlast des Kriegs getragen habe. Sie habe nicht nur das eigene Land ohne jede Unterstützung wiederaufbauen müssen, sondern ebenso den jungen Volksdemokratien geholfen. Die zwanzig Millionen Sowjetmenschen, die im von Deutschland verursachten Krieg umgebracht worden seien, entsprächen einem Bevölkerungsverlust von heute hundert Millionen. Wieviel reicher könnte das Sowjetland sein, wenn alle diese Menschen noch lebten. Den Verursachern des großen Leids hingegen, den Deutschen, gehe es prächtig. Sie hätten durch Marshall-Plan und amerikanische Investitionen ihre Industrie grunderneuert und seien geradezu Sieger des selbst verschuldeten Kriegs.

Die sowjetischen Gesandten zählten noch einige Punkte hinzu, die die angebliche Ungleichbehandlung ihres Landes zeigten: so die Blockade von Castros Kuba oder die Sanktionen nach dem Afghanistan-Einmarsch – wohingegen Amerikaner, Briten und Franzosen nie unter Sanktionen hatten leiden müssen wegen militärischer Interventionen. Und davon habe es in den vergangenen Jahrzehnten viele gegeben.

Nur US-Außenminister George Shultz, der am Gespräch zwischen Präsident Reagan und Sowjetbotschafter Alexander Andrejew teilnahm, ließ sich zu der Frage verleiten, wie hoch der Bevölkerungsverlust durch die Stalinschen Säuberungen zu veranschlagen sei und wer dafür aufkommen solle. Er erwartete natürlich keine Antwort, sondern wollte Andrejew zeigen, daß die amerikanische Regierung verstanden hatte, daß die Sowjets alle möglichen Gründe für ihr Desaster anführen würden, nur nicht die entscheidenden: die machtbesessene Vergewaltigung wirtschaftlicher Gesetze, die Aufrüstung und außenpolitische Abenteuer. In Moskau war die Empörung über Shultz' Einwand so heftig, daß sich diese Episode in Windeseile in den Führungsetagen des Warschauer Pakts herumsprach und schließlich auch im ZK der SED weitererzählt wurde, wo Säbler sie aufschnappte.

Ob in Washington, ob in London, ob in Paris, überall erklärten die Vertreter Moskaus, daß die Streitpunkte zwischen Ost und West *grundsätzlich* bereinigt werden müßten. Wäre es um einen Streit zwischen Nachbarn in zwei Doppelhaushälften gegangen, so hätte früher oder später der eine gesagt, daß er die Nase gestrichen voll habe davon, daß der andere in der Mittagszeit den Rasen mähe, daß sein Hund schon morgens laut kläffe und daß abends die Kinder schrien. Nun würde natürlich der Gesandte einer Weltmacht nie erklären, sein Land habe die Nase gestrichen voll. Aber die Sowjetvertreter in den Hauptstädten der westlichen Großmächte sagten doch, daß die Geduld der Regierung der UdSSR erschöpft sei. Und das war so ziemlich das gleiche.

Auf der UNO-Vollversammlung im Oktober 1988 erklärte der Vorsitzende des Obersten Sowjets und vormalige Außenminister Gromyko, daß die Regierung der Union der Sozialistischen Sowjetrepubliken »nicht mehr hinzunehmen bereit ist, daß der Imperialismus der Welt ein lebensgefährliches Wettrüsten aufzwingt«. Er sprach von den »ungeheuren wirtschaftlichen Ressourcen«, die vergeudet würden, weil die USA und ihre westlichen Alliierten immer wieder an der Rüstungsschraube drehten. Er wiederholte, was die sowjetische Presse und die Moskauer Botschafter in Washington, London und Paris gesagt hatten: daß es eine »der historischen Gerechtigkeit widersprechende Provokation des ganzen sowjetischen Volks ist, daß Westdeutschland der große Profiteur des von den Vereinigten Staaten von Amerika verschuldeten kalten Kriegs ist. Kein Land hat in diesem Jahrhundert mehr unter dem faschistischen Überfall und dem Vernichtungsfeldzug von Hitlers Generalen gelitten als die Sowjetunion. Kein Volk hatte mehr Opfer zu beklagen als das Sowjetvolk. Und kein Volk hatte unter den Folgen der Hitlerbarbarei mehr gelitten als das große sowjetische Volk, dem vor allem es zu verdanken ist, daß die faschistischen Räuber vom Erdball vertrieben worden sind.«

Und dann sagte Gromyko mit dem ihm eigenen Zynismus: »Den Deutschen, denen die Welt das größte Massaker aller Zeiten verdankt, geht es gut. Um wieviel besser könnte es heute der Sowjetunion gehen, die das größte Opfer aller Zeiten gebracht hat? Es geht der Sowjetunion nicht besser, weil sie dieses Opfer gebracht hat. Niemand kann von der Sowjetunion erwarten, daß sie die Lasten trägt, die die Deutschen verursacht haben. Machen wir endlich *reinen Tisch.*«

Das Wort vom »reinen Tisch« ging in Windeseile um die Welt. Was hieß das? Die Leitartikler rätselten, und selbst das Politbüro der SED war sich unsicher, was die *Freunde* vorhatten. Die Genossen Honecker, Krenz und die anderen Führungskader der Einheitspartei verlegten sich darauf, daß hier Forderungen nur an die Westdeutschen gestellt würden. Widerwillig hatte Honecker seit dem Stalinistenputsch seine ganz speziellen Kontakte zu Bonn und zur SPD eingefroren. Selbst der Gefangenenfreikauf war abgebrochen, und die Devisen, die die DDR daraus erzielte, fehlten an allen Ecken und Enden. Der Handel mit der Bundesrepublik stagnierte und drohte ganz zu erliegen, obwohl Bonn weiterhin den »Swing« gewährte, den zinslosen Überziehungskredit für den innerdeutschen Handel. Wenn die neue Eiszeit von Dauer war, dann war es nur eine Frage der Zeit, wann der innerdeutsche Handel ganz am Boden lag und die DDR nicht mehr von ihrer stillen EU-Mitgliedschaft profitieren konnte. Wenn auch noch Zölle auf DDR-Produkte in Westeuropa erhoben würden, dann müßten die Preise der VEB-Waren noch weiter unter die Herstellungskosten fallen. Um Devisen zu erwirtschaften, wurden die meisten Waren aus ostdeutschen Kombinaten ohnehin schon zu Preisen verkauft, die den offiziellen Kurs von eins zu eins zwischen der Mark der DDR und der D-Mark zur Farce machten. Es würde also noch mehr investiert, um noch weniger zu verdienen. Die wirtschaftlichen Aussichten waren trübe.

Noch mehr aber als wirtschaftliche Verluste sorgte sich das SED-Politbüro um seine Macht. Kommunisten reagieren auf nichts empfindlicher als auf Andeutungen, daß die Diktatur des Proletariats, die in Wahrheit eine Diktatur eines kleinen Führungszirkels der Staatspartei ist, in Frage gestellt werden könnte. In diesem Punkt, nur in diesem Punkt, zeigen sie eine höchstgradige vorausahnende Sensibilität. Auch wenn man immer wieder erstaunliche Beweise für den Wirklichkeitsverlust kommunistischer Führer erlebt, auch wenn Zeitgeschichtler darauf hinweisen, daß viele KP-Funktionäre den eigenen Parolen glauben – irgendwie, wohl tief im Unterbewußtsein, ahnen die Genossen, daß sie keineswegs geliebt werden von den Werktätigen, deren Interessen zu vertreten sie behaupten. Die Erfahrungen der Arbeitererhebung vom 17. Juni 1953 in der DDR, des Ungarnaufstands 1956, des Sozialismus mit menschlichem Antlitz in der ČSSR 1968, der polnischen Gewerkschaftsbewegung *Solidarność* und auch des Eurokommunismus in den siebziger Jahren haben die Warnsensoren geschärft. Auch nachdem sich die sowjetische KP 1956 auf dem XX. Parteitag von Stalins Massenmorden distanziert hat, sehen die Kommunisten immer noch überall Feinde. »Ideologische Wachsamkeit« ist geboten. Ein kleines Nachgeben nur, und der Feind dringt ein in die eigenen Reihen. Er nutzt jeden Haarriß im Panzer des Marxismus-Leninismus. Er versteckt sich unter dem Deckmantel des Sozialdemokratismus, des Humanismus, der bürgerlichen Marxexegese, der Menschenrechte, des Pluralismus und der Forderung nach Reisefreiheit. Nein, die Arbeiterklasse kann ihre historische Mission, den Aufbau des Kommunismus, die Befreiung der Menschheit von Ausbeutung und Krieg, nur erfüllen, wenn sie ideologisch kompromißlos ist, wenn sie alle Angriffe des Feindes schon im Keim erstickte. Lieber ein paar Menschen zuviel einsperren als einen Konterrevolutionär laufenlassen – diese Erkenntnis des SED-Gründers Walter Ulbricht war die Maxime auch seiner Nachfolger.

»Reiner Tisch«, das bedeutete in der DDR auf jeden Fall, bei aller Unklarheit über die Absichten der *Freunde*, das Machtgefüge festzuzurren, damit es drohenden Stürmen widerstehen würde. Also eine neue Eiszeit in der Kulturpolitik. Selbst Hermann Kant, Vorsitzender des SED-treuen Schriftstellerverbands, murrte gegen die Lawine der Bücherverbote. Stefan Heym wurde im »Neuen Deutschland« verwarnt. Die »ganze Wucht der Gesetze der Deutschen Demokratischen Republik« würden ihn und jeden anderen treffen, der es wage, Bücher ohne Genehmigung der »zuständigen Organe« im Westen erscheinen zu lassen. Filme, die sich »in westlicher Dekadenz suhlen«, durften nicht mehr vorgeführt werden.

Hart traf die Menschen in der DDR und in der BRD die Welle der Schikanen an der deutsch-deutschen Grenze. Zwar kündigte die DDR nicht die Vereinbarungen mit der Bundesrepublik, die die zwischenmenschlichen Kontakte erleichtern sollten. Aber sie fand immer neue Gründe, um den Grenzverkehr zu verringern. Meine Informanten aus dem ZK-Apparat berichteten mir von abstrusen Planspielen und Szenarien, die den Machthabern in der DDR Argumente liefern sollten dafür, ihren Staat gegen die westliche Außenwelt abzuschließen. Plötzlich wurden am Berliner Grenzübergang Friedrichstraße ganze Koffer voller Propagandamaterial gefunden, das angeblich aus dem Westen stammte und mit dessen Hilfe auf den »Sturz der legitimen Regierung der DDR« hingearbeitet wurde. Die DDR-Opposition, die sich vor allem in Kirchen versammelte, sei ein »Brückenkopf des Imperialismus im Lager aller wahrhaft friedliebenden Kräfte«. Im ZK wurden Pläne geschmiedet, die Köpfe der Demokratiebewegung in den Westen auszuweisen. Diese Absicht scheiterte aber an der Erkenntnis, daß sich die Opposition gegen die SED enorm verstärken würde, sobald sich herumgesprochen hätte, daß Bürgerrechtler in den Westen abgeschoben würden.

So blieb es bei zahllosen unbegründeten Einreiseverweigerungen für Westdeutsche und Westberliner, bei schikanösen

Paß- und Zollkontrollen, die die Warteschlangen auf Rekordlänge anwachsen ließen. Auf den Transitstrecken von und nach Westberlin brach Chaos aus, weil die Kontrollen an den Grenzübergangsstellen stundenlang dauerten. Und auch danach fanden die Sicherheitsorgane immer wieder Vorwände, Transitreisende auf den Autobahnen zu stoppen, sie festzuhalten, zu verhören, ihre Autos und ihr Gepäck zu durchsuchen. Viele wurden unter fadenscheinigen Gründen für ein paar Tage verhaftet. Bald ging im Westen das Wort um von der »neuen Berlinblockade«.

Was hieß »reiner Tisch« für die Bundesrepublik? Darüber rätselten Politiker und Journalisten, Politologen, Sowjetologen, Osteuropaexperten und Historiker. Gerd Ruge, der langjährige Kenner der Sowjetunion, Autor zahlreicher kluger Bücher und nicht minder lehrreicher Fernsehsendungen, verdeckte seine Ratlosigkeit hinter seiner Beredsamkeit. »Zeit«-Chefredakteur Theo Sommer zeigte Verständnis für das Argument der »historischen Ungerechtigkeit«. Er siedelte sie aber in der Geschichte noch weit früher an als das Politbüro der KPdSU: »Wir müssen den Russen auch für den Schutz vor den Tataren danken. Das Abendland wäre nicht das Abendland ohne Rußland. Dafür mußten die Russen bezahlen durch Verzicht auf viele jener Errungenschaften, die sie in unfreiwilliger Selbstaufopferung beschützten. Aber wie sollen wir unsere Dankbarkeit erweisen?«

Klaus Bednarz präsentierte in einem »Monitor spezial« das lange deutsche Sündenregister. Gerhard Löwenthal konterte im »ZDF-Magazin« mit einer geradezu wutschnaubenden Polemik gegen die »maßlosen Ansprüche der Kommunisten in der sogenannten DDR, das ›bessere Deutschland‹ sein zu wollen. Die Kommunisten werden ihren weltrevolutionären Zielen nie abschwören, und der freie Westen ist gewarnt.« Helmut Lölhöffel von der »Frankfurter Rundschau« zeigte Verständnis für die krisengeschüttelten Staaten Osteuropas, aber auch er wußte keine

Antwort auf die entscheidende Frage, wie der Westen mit den nebulösen Forderungen der Sowjetunion verfahren solle.

In der Redaktion der »Rheinischen Post« gab es hitzige Debatten. Ich hörte meistens nur zu. In mir wuchs Angst in dem Maß, wie ich den Spekulationen meiner Kollegen folgte. Ich fürchtete mich genauso vor den Gefahren der Aufrüstung wie vor der Ungewißheit über die Absichten Moskaus und die Reaktionen des Westens.

Natürlich sprach ich auch mit Freunden über das, was da geschah. Johannes blieb optimistisch, wie immer. Er war politisch und zeitgeschichtlich recht beschlagen. Lehrer wissen ja viel, und sie neigen dazu, ihr Wissen nicht für sich zu behalten. Johannes erinnerte an den ersten kalten Krieg, an die Berlinblokkade und die Luftbrücke, an die Kubakrise, an Ungarn 1956 und den Einmarsch des Warschauer Pakts in die ČSSR, an Polen, Afghanistan usw. »Auch diesmal wird wild gerasselt, aber uns wird kein Härchen gekrümmt werden. Die Russen machen ein Riesentheater, und am Ende kriegen sie als Beruhigungsmittel ein paar Milliarden und irgendwas für die nationale Ehre.«

Johannes gab aber zu, daß Moskau noch nie so einen Affentanz aufgeführt hatte wie diesmal. Sorgen bereitete auch ihm der Umstand, daß Stalin Schritt für Schritt rehabilitiert wurde als der Mann, der die Errungenschaften des Sozialismus vor äußeren und inneren Feinden bewahrt habe. In sowjetischen Zeitungen, so berichteten westliche Medien, war von »Überspitzungen des XX. Parteitags« der sowjetischen KP die Rede. Die »Prawda« schrieb: »Wir lassen unsere Geschichte nicht vom Imperialismus interpretieren. Wer seine Geschichte aufgibt, kapituliert vor der Gegenwart.« Und doch war Johannes überzeugt davon, daß auch diese Krise beigelegt werden würde.

Ich überlegte mir, daß Johannes wohl keine andere Wahl blieb. Sollte er vor seine Klassen treten und den Kindern Angst machen? Lehrer, die Angst haben, verbreiten Angst. Johannes folgte dieser Einsicht aber eher instinktiv, denn er würde sich nie eingestehen, daß er sich selbst belog und damit auch andere.

Bei meinem Bruder Willi lagen die Dinge anders. Als DKP-Funktionär mit Moskauerfahrung fühlte er sich offenbar verpflichtet, ganz genau zu wissen, was das Politbüro der KPdSU ausgeheckt hatte. »Es wurde echt Zeit, daß die sowjetischen Genossen diese historische Rechnung präsentierten. Wir leben hier wie die Made im Speck, aber denen, die uns das ermöglicht haben, geht's dreckig. Und zwar durch unsere Schuld!«

Ich verstand ihn nicht: »Die Russen ermöglichen es uns, gut zu leben? Das ist doch Quatsch?«

»Von wegen Quatsch! Hätten die Sowjets nicht Hitler geschlagen, dann wäre der Weltkrieg immer noch nicht zu Ende, oder die Nazis hätten gesiegt. Übrigens, das heißt nicht ›Russen‹. Die Russen sind ein Volk im Vielvölkerstaat Sowjetunion. Dort sind die Nationen nämlich gleichberechtigt. Und wer statt ›Sowjets‹ ›Russen‹ sagt, beleidigt die Kirgisen, Armenier, Georgier und all die anderen sowjetischen Völker, auch wenn er das nicht will.«

»Aber soviel hab' ich auch mitgekriegt: ›Sowjets‹ heißt ›Räte‹, und ich weiß ja nun nicht, ob man Leute als Räte ansprechen soll, wenn sie keine sind. Und wenn, dann wohl eher als Geheimräte, wenn man sich mal anschaut, was deine Russen für eine Geheimniskrämerei machen. Sie sagen ja nicht einmal, was sie wollen.«

Willi wurde ärgerlich, aber das wurde er immer, wenn er unsicher war: »Räte hin, Räte her, die Sowjets haben völlig recht, wenn sie keine konkreten Forderungen stellen. Das ist eine Einladung an den Westen zu verhandeln. Die sowjetischen Kommunisten legen eine Rechnung auf den Tisch und sagen: ›Laßt uns darüber reden.‹ Das ist doch nur fair.«

Willi hatte in Sachen Sowjetunion für alles eine Erklärung, und komischerweise fielen alle Erklärungen zugunsten seiner Genossen aus. Ich erinnere mich gut daran, wie er mir einmal erläuterte, warum die Russen – in seinen Worten natürlich die Sowjets – auf dem Gebiet der Mikroelektronik so weit hinter dem Westen herhinkten. »Das ist doch ganz einfach«, sagte Willi. »Die Sowjets bauen riesige Raketen für die Weltraumfahrt, in denen ist Platz wie Heu. Die Amis dagegen sind froh, wenn sie ihre Streichhölzer heil in die Luft kriegen. Wenn die Sowjets gewollt hätten, hätten sie schon eine Kolonie auf dem Mond gehabt, bevor die Amerikaner gelandet sind. Dann hätte der Armstrong mit den Genossen Wodka trinken können. Und weil die USA in der Raketentechnik so schlecht sind und so wenig Nutzlast transportieren können, mußten sie ganz kleine und leichte Computer bauen, um überhaupt was nach oben zu bringen. In den großen sowjetischen Raketen dagegen braucht man keine *Mikro*elektronik.« Es klang so, als wäre Mikroelektronik etwas Ekliges. So verwandelte sich in Willis Kopf Rückständigkeit in Überlegenheit.

Willi glaubte keine Sekunde daran, daß Moskau es darauf ankommen lassen würde: Krieg oder Beute. Ich hoffte, daß er recht hatte. Manchmal beruhigte ich mich in Selbstgesprächen. Oder es gelang mir sogar, die Angst zu verdrängen. Aber sie kehrte immer wieder zurück. Was wollten die Russen?

Das fragte sich auch das politische Bonn. Kanzler Kohl erklärte auf einer Pressekonferenz, daß die Bundesregierung auf gutnachbarschaftliche Beziehungen zur Sowjetunion und zu allen anderen Staaten Osteuropas setze. Er sprach von neuen Krediten, Kreditbürgschaften und von Lebensmittelhilfe. »Frieden schaffen mit weniger Waffen« sei auch weiterhin die Maxime der Bundesrepublik. FDP-Wirtschaftsminister Martin Bangemann dagegen belehrte die Russen, daß »Wohlstand ein Produkt der Marktwirtschaft« sei. Er forderte die Sowjetunion auf, ihr Land für ausländisches Kapital zu öffnen. »Es hat wenig Sinn, jetzt den Rindfleischberg und den Weizenberg nach Nowosibirsk zu verfrachten, und im nächsten Jahr geht es wieder von vorne los.«

Bangemanns Äußerungen verursachten einen lautstarken Koalitionskrach. Während Hardliner aus der CSU ausnahmsweise einmal einen FDP-Mann lobten, zieh Helmut Kohl seinen Wirtschaftsminister in einer Kabinettssitzung der Verantwortungslosigkeit. Danach kolportierte der »Spiegel« die Standpauke des Kanzlers. »Es ist nicht der politischen Weisheit letzter Schluß, die Führer der Sowjetunion belehren zu wollen. Die Wirklichkeit stellt sich häufig eben ganz anders dar als die Realität. Wir können uns unsere Verhandlungspartner nicht aussuchen. Wer Moskau provoziert, schadet deutschen Interessen. Ich bemühe mich seit Monaten um einen Termin mit Ligatschow – vielen Dank für Ihre Hilfe«, kommentierte Kohl sarkastisch die Stammtischsprüche seines Wirtschaftsministers. Bangemann wurde kurze Zeit später zur EG-Kommission nach Brüssel abgeschoben. Danach hörte man von ihm vor allem, daß er die gute belgische Küche genoß. Seit der Einheit lebt er von einer EU-Rente in Waterloo. Sein Nachfolger als FDP-Chef wurde Otto Graf Lambsdorff, einer der Protagonisten der Flick-Parteispendenaffäre.

Das Klima in der christlich-liberalen Koalition war ohnehin nicht gut. Die Regierung hatte ihre Wahlversprechen nicht gehalten. CDU/CSU und FDP hatten weder die Staatsfinanzen saniert noch die Arbeitslosigkeit verringert. Die Umfragewerte waren im Keller. In der Außenpolitik setzten Kohl und Genscher fort, was die Regierungen Brandt und Schmidt begonnen hatten, aber in der Innenpolitik fehlten Konzepte. In der Union rumorte es, der baden-württembergische Ministerpräsident Lothar Späth, Familienministerin Rita Süssmuth und CDU-Generalsekretär Heiner Geißler ließen wenig Zweifel daran, daß es ihnen lieber wäre, Kohl würde abtreten. Kohls alter Widersacher Franz Josef Strauß war unlängst gestorben, aber nun blies dem Kanzler der Wind aus der Spitze der eigenen Partei entgegen.

Solange Gorbatschow im Amt war, konnten Kohl und Genscher wenigstens außenpolitische Erfolge vorweisen, vor allem bei der Abrüstung. Aber seit dem Putsch war das politische Klima vereist. Zwar bemühten sich die Deutschen, die neue Moskauer Führung mit Samthandschuhen anzufassen und ihr Bedauern über Gorbatschows Sturz nicht allzu laut zu verkünden. Doch ein Zurück zur Entspannung war nicht in Sicht. Und Washington setzte nur noch auf militärische Stärke. Während die Russen drohten, fabulierte man in Washington über neue Wunderwaffen, die die Vereinigten Staaten unverwundbar machen sollten.

Immer häufiger war in dieser Zeit von Finnland die Rede. Nicht von »Finnlandisierung«, diesem Kampfbegriff entspannungsfeindlicher Konservativer, die jede Annäherung an Moskau als Verrat des Abendlands verfluchten. Der Sowjetologe Wolfgang Leonhard war der erste, der darauf hinwies, daß in sowjetischen Zeitungen – und keineswegs nur in militärpolitischen Blättern, sondern auch in »Prawda« und »Iswestija« – erstaunlich viele Artikel über den sowjetisch-finnischen Winterkrieg 1939/40 erschienen. Hatte dies etwas mit dem »reinen Tisch« und Deutschland zu tun? Und wenn ja, was?

1939, kurz vor Ausbruch des Zweiten Weltkriegs, verlangte die Sowjetführung von Finnland, über den Verlauf der gemeinsamen Grenze zu verhandeln. In Stalins Augen verlief die Grenze zu nahe an Leningrad. Für finnisches Land bot Stalin sowjetisches Territorium. Die Finnen lehnten dieses Ansinnen natürlich ab. Lenin hatte ihnen erlaubt, sich vom russischen Imperium loszulösen, warum sollten sie etwas von ihrem Land hergeben? Stalins Antwort war Krieg. Er setzte – unter großen Verlusten – militärisch durch, was die Finnen freiwillig nicht zugestanden.

Leonhard deutete die sowjetische Rückbesinnung auf den Winterkrieg als Signal. So originell war diese Schlußfolgerung nicht, hatten doch kommunistische Machthaber oft genug mittels Zeitungen quasi inoffiziell Forderungen erhoben. Manchmal hatten Leserbriefe genügt. Gorbatschows Sturz etwa war eingeleitet worden durch den zornigen Leserbrief einer russischen Arbeiterin, die die Errungenschaften des Sozialismus bedroht sah. Gut, es war ein Signal, aber was bedeutete es?

Leonhard erntete spöttische bis empörte Ablehnung, als er in einem »stern«-Interview sagte: »Moskau will nicht die Neutralisierung Westdeutschlands, sondern die deutsche Wiedervereinigung mit sozialistischem Vorzeichen. Das ist das langfristige, strategische Ziel. Es ist eine Frage der Zeit, bis die Sowjetregierung entsprechende Forderungen auf den Tisch legen wird. Jetzt muß der Westen Stärke zeigen.« Aber was genau Moskau verlangen würde, wußte Leonhard nicht. Und ebensowenig, wie sich die Sowjetunion dem prognostizierten Endziel nähern wollte. Für Leonhard war nur klar, daß Moskau die Grenze zwischen Ost und West in Mitteleuropa zu seinen Gunsten ändern wollte. In Deutschland. Und dafür würden die Russen der NATO einen Ausgleich anbieten. Und wenn die NATO dieses Geschäft nicht akzeptierte, würden die Sowjets Krieg führen. Wie im Winter 1939/40.

Die historische Analogie war bestechend. Aber stimmte sie? War Leonhard der Plausibilität in die Falle gegangen? Eines paßte ins andere, aber stimmten die Voraussetzungen des Gedankengebäudes? Der Winterkrieg gegen Finnland war mörderisch für beide Seiten. Aber er war nichts im Vergleich zu einem Atomkrieg. Es wurde weiter gerätselt.

Krieg lag in der Luft. Die Friedensbewegung in Westeuropa machte wieder mobil. Als Gorbatschow KPdSU-Chef geworden war, schien das große Ziel Abrüstung erreichbar zu sein, und die Wellen der Proteste verebbten. Aber seit dem Putsch in Moskau ging die Angst wieder um, zuerst in Westeuropa, dann auch in den USA. Sie steigerte sich mit den verklausulierten Ansprüchen Moskaus und den mehr oder minder intelligenten Kommentaren dazu im Westen. US-Präsident Ronald Reagan erweckte nicht den Eindruck, als würde er im Psychoduell der

Riesen zurückstecken. Er spielte die Rolle seines Lebens, kurz vor der Amtsübergabe an seinen Nachfolger George Bush. Ob er begriff, daß es in diesem Shoot-out keinen Sieger geben konnte, der das blonde Mädel kriegte?

Seine Landsleute jedenfalls begannen zu ahnen, daß ihr Land vor eine Lebensentscheidung gestellt werden könnte. In allen größeren Städten demonstrierten immer mehr Menschen gegen Aufrüstung und Krieg. Die Signale aus Moskau besagten: Wir wollen keinen Krieg mit den USA, aber wir haben etwas mit den Deutschen zu klären. Wir stellen keine Ansprüche an das amerikanische Volk, sondern nur an Bonn. Wir wollen mit den Amerikanern in Frieden leben, aber unsere legitimen Forderungen müssen erfüllt werden.

Viele Amerikaner fragten sich, warum sie für Deutschland sterben sollten. Welchen Sinn sollte es haben, daß sich die beiden Supermächte gegenseitig vernichteten und einen großen Teil der übrigen Welt dazu, nur weil die Russen eine Rechnung mit den Deutschen offen hatten. »Why die for Germany« stand auf immer mehr Transparenten, eroberte die Seiten der Zeitungen, geisterte durch Fernsehsendungen und die Debatten im US-Kongreß.

Die kleine Zahl der Kritiker des Stimmungsumschwungs in den USA dagegen verwies auf das Münchener Abkommen von 1938. Damals hatten Briten und Franzosen Hitler erlaubt, sich das Sudetenland einzuverleiben, einen Teil der Tschechoslowakei. Hitler hatte Londons Premierminister Chamberlain und Frankreichs Ministerpräsident Daladier klargemacht, daß er sich mit Gewalt holen würde, was sie ihm nicht freiwillig zugestanden. Wenn seine territorialen Ansprüche an Prag aber von den Westmächten abgesegnet würden, dann werde es Frieden geben. Dann habe er keine weiteren Gebietsforderungen. Für das Versprechen des ewigen Friedens verkauften Engländer und Franzosen die Tschechen an ihren Schlächter. Die Opfer wurden nicht einmal gefragt, die Prager Regierung hatte zu akzeptieren, was der Führer mit ihren »Schutzmächten« vereinbarte. Ein halbes Jahr nach Abschluß des schändlichen Abkommens marschierten Hitlers Divisionen in die »Resttschechei« ein, und niemand eilte den Tschechen zu Hilfe. Ein weiteres halbes Jahr später überfiel die Wehrmacht Polen, und der Zweite Weltkrieg begann. So endete der ewige Frieden binnen weniger Monate.

Das Münchener Abkommen hatte Hitler gestärkt und ihm die Gewißheit eingepflanzt, daß mit Gewalt alles möglich sei. Großbritannien und Frankreich waren offensichtlich nicht in der Lage, die Kriegsmaschine der Nazis zu stoppen. Es kostete ein Leichengebirge, bis die Alliierten diesen Glauben Hitlers als Trugschluß entlarvten.

Auf die Erfahrung mit dem Münchener Abkommen bezogen sich die Kritiker von Zugeständnissen an Moskau. »Wenn man den Russen ein Stück der Torte gibt, wollen sie am Ende die ganze Torte«, sagte Zbigniew Brzezinski, der bekannte amerikanische Sowjetologe polnischer Herkunft, 1977 bis 1981 Präsident Jimmy Carters Sicherheitsberater. Und der unvermeidliche Henry Kissinger, 1938 aus Deutschland geflohen, Außenminister der Präsidenten Nixon und Ford, warnte vor einem »zweiten München«. »Es bringt keinen Frieden, sondern die Welt näher an einen neuen Krieg.« Aber auf ihre Stimmen hörte kaum mehr einer. Brzezinski und Kissinger, beide Emigranten aus Europa, litten an einem »Fluchtsyndrom«, wurde ihnen vorgeworfen. »Dafür haben wir Verständnis, aber die USA dürfen sich bei ihren nationalen Entscheidungen nur von eigenen Interessen leiten lassen«, erwiderte ein Leitartikel der »New York Times«.

In den USA und in Westeuropa spielten die Menschen die Schreckensszenarien eines Atomkriegs durch. Jonathan Schells Buch »Das Schicksal der Erde. Gefahr und Folgen eines Atomkriegs« wurde wieder und wieder aufgelegt, erweitert durch neue Erkenntnisse über das Armageddon, das über die Welt käme, würde nur ein Bruchteil der Atomwaffen eingesetzt, die in den Silos der Großmächte warteten.

Ich habe diese Zeit gut in Erinnerung. Hatte ich die Friedensbewegung Anfang der achtziger Jahre eher als Aufregung aus nichtigem Anlaß betrachtet und mich nicht sonderlich gekümmert um deren publikumswirksame Aktionen, so erfaßte die Angst diesmal auch mich. Es war nicht genau zu greifen, was den Unterschied ausmachte, aber fast alle Menschen spürten, daß es nun gefährlich wurde. Niemand hatte Deutschland oder einem anderen Staat den Krieg erklärt, aber ich stellte mir vor, daß Menschen in Ländern, denen der Krieg direkt bevorstand, sich so fühlen mußten wie wir. Selbst in der Sportredaktion der »Rheinischen Post« wurde an manchen Tagen mehr über Atomwaffen als über Fußball diskutiert. Im Fernsehen liefen Dokumentationen, die zeigten, wie Atomwaffen wirkten, in Hiroschima und Nagasaki und bei den Versuchen der Großmächte.

Bei den konventionellen Waffen war der Warschauer Pakt weit überlegen, und Moskau machte keinen Hehl daraus. Die sowjetischen Panzerarmeen würden im Fall des Falles nur mit Atomwaffen aufzuhalten sein. Aber wer einen Atomkrieg begann, kam selbst darin um. Ein »begrenzter Atomkrieg«, von dem amerikanische Militärs sprachen, erschien den meisten Experten, die sich in den Medien zu Wort meldeten, als eine selbstmörderische Illusion.

Zur Kriegsangst gesellte sich die sich allmählich zur Gewißheit auswachsende Ahnung, daß die Russen es auf Westdeutschland abgesehen hatten. Warum aber äußerten sie sich nicht deutlicher? Was bedeutete »reiner Tisch« im Klartext? Was da aus Moskau zu hören war, erschien nebulös. Waren es Versuchsballons? Unwahrscheinlich, denn dann wäre das teure militärische Muskelspiel ein ziemlich unnützer Aufwand des maroden Giganten im Osten. Zunehmend sickerte in der öffentlichen Meinung die Idee durch, daß Moskau den Westen weichklopfen wolle, daß die Russen eine Drohkulisse aufbauten, daß sie die Ängste, die wir hatten, bewußt erzeugten, um uns in eine bestimmte Richtung zu steuern.

Erst später, nach meiner Emigration, begriff ich ganz, was der Sinn des sowjetischen Spektakels war. Viele Flüchtlinge hatten wie ich irgendwann den Braten gerochen, aber gesehen hatten wir ihn nicht. Nun hatten wir ja genug Zeit, die Mißverständnisse und Wissenslücken der Vergangenheit zu besprechen. Wir saßen in der Bierhalle Wolf am Limmatquai, der Kronenhalle in der Rämistrasse oder im Zeughauskeller am Paradeplatz und redeten über die ausgeklügelte Strategie der Sowjets, über Moskaus Spiel mit der öffentlichen Meinung im Westen.

Erst mit der Entspannungspolitik in den sechziger und siebziger Jahren hörten die Kommunisten in der Sowjetunion und Osteuropa allmählich auf, den Westen als monolithischen feindlichen Block zu betrachten. Sie merkten zur eigenen Verwunderung, daß es nicht nur kalte Krieger gab, die das Sowjetreich am liebsten gleich von der Weltkarte gestrichen hätten, sondern auch nichtkommunistische Linke, die mit Interesse und ohne Vorbehalte verfolgten, wie sich der reale Sozialismus entwikkelte. Es reisten zunehmend auch Unternehmer und Politiker konservativer Parteien, die zunächst die Entspannungspolitik bekämpft hatten, nach Osteuropa und hinterließen einen friedfertigen Eindruck. Die Friedensbewegung in Westeuropa und den USA zeigte schließlich, daß der Pluralismus im Westen keineswegs nur ein demagogischer Trick war, um die Herrschaft der Monopole zu verstecken, sondern die Möglichkeit bot, die Mehrheitsmeinung zu verändern. Moskau interpretierte die Meinungsvielfalt als Risse im Gefüge des Gegners. Die Westexperten der KPdSU studierten die Eigenarten der Massendemokratien und erkannten bald, daß sich ihnen großartige Chancen boten, wenn sie sich geschickt genug verhielten. Auch die Bruderparteien, vor allem die SED, wurden angehalten, zur *Neuen Politischen Strategie* beizutragen.

Natürlich ließen Moskau und Ostberlin die kommunistischen Parteien in Westeuropa nicht im Stich, bemühten diese sich doch nicht immer ohne Erfolg, die Dinge im sowjetischen

Sinn zu beeinflussen. Die westdeutsche Friedensbewegung etwa war zwar keine kommunistische Inszenierung, aber die DKP unterstützte sie nicht ohne Grund mit allen Kräften. Doch waren die Kommunisten in Westdeutschland, Frankreich, Holland und anderen Staaten nicht imstande, Mehrheiten zu beeinflussen, geschweige denn, Mehrheiten in Wahlen zu erringen. Die breiten Massen erreichten sie nicht.

Gorbatschow hatte mit seinen Abrüstungsvorschlägen und seinem Versuch einer Demokratisierung recht schnell viele Sympathien im Westen gefunden. Aber er hatte in den Augen der Ultraorthodoxen den Sozialismus aufs Spiel gesetzt. Die hielten Stalins Massenmord für verzeihlich, nicht aber, daß das Machtmonopol des Politbüros der Kommunistischen Partei der Sowjetunion der Belastung durch Demokratie ausgesetzt wurde. Deshalb mußte Gorbatschow gestürzt werden. Die Politstrategen in Moskau und Ostberlin hatten den Menschen im Westen nun keine Hoffnung mehr anzubieten, sondern nur noch Angst. Und dieses Spiel spielten sie mit Raffinesse und aller Konsequenz.

Sie studierten die öffentlichen Reaktionen auf ihre Vorstöße, bedienten sich ihrer *fellow traveller* in den Massenmedien der Demokratien, lernten aus eigenen Fehlern und denen des Gegners und entwickelten Schritt für Schritt das Konzept, mit dessen Hilfe sie das sowjetische Weltreich vor dem Untergang bewahren wollten. Ihre Schlüsselüberlegung war: Wenn es gelang, die Menschen im Westen in langanhaltende Angst vor einem baldigen Atomkrieg zu versetzen, dann würden sie einen hohen Preis dafür bezahlen, den Frieden zu sichern. Wenn die Kriegsangst allerdings durch direkte Drohungen Moskaus geschürt würde, dann bestünde die Gefahr, daß neben der Furcht Haß aufkam gegen jene, die für die Lage verantwortlich waren. Also mußten moralische und historische Argumente helfen und Ressentiments geschürt werden, vor allem gegen die Deutschen.

Die einstigen Kriegsgegner wurden von vielen Amerikanern, Briten oder Franzosen nämlich immer noch mit großer Skepsis betrachtet – die Nazis waren zu schnell zu Musterdemokraten mutiert. Und war die Teilung der Welt in zwei feindliche Blöcke nicht die Schuld der Deutschen? Dafür waren sie nicht einmal richtig bestraft worden. Nur die Ostdeutschen hatten nennenswerte Reparationen leisten müssen, die Westdeutschen hatte man gleich wieder gebraucht im von ihnen selbst mitverschuldeten kalten Krieg.

Die Folgerung lag auf der Hand: Moskau mußte moralische Argumente benutzen, die Deutschen politisch angreifen und den anderen westlichen Staaten gleichzeitig Avancen machen. Die Sowjets würden natürlich nie die wirkliche wirtschaftliche Lage des eigenen Landes öffentlich eingestehen und für die unübersehbaren Schwächen Gorbatschow verantwortlich machen. Aber die Russen gingen davon aus, daß die westlichen Geheimdienste genügend Fakten kannten, um ihre Regierungen davon zu überzeugen, daß es Moskau ernst war, daß die KPdSU keine Alternative hatte zur *Neuen Politischen Strategie.*

Der Weg war klar, das Ziel schien erreichbar, wenn die Regierungen des Warschauer Pakts an einem Strang zogen. Sie betrieben einen raffinierten Psychokrieg. Sie erzeugten Angst und Hoffnung und lenkten die öffentliche Meinung in den USA und Westeuropa in die gewünschte Richtung. Wenn wir das Schlimmste befürchten mußten, erschien alles weniger Furchtbare eher annehmbar. Der Weltfrieden machte alles andere weniger wichtig. Und was Deutschland betraf – neutralisiert oder gar sozialistisch wiedervereint –, die Geschichte kannte üblere Schicksale und die Zukunft größere Gefahren. Wog man die Güter ab, wußte man, in welcher Schale mehr Gewicht lag.

Die *Neue Politische Strategie* bedurfte der Konspiration, um zu wirken. Angst und Hoffnung gedeihen am besten, wenn sich die Wirklichkeit erst allmählich enthüllt. Selbst ihren treuen Genossen in der SED-Führung offenbarten die *Freunde* nur Stück um Stück das strategische Konzept. In dem Maß, wie sie es taten, wuchs die Begeisterung in der SED-Führung in Erwartung des Siegs und überdeckte die Angst vor den Gefahren des großen Spiels. Honecker, Krenz, Mittag, Mielke, Neumann und die anderen Männer des einheitssozialistischen Führungszirkels hatten immer unter uneingestandenen Minderwertigkeitskomplexen gegenüber dem reichen Westdeutschland gelitten. Die Bundesdeutschen hatten sich zwar stark an die Amerikaner angelehnt, aber doch zunehmend Bewegungsspielraum in der Weltpolitik erhalten. Die Entspannungsperiode, an die Europa sich nun sehnsüchtig erinnerte, war zuerst mit dem Namen Willy Brandts verbunden und nicht mit dem Walter Ulbrichts oder Erich Honeckers. Selbst bei den Polen, Ungarn, Rumänen oder Tschechoslowaken war Deutschland ein Synonym für die Bundesrepublik. Niemand sprach es aus, aber jeder wußte, daß die DDR ein Konstrukt des kalten Kriegs war, daß sie nicht überleben würde ohne die Panzer der Russen.

Hinzu kam Honeckers Gefühlsduselei. Je älter er wurde, desto mehr blickte der Saarländer in den Westen. Für die diplomatische Anerkennung Bonns hätte er mehr bezahlt, als für den Erhalt der DDR gut gewesen wäre. Das zumindest befürchteten seine Genossen in Ostberlin und in Moskau.

»Der Genosse Honecker wird dem Genossen Walter Ulbricht immer ähnlicher«, soll Ligatschow in einem Gespräch mit dem SED-Politbüro geäußert haben. Es bedurfte keiner Interpretationskünste, um diese Äußerung nicht als Kompliment, sondern als Drohung zu begreifen. Ulbricht war mit zunehmendem Alter immer halsstarriger geworden. Er begann Moskau zu belehren. Schließlich sorgten Honecker und Breschnew für den Wechsel und drängten Walter Ulbricht aufs Altenteil.

Ligatschows Drohung fand in der SED einige Resonanz. Vor allem Egon Krenz wurde nachgesagt, den SED-Generalsekretär beerben zu wollen. Im Apparat war die Unzufriedenheit ohnehin groß. Honecker gefiel sich als Wohltäter der DDR-Bevölkerung und gab mehr aus, als die DDR erwirtschaften konnte. Mittag stellte ungedeckte Wechsel aus, und Agitpropchef Joachim Herrmann verkaufte die Mißwirtschaft als Erfolgskette ohne Ende.

In den Gesprächen mit meinen Gewährsleuten Meisnitz und Säbler in Zürich wurde mir klar, wie geschickt Moskau die gesamtdeutschen Ambitionen Honeckers ausnutzte. Zwar stand der Generalsekretär bereits auf der Abschußliste, aber für die Einheit wurde er noch gebraucht. Honecker, spröde, wie er war, galt in Westdeutschland als seriöser Verhandlungspartner. Ja, manche zwischen Flensburg und Passau fanden den ersten Mann der DDR sogar sympathisch. Mit einigen Sozialdemokraten, vor allem mit Herbert Wehner, pflegte Honecker geradezu freundschaftliche Kontakte außerhalb jedes Protokolls. Aber auch konservative Politiker gaben sich beim Generalsekretär und seinen Mannen die Klinke in die Hand. Fototermine mit dem Mann aus Neunkirchen an der Saar waren begehrt.

Die Dinge fügten sich glücklich für Moskau. Die Russen nutzten Honeckers gesamtdeutsche Gefühlsduselei und sein Renommee im Westen für ihre Zwecke. Wenn Honecker der Protagonist der deutschen Einheit würde, dann würden die Menschen im Westen die bittere Pille eher schlucken. Honecker wurde vorgeschickt, und er versprach, was Moskau ihn versprechen ließ.

Der entscheidende Vorstoß der Russen erfolgte zum Jahreswechsel 1988/89. Mit starken Worten forderte Moskau eine Viermächtekonferenz. Auf ihr sollten alle Streitfragen aus der Welt geschafft werden. Die Initiative war zeitlich klug geplant. In den USA mußte die neue Bush-Regierung noch Tritt fassen. In Großbritannien war Margaret Thatcher auf dem absteigenden Ast, sie lief Gefahr, ihre Mehrheit im Unterhaus zu verlieren. Die Franzosen waren in ihrer Mehrheit längst davon überzeugt, daß der endgültige Frieden einen hohen Preis wert war. Zumal, wenn man ihn nicht selbst bezahlen mußte.

Die Medien in Frankreich wie in England erinnerten wieder massiv an 1914 und 1940, den Ausbruch des Ersten Weltkriegs und die Besetzung Frankreichs durch NS-Deutschland. Was längst begraben schien, feierte Wiederauferstehung. Antideutsche Stimmungen schwappten über. Die Deutschen hatten den Ersten und den Zweiten Weltkrieg angezettelt, und die Russen waren in beiden Kriegen mit dem Westen verbündet gewesen. Im letzten Krieg hatten sie sogar entscheidend dazu beigetragen, daß Großbritannien durchhielt und Frankreich befreit wurde. Es war an der Zeit, geschichtliche Wahrheiten wieder aus den Löchern hervorzuholen, in die der kalte Krieg sie versenkt hatte. In Frankreich entsann man sich wieder des *Erbfeinds* und der Schrecken der Besetzung 1940 bis 1944. Der *Maquis*, der Widerstand gegen die deutschen Besatzer, wurde in den Medien gefeiert, nachdem es eine Zeitlang ruhig gewesen war um ihn und sogar behauptet wurde, daß die *Résistance* doch nicht ganz so heroisch gewesen sei.

Am 24. und 25. Februar 1989 fand statt, was Moskau gefordert hatte. Die Sowjetunion, die USA, Großbritannien und Frankreich verhandelten in Genf über die Forderungen Ligatschows. Die Westdeutschen wurden aufgefordert, eine Delegation in die Schweiz zu schicken. Diese aber, unter Leitung von Bundeskanzler Kohl und Außenminister Genscher, wurde nicht zu den Verhandlungen zugelassen, sondern mußte im Hotel Beau Rivage die Ergebnisse abwarten. Als die Großmächte sich geeinigt hatten, zitierten sie die Bonner zum Befehlsempfang. Sie erklärten, daß sie in ihrer Verantwortung als die Siegermächte des von Deutschland angezettelten Zweiten Weltkriegs die Teilung des Landes überwunden hätten, so, wie die Deutschen es sich immer gewünscht hätten. Wie in den Abkommen von Jalta, Teheran und Potsdam vereinbart, wollten die Alliierten

Deutschland wieder als Ganzes ansehen und es bald in die staatliche Unabhängigkeit entlassen. Die Bundesrepublik scheide aus der NATO aus, und die westalliierten Truppen würden aus Westdeutschland zurückgezogen. Die DDR verliere ihren Status als Mitgliedsstaat des Warschauer Pakts. Deutschland solle neutral sein, es wurde ihm untersagt, sich Bündnissen anzuschließen, die sich gegen die Interessen eines der Signatarmächte des Genfer Abkommens richten. Die Bundesrepublik wurde aufgefordert, mit der DDR eine Föderation zu bilden. Um nationale Alleingänge zu verhindern und die Durchführung der alliierten Beschlüsse zu gewährleisten, werde die Sowjetunion im Auftrag der Großmächte und in Abstimmung mit ihnen die Kontrolle über Gesamtdeutschland übernehmen. Zu diesem Zweck werde Moskau ein auf 100 000 Soldaten begrenztes Militärkontingent in Westdeutschland stationieren. Die Sowjetunion habe feierlich versichert und sich vertraglich verpflichtet, das Selbstbestimmungsrecht der Deutschen zu schützen. Die beiden deutschen Staaten wurden aufgefordert, unverzüglich Verhandlungen über eine Föderation aufzunehmen.

III.

Die Nachricht von den Ergebnissen der Genfer Konferenz schlug ein wie eine Bombe, ich erinnere mich noch gut daran. Binnen weniger Monate würde alles anders sein, das war klar. Aber was genau geschehen würde, wußten wir nicht. Und die Medien rätselten eine Weile, bis die Wirklichkeit uns zeigte, wie das Genfer Abkommen gemeint war. Föderation mit der DDR, das hieß eine gemeinsame Regierung mit der SED, aber wie sollte die aussehen? Wurde sie gewählt? Und was bedeutete es, daß allein die Sowjetunion die Durchführung des Vertrags kontrollierte?

Als die westdeutsche Delegation aus Genf zurückgekehrt war, gab es eine stürmische Bundestagssitzung. Die Regierung Kohl erklärte, daß die Bundesrepublik dem Ziel des Grundgesetzes nähergekommen sei, Deutschland in Frieden und Freiheit zu vereinigen. Gewiß, die Ergebnisse in Genf seien unter denkwürdigen Bedingungen zustande gekommen. Aber die Alliierten hätten das Selbstbestimmungsrecht der Deutschen garantiert. Die Sowjetunion habe sich bisher an internationale Verträge gehalten und werde dies auch weiterhin tun. Kohl und Genscher schlugen den Sozialdemokraten vor, eine große Koalition zu bilden. »Es geht um das Schicksal unserer Nation. Da gibt es keine Parteien mehr«, sagte Genscher.

Aber was da als Erfolg verkauft wurde, war das Ergebnis einer Erpressung. Petra Kelly von den Grünen sprach aus, was viele dachten. Sie kritisierte die Sowjetunion als imperialistische Macht, die wenig zimperlich sei, wenn sie ihre Interessen durchsetzte. »Meine Herren, Sie haben Westdeutschland an die

Russen verkauft. Sie bezahlen Ihre Nibelungentreue zur Supermacht USA mit Ihrer Auslieferung an die Supermacht UdSSR. Eine Vereinigung Deutschlands unter dem Diktat Moskaus spricht dem Selbstbestimmungsrecht der Deutschen Hohn. Der Nationalismus, auch in seiner scheinbar aufgeklärten Form, zeigt einmal mehr, daß er die Demokratie nicht braucht. Wir weinen den westlichen Besatzungstruppen keine Träne nach, aber wir fürchten uns vor den sowjetischen Panzern.«

Die Sozialdemokraten nahmen das Angebot an, eine große Koalition zu bilden. Sie forderten allerdings eine angemessene Vertretung. »In einer großen Koalition hat die FDP keinen Platz«, sagte Fraktionschef Hans-Jochen Vogel. Die Sozialdemokraten schoben immer noch Haß auf Genscher und Lambsdorff, die sie mit ihrer Wende 1982 von den Regierungsbänken verdrängt hatten.

Schneller war eine neue Regierung noch nie gebildet worden. Schon Mitte März 1989 stellte sich die neue Koalition Kohl/Vogel der Abstimmung im Bundestag. Der alte und neue Kanzler Kohl und Außenminister Vogel wurden auch zu Vorsitzenden der bundesdeutschen Verhandlungskommission ernannt, die gemeinsam mit Vertretern der DDR das Genfer Abkommen umsetzen sollte.

Auf den Straßen aller größeren Städte Westdeutschlands protestierten Grüne und Alternative gegen die Sowjetunion und die eigene Regierung, die sich auf das »schäbige Spiel der Supermächte« eingelassen habe. Aber die Demonstrationen erreichten nicht die Stärke der Friedensbewegung. Die Linke, innerhalb und außerhalb der SPD, war fasziniert und verängstigt zugleich. Sie setzte auf eine »Vereinigung der Vorzüge beider Systeme«. Der niedersächsische SPD-Bundestagsabgeordnete Detlev von Larcher, Sprecher des linken Flügels seiner Partei, sprach von einer »Erneuerung der Werte des demokratischen Sozialismus, die jetzt möglich wird«. Es komme darauf an, »die Freiheit zu erhalten und sie mit Elementen des realen Sozialismus zu verbinden. Deutschland steht vor einer historischen Chance. Es ist nicht ohne Risiko, aber der Versuch lohnt sich.« Er forderte von seiner Partei, das Verbot aufzuheben, mit der DKP zusammenzuarbeiten.

Egon Bahr, Sicherheitsexperte der Sozialdemokraten, sprach von einem »Sieg des Friedens«. Er habe in seinen Gesprächen mit Erich Honecker und Hermann Axen den Eindruck gewonnen, daß sie und die SED insgesamt »ehrenwerte und verläßliche Verhandlungspartner« seien. »Die Entmilitarisierung Mitteleuropas ist in erreichbare Nähe gerückt. Dafür haben wir Sozialdemokraten gemeinsam mit der SED gerungen. Wir müssen jetzt aber schnell zu festen Verabredungen über die Menschenrechte kommen.«

Karsten D. Voigt, der außenpolitische Sprecher der SPD-Bundestagsfraktion, schloß sich Bahr an: »Die DDR hat unter mißlichen Bedingungen eine gewaltige Aufbauleistung vollbracht. Diese ist nicht geringer einzuschätzen als das westdeutsche Wirtschaftswunder. Wenn Ost- und Westdeutsche ihre Kräfte zusammentun, wird Deutschland zum Zentrum der Stabilität in Europa mit gutnachbarschaftlichen Beziehungen zum Osten wie zum Westen.«

Der Konsens für die deutsche Einheit reichte von ganz links bis nach ganz rechts. CDU-Rechtsaußen Heinrich Lummer schwärmte geradezu von den »Ordnungsprinzipien der DDR«: »Man kann gegen die SED sagen, was man will, in der DDR wird die Kriminalität kompromißlos bekämpft. Und eine unkontrollierte Zuwanderung gibt es dort auch nicht. Die DDR hat die Ausländerfrage im Griff. Davon können wir lernen.«

Es lag wohl auch an meiner Naivität, daß mich diese Wendung der Ereignisse und viele Kommentare dazu überraschten. Die DDR hatte in den achtziger Jahren zwar an Renommee gewonnen. Aber als ein Hort der Menschenrechte galt sie nicht. Und nun sollten wir uns unter sowjetischer Aufsicht mit den

Ostdeutschen vereinigen. Mich beruhigten die Flötentöne aus Ostberlin nicht. Dabei gab sich die SED alle Mühe, die Vereinigung mit dem Westen in den schönsten Farben auszumalen. Im »Neuen Deutschland«, das jetzt wegen gestiegener Nachfrage überall in der Bundesrepublik zu kaufen war, konnte man lesen, daß es ein großer Fehler wäre, das »politische und gesellschaftliche System der DDR einfach auf Westdeutschland zu übertragen. Die BRD hat eine eigene politische Tradition herausgebildet, und es wäre grundfalsch, den Menschen in Westdeutschland etwas aufzuzwingen, was ihnen fremd ist. Die SED setzt auf Überzeugung und nicht auf Überwältigung.« Es war sogar die Rede von »subjektiven Fehlern der SED in der Vergangenheit«, auch davon, daß die Schlußakte von Helsinki »so gilt, wie sie unterschrieben worden ist. Die Menschenrechte werden im neuen Deutschland unantastbar sein.«

Die SED erklärte aber auch, daß »Gegner der neuen, gemeinsam auszuarbeitenden Verfassung keine Nachsicht zu erwarten haben. Wer den inneren oder äußeren Frieden stört, kann für sich keinen Frieden verlangen.«

Während die SED öffentlich Kreide fraß, planten das Politbüro und eine vom ZK bestätigte Vereinigungskommission unter Honecker, Mielke, Herrmann und Mittag den Sieg des Sozialismus in ganz Deutschland. »Es muß demokratisch aussehen, aber wir müssen alles unter Kontrolle haben«, lautete das Leitmotiv. Die Genossen hatten genug Erfahrung im Fintieren. Sie brauchten sich nur der eigenen Geschichte zu erinnern. 1945, kurz nach dem Krieg, hatte die KPD die Demokratie versprochen und das Gegenteil praktiziert. Die Vereinigung mit der SPD 1946 endete in der Ausrottung des »Sozialdemokratismus«. Der »deutsche Weg zum Sozialismus« war ein Bonbon, das in dem Augenblick weggezogen wurde, als das Versprechen hätte verwirklicht werden können. Die Gründung der DDR war ein demokratisch getarnter Staatsstreich, und der Mauerbau begann mit seiner Leugnung. 1987 hatten die SED-Genossen in einem gemeinsamen Papier mit der SPD Diskussionsfreiheit in der DDR zugebilligt und sich doch keine Sekunde daran hindern lassen, Bürgerrechtler zu verfolgen. Es gab Gründe in ausreichender Zahl, den Kommunisten kein Wort zu glauben. In ihren Händen war die Wahrheit eine formbare Masse. Heute galt dieses, morgen jenes und übermorgen ein drittes. Und jedes war zu seiner Zeit die allein richtige Wahrheit.

Ich frage mich heute noch, wie es der SED dennoch gelingen konnte, für alle ihre Maßnahmen Bündnispartner im Westen zu gewinnen. Jeder mußte ihre Lügengeschichte kennen, und doch vertrauten viel zu viele Politiker und Medienleute den Avancen aus dem Osten. Zeitgeschichtler und Journalisten wie Günter Gaus und Hanns Werner Schwarze verwiesen darauf, daß die SED ihren wahren Charakter als deutsche Partei zu oft habe verleugnen müssen. Der kalte Krieg habe auch dem anderen Deutschland schwere Lasten auferlegt. Schwarze schrieb: »Die SED lenkt den Staat zwar ganz anders, aber nicht weniger erfolgreich, als dies mit dem Staat Bundesrepublik durch die drei demokratischen Parteien geschieht.« Ein wiedervereinigtes Deutschland sei keine vergrößerte DDR, sondern habe ein ganz anderes Gewicht als ein Satellitenstaat. Vielleicht war es die Hoffnung, daß es nicht so schlimm kommen würde. Schließlich seien Verträge geschlossen worden, die SED habe sich zu den Menschenrechten und zur Demokratie bekannt und sogar Fehler in der DDR eingeräumt. Die »Bild«-Zeitung titelte: »Deutschland, einig Vaterland«.

Im März 1989, gerade drei Wochen nach der Genfer Konferenz, begannen die Verhandlungen über eine provisorische gesamtdeutsche Regierung zwischen der großen Koalition in Bonn und dem Staatsrat der DDR im Spandauer Rathaus in Westberlin. Da beide Seiten Vertraulichkeit vereinbart hatten, drang wenig an die Öffentlichkeit. Es wurde aber der Eindruck erweckt, daß es vertrauensvoll, fast freundschaftlich zuging. Ich habe es damals geglaubt oder glauben wollen, was die Bilder in Presse und Fernsehen den Deutschen zeigen sollten.

Heute weiß ich es besser. Meisnitz gehörte zeitweise als Wirtschaftsexperte zur DDR-Delegation. Was er mir dann in Zürich darüber berichtete, verblüffte mich. Die Verhandlungen begannen ungemein freundlich. Als die Delegationen sich vorstellten, wurde manchmal sogar ein wenig gelacht, schließlich kannte man sich gut. Aber dann bat Honecker vor dem Beginn der ersten Runde um ein vertrauliches Gespräch mit Kohl. Dieser Vorstoß erfolgte keineswegs spontan, sondern ging zurück auf einen Vorschlag der Vereinigungskommission beim ZK. Dort hatte man über die Frage diskutiert, wie man den Bonnern gleich am Anfang den befürchteten Hochmut des weitaus stärkeren Partners nehmen könnte. Wolfgang Sorger von der Abteilung Sicherheit sagte: »Zeigen wir ihnen doch einfach gleich die Instrumente. Und danach verhandeln wir ganz freundlich über das, was wir wollen.«

Honecker zeigte Kohl die Instrumente. Er führte ihn zu einer vorbereiteten Karte und wies auf die darin eingezeichneten künftigen Stützpunkte des auf der Viermächtekonferenz auf 100 000 Mann begrenzten sowjetischen Truppenkontingents auf westdeutschem Boden. Er verlangte, die Sicherheitsorgane beider Staaten in ihrer jetzigen Stärke als erste Institutionen zusammenzuführen, schließlich hätten beide Seiten ein Interesse daran, daß der Vereinigungsprozeß nicht durch Exzesse gestört werde. Und ganz wie Sorger es vorgeschlagen hatte, folgte diesem Vorstoß die Beruhigungspille. Honecker stellte Kohl in Aussicht, daß seine Delegation von der Volkskammer der DDR und vom ZK bevollmächtigt sei, Garantien auszusprechen »für wesentliche Elemente der Rechtsverfassung der BRD«.

Honecker berichtete später am Mittagstisch im ZK-Gebäude am Werderschen Markt, er sei noch nie so freundlich gewesen wie in diesem Gespräch. »Und euer Generalsekretär ist doch eigentlich immer freundlich!« Schallendes Gelächter.

Nach dem Vieraugengespräch Honecker – Kohl bat die westdeutsche Delegation um eine Verhandlungsunterbrechung von drei Stunden und zog sich zurück. Es geschah, was geschehen sollte. Kohl unterrichtete seine Delegation von Honeckers Äußerungen. Es muß erregte Debatten gegeben haben. Die Bonner Delegation kehrte mit fast einstündiger Verspätung in den Verhandlungssaal zurück. Sie erklärte, Außenminister Vogel sei zurückgetreten – »eine Begründung hat er nicht genannt«, sagte Kohl etwas hilflos. Als Vogels Nachfolger wurde Karsten D. Voigt vorgestellt. »Er muß natürlich noch vereidigt werden«, fügte der Kanzler hinzu.

Warum haben die westdeutschen Delegierten die Gespräche nicht beendet, noch bevor sie begonnen hatten? Kohl sagte später, sie hätten »eine Verantwortung vor der Geschichte gehabt. Deutschland wäre so oder so wiedervereinigt worden, weil die Alliierten es wollten.« Er und einige andere hätten versucht, die Dinge zum Besseren zu beeinflussen.

Sie hatten aber keine Chance, und ein Zurück konnte es nicht geben. Hätte man das nicht schon damals wissen können?

Allmählich wurde deutlich, daß die Alliierten nicht nur die Deutschlandfrage gelöst, sondern auch eine neue Weltordnung vereinbart hatten. Sie hatten sich öffentlich ihrer Friedensliebe gerühmt und insgeheim die Welt neu verteilt. Kubas *Maximo Lider* Fidel Castro wurde im Mai 1989 durch eine massive Intervention gestürzt. Angeblich hatten Exilkubaner die Insel besetzt. Aber seit wann hatten die Exilanten Landungsschiffe, Panzer und Flugzeuge? Die Sowjets taten nichts, um ihren Bündnispartner zu schützen. Statt dessen zogen sie ihre Truppen und Militärberater aus Afrika zurück. Der Afghanistankrieg dagegen wurde heftig fortgesetzt, und die sowjetischen Erfolge häuften sich. Luftwaffe und Hubschrauber flogen unbehelligt Angriff auf Angriff. Offenbar lieferten die USA keine Stinger-Raketen mehr an die Mudschaheddin. In der arabischen Welt standen die

Zeichen auf Aussöhnung mit Israel, und selbst Syrien, einst Moskaus treuester Partner, versuchte sich mit den USA zu arrangieren. Diese wiederum schienen ihre offene Rechnung mit Vietnam begleichen zu wollen. Jedenfalls häuften sich die Berichte von Aufständen in Südostasien, und viele Indizien sprachen dafür, daß die USA an den Drähten zogen.

Aber sonst standen die Zeichen wieder auf Entspannung. Washington beendete das SDI-Programm und vereinbarte eine neue Runde von Abrüstungsverhandlungen mit Moskau. Diesmal sollten viele Atomsprengköpfe vernichtet werden. Frankreich, Belgien, Holland, Luxemburg schlossen Freundschaftsverträge mit der Sowjetunion, in denen der Bestand der NATO genauso garantiert wurde wie der des Warschauer Pakts.

Moskaus Riesenreich wurde für unantastbar erklärt und »abgerundet«. Dafür überließen die Russen den Amerikanern den Rest der Welt. Den kommunistischen Parteien im Westen wurde der Geldhahn zugedreht. Die Welt wurde neu geordnet, der Frieden war sicherer geworden, und Deutschland wurde vereinigt. Es gab viele, die der »neuen Weltordnung« eine Menge Gutes abgewannen. Für viele war sie auch gut. Alle außerhalb des erweiterten Sowjetblocks hofften mit gutem Grund auf den ewigen Frieden.

Die Deutschen aber hatten keine Wahl. Es hätte Honeckers Vorgespräch mit Kohl eigentlich nicht bedurft, um der westdeutschen Delegation klarzumachen, daß sie sich dem Lauf der Weltgeschichte nicht würde widersetzen können. So mühten sich die Bonner im Spandauer Rathaus, so viele Garantien für ihre politische, juristische und kulturelle Ordnung herauszuholen, wie es ging. Erstaunlicherweise ging viel. Die SED gestand Bonn im Berliner Vertrag einen Sonderstatus nach dem anderen zu. Aber in jedem Fall mußten Kohl & Co. einen sicherheitspolitischen Vorbehalt akzeptieren. Als zum Beispiel das Gespräch auf die Bewahrung von Mehrparteiensystem und freien Wahlen kam, erklärte Honecker:

Wir in der DDR haben auch ein Mehrparteiensystem. Allerdings arbeiten bei uns die Parteien freundschaftlich zusammen, so, wie seit dem Viermächteabkommen von Genf auch in Westdeutschland die Parteien beginnen freundschaftlich zusammenzuarbeiten. Deshalb ist es für uns eine Selbstverständlichkeit, daß wir den Erhalt des Mehrparteiensystems garantieren. Und natürlich wird es nach einer Übergangszeit freie Wahlen in ganz Deutschland geben. Vorher aber müssen die wirtschaftlichen und politischen Bedingungen in allen Teilen Deutschlands gleich sein. Sonst haben Wahlen keinen Sinn. Föderation heißt ja, daß wir die Teilstaaten für eine gewisse Zeit weiterbestehen lassen.

Das Mehrparteiensystem muß aber eine Grenze haben. Wenn Parteien oder Teile von Parteien gegen die deutsche Einheit, gegen die freundschaftliche Zusammenarbeit vorgehen, muß die Regierung sich wehren und gewährleisten können, daß das Genfer Abkommen nach Punkt und Komma durchgesetzt wird.

Die SED garantierte das Fortbestehen des Parlamentarismus, der Pressefreiheit, des Rechts auf Eigentum, der Koalitionsfreiheit und weiteres. Wäre da nicht der immer wieder vereinbarte sicherheitspolitische Vorbehalt gewesen, hätten die Bonner keinen Grund zur Klage gehabt. Aber auch so schienen sie sich achtbar geschlagen zu haben. Was ihnen im Genfer Abkommen versprochen war, bestätigte die SED in den Verhandlungen in Berlin.

Der neue Staat hieß Demokratische Republik Deutschland (DRD). Für eine Übergangszeit sollte das neue Deutschland eine Föderation der beiden Teilstaaten sein. Schnell geklärt war auch die Hauptstadtfrage. Die Streitereien um Westberlin waren erledigt, beide Teile der Stadt sollten als erste zusammengelegt werden. Die Föderationsregierung, zurückhaltend »Föderationsausschuß« genannt, sollte in Berlin ihren Sitz haben genauso wie die später zu bildenden gemeinsamen Ministerien und Behörden. In Fragen der Außen- und Sicherheitspolitik wollte die Föderation von Anfang an mit einer Stimme sprechen. »Deutschland wird sich überall auf der Welt für Frieden und Freiheit, für Abrüstung und Menschenrechte einsetzen«, so die Präambel des Deutschen Vertrags.

Sofort zusammengelegt wurden die Ministerien für Äußeres, Verteidigung und Justiz. Außerdem wurde in Berlin eine *Sicherheitspolitische Koordinationsstelle* eingerichtet, um die Arbeit der Geheimdienste zusammenzuführen. Die Koordinationsstelle sollte »alle Bestrebungen, die sich gegen die deutsche Einheit richten, aufklären und bekämpfen. Sie hat sich streng an die Gesetze und Rechtsvorschriften beider Teilstaaten zu halten.«

Meisnitz, Säbler und andere berichteten mir später, was als Vermutung auch schon durch die Medien gegeistert war: daß der SED die konkreten Verhandlungsergebnisse relativ gleichgültig waren, solange sie ihren »sicherheitspolitischen Vorbehalt« unterbringen konnte. Man mußte nur einen Blick in Verfassungen sozialistischer Staaten werfen, um zu erkennen, daß Kommunisten gerne das Blaue vom Himmel versprachen. Sie hatten keine Skrupel und immer Gründe genug, um Ausnahmen zur Regel werden zu lassen.

»Hatte das Politbüro nie Bedenken, daß Vertreter aus Westdeutschland Rechte einfordern würden, die ihnen vertraglich zugesichert worden waren?« fragte ich Säbler.

Der lachte nur trocken: »Um die Macht zu bekommen, war Honecker und dem Politbüro jedes Mittel recht. Sie wußten, daß sie keinen Vertrag einhalten mußten, wenn sie die Macht einmal hatten. Ihnen ging es darum, den Übergang Westdeutschlands zum Sozialismus so reibungslos wie möglich hinzukriegen. Und das haben sie ja wohl geschafft.«

»Aber dann waren die Verhandlungen im Spandauer Rathaus von vornherein für die Katz!« erwiderte ich.

»Natürlich, genauso wie alle Verhandlungen, die die SED mit bürgerlichen Kräften in ihrem Machtbereich geführt hat. Sie sollten dem, was dann folgte, den Schein von Legitimität geben.

Denk an die Sozialdemokraten, die sich 1946 auf Zusicherungen der Kommunisten verlassen hatten, um dann unter die Räder zu kommen. Denk an die Blockparteien, die sich ködern ließen, um als Befehlsempfänger zu enden. Und wer, bitte schön, sollte den Wessis helfen, die darauf pochten, daß der Genfer Vertrag eingehalten wird? Die Amis waren froh, daß sie die Sache vom Tisch hatten. Sie gehörten ja auch zu den Siegern der neuen Weltordnung. Genauso wie Franzosen und Engländer. Sie beherrschen nun die Europäische Union, und die Befreiungsbewegungen können nicht mehr mit sowjetischer Hilfe rechnen. Selbst die Chinesen halten sich doch seitdem zurück. Sie können die Supermächte nun nicht mehr gegeneinander ausspielen. Alle machen auf Freundschaft. Gut, daß nur die Deutschen dafür bezahlen müssen, sagen sich alle anderen. Erst jetzt ist der Zweite Weltkrieg zu Ende.«

Die deutsche Vereinigung sollte am 3. Oktober 1990 erfolgen. An diesem Tag würde auch die Föderationsregierung ihr Amt antreten.

Die Zeit zwischen dem Genfer Abkommen und der deutschen Einheit war merkwürdig. Der Bundestag verabschiedete zahlreiche Gesetze, die den Rechtsstaat stärken sollten, und Ostberlin schwieg dazu. Auch ich gehörte zu den Profiteuren der Bonner Gesetzesflut, weil die Pressefreiheit erweitert und gesetzlich zweifelsfrei geregelt wurde. Der Quellenschutz kannte nun keine Ausnahmen mehr, das Recht auf öffentliche Berichterstattung erlaubte fast alles, was zuvor noch als Beleidigung hätte geahndet werden können.

Bonn schenkte jedem ein bißchen mehr Demokratie. Ein Gesetz über Volksbefragungen und Volksentscheide gab den Bürgern mehr Möglichkeiten, in die Gesetzgebung einzugreifen. Verwaltungsgerichtsverfahren wurden vereinfacht, und die Bemessungsgrenzen für die Gewährung von Rechtshilfe wurden drastisch erhöht, so daß viel mehr Bürgern als zuvor Prozeß- und

Rechtsanwaltskosten erstattet wurden, wenn sie ihr Recht vor Gericht erstreiten wollten oder mußten.

Westdeutschland zwischen März und Oktober 1990 war wahrscheinlich das freieste Land der Welt – jedenfalls auf dem Papier. Es hatte eine Regierung, die den Rechtsstaat stärkte und erweiterte. Die Geheimdienste wurden verkleinert. Der Verfassungsschutz beschränkte sich auf die Spionageabwehr, wobei unausgesprochen blieb, daß *Kundschafter des Friedens*, also Agenten des Warschauer Pakts, nicht mehr behelligt wurden. Zusammen mit den politischen Abteilungen der Polizei konzentrierten sich die Verfassungsschützer auf Rechtsextremisten und andere »Feinde der deutschen Einheit«. Der Bundesnachrichtendienst sicherte den Weg zur Vereinigung im westlichen Ausland ab.

Aber kaum einer nutzte die alten und die neuen Freiheiten, die in den Gesetzen standen. Und zunehmend gingen die Behörden gegen den »Mißbrauch von Verfassungsrechten« vor. Nie waren die Medien regierungstreuer als in diesen Monaten. Nie war die Opposition »konstruktiver«. Nie war der Gemeinschaftssinn stärker. Die Regierenden hatten noch einmal die Gesetzesmaschine angeworfen, aber die Freiheiten, die diese Maschine ausspuckte, waren als Bremsen gedacht gegen die drohende Entrechtung durch die deutsche Einheit. Es war gewissermaßen die letzte Demonstration des *freien Westens* gegen die Diktatur im Osten. Aber demonstriert wurde nur auf dem Papier. Und, noch widersprüchlicher, gleichzeitig dienten sich die alten Herren der neuen Macht an. Als hofften sie, die Politbürokraten durch überbordende Freundlichkeit für Werte des Westens gewinnen zu können.

Im ganzen Land änderte sich die Stimmung gegenüber der DDR. In fast allen Medien wurden »Realismus« und »Kompromißbereitschaft« der Ostberliner Führer so inständig gelobt, daß Kundige zwischen den Zeilen die Zweifel herauslesen konnten. Es waren Beschwörungen, die herbeirufen sollten, was die SED für sich beanspruchte, aber niemals zuvor gezeigt hatte.

Nun wurden auch Kommunisten zu Staatsbürgern erster Klasse. Es fing an mit Avancen gegenüber der »Vereinigung der Verfolgten des Naziregimes – Bund der Antifaschisten« (VVN), dem Zusammenschluß meist kommunistischer Widerstandskämpfer, dem aber auch Menschen beitreten konnten, die sich dem Antifaschismus verschrieben hatten. In ihrem Präsidium saßen mehrheitlich DKP-Aktive. Die VVN hatte in den achtziger Jahren nur einige wenige tausend Mitglieder. Ab März 1990 aber wurde die VVN immer stärker. Die SPD verbot nun nicht mehr, mit der Antifaorganisation zusammenzuarbeiten. Selbst einige CDU-Mitglieder baten um das Mitgliedsbuch. »Die VVN nimmt alle ehrlichen Antifaschisten auf. Das Parteibuch interessiert uns nicht«, erklärte das Präsidiumsmitglied Max Oppenheimer aus Wiesloch bei Heidelberg.

Oppenheimer, der vor den Nazis nach England hatte fliehen müssen, war eine beeindruckende Persönlichkeit, der seinen Antifaschismus souverän vertrat und für dessen Glaubwürdigkeit mit seiner Biographie zeugte. Davon konnten sich immer mehr Menschen überzeugen, denn Oppenheimer und seine Mitstreiter waren bald gefragte Interviewpartner, und Jürgen Leinemann vom »Spiegel« oder Herbert Riehl-Heyse von der »Süddeutschen Zeitung« schrieben vielbeachtete Porträts über westdeutsche Antifaschisten, die auch in der Bundesrepublik zu kurz gekommen waren. Ja, manchem, der in Hitlers KZs gesessen hatte, war in den fünfziger Jahren sogar die Opferrente aberkannt worden, weil unterstellt wurde, daß Kommunisten grundsätzlich gegen die freiheitlich-demokratische Grundordnung seien. Dieser und andere Skandale begannen über die Medien die Öffentlichkeit zu erregen.

In der Redaktion der »Rheinischen Post« staunte ich nicht wenig über das Einsickern des Antifaschismus. Vor allem aus dem Politikressort hörte man immer öfter das Wort von der »zweiten Schuld«, wie der Kölner Publizist Ralph Giordano das Verdrängen der Schuld der zwölf Hitlerjahre genannt hat in seinem gleichnamigen Buch, das 1985 erschienen ist. Allerdings übersahen jene, die nun den Antifaschismus für sich entdeckten, daß Giordano der SED und ihrem »verordneten Antifaschismus« ein eigenes Kapitel widmet. Das Buch ist inzwischen längst verboten.

Die Redakteure gingen systematisch auf Suche nach Antifaschisten im Verbreitungsgebiet der »RP«, und sie fanden willige Unterstützung in der Düsseldorfer Prinz-Georg-Straße, wo der Parteivorstand und der nordrhein-westfälische Bezirksvorstand der DKP hinter gutbewachten Türen saßen. Was noch wenige Monate zuvor gänzlich undenkbar gewesen war, gehörte nun fast schon zum guten Ton. »Ruf doch mal in der Prinz-Georg-Straße an«, kriegte mancher Kollege zu hören. Und dort gab man gerne Auskunft über die vielen Antifaschisten, die die westdeutschen Kommunisten zu ihren Parteimitgliedern zählten.

Erich Honecker war Antifaschist wie Max Oppenheimer – das konnte man nun hören und lesen, und der Eindruck wurde untermauert durch einen Besuch Oppenheimers bei Honecker, über den in den Medien so umfassend wie freundlich berichtet wurde. Honecker nutzte diese Gelegenheit, um erneut zu erklären, er sei immer für die deutsche Einheit gewesen, aber »immer unter dem Vorzeichen des Antifaschismus und des historischen Fortschritts«. Oppenheimer verwies auf die antifaschistischen Traditionen in beiden deutschen Staaten, »auch wenn der Arbeiterwiderstand in der BRD lange Zeit übersehen wurde. Das zeigt, wie stark der Antikommunismus die öffentliche Diskussion vergiften konnte.« Honecker wie Oppenheimer hatten guten Grund, gegen den Antikommunismus zu wettern, waren sie doch beide alte Kommunisten.

Damals gab es in Deutschland noch Widerspruch gegen die Sozialistische Einheitspartei. Der sozialdemokratische Historiker Hermann Weber, der selbst einst Kommunist war, schrieb in der »Zeit« eine Serie über den deutschen Kommunismus, über die ab der ersten von vier Folgen gleich heftig diskutiert wurde.

»In der Vergangenheit verhaftet, zieht Weber aus richtigen Einsichten falsche Schlüsse«, distanzierte sich »Zeit«-Chefredakteur Theo Sommer vom eigenen Autor. Das war ungewöhnlich und offenbarte, daß hinter den Kulissen gestritten wurde, wie das liberale Blatt auf die Zeitenwende reagieren sollte. Hermann Weber zeigte in seinen Beiträgen eine beängstigende Kontinuität des deutschen Kommunismus:

1918/19 putschte die gerade gegründete Kommunistische Partei Deutschlands gegen die sozialdemokratische Regierung der sich bildenden Republik von Weimar. Mitte der zwanziger Jahre setzte sich die Losung vom »Sozialimperialismus« und »Sozialfaschismus« in der KP durch. Die »Vernichtung der Sozialdemokratie« war den Kommunisten Ernst Thälmanns, der in der DDR als Held des antifaschistischen Widerstands gefeiert wird, wichtiger als der Kampf gegen die Nazis. Im April 1946 wurde in der Sowjetischen Besatzungszone die Sozialdemokratie vernichtet, als die Partei in die Einheit mit der KPD gezwungen wurde.

Weber warnte seine Parteifreunde vor den Avancen aus Ostberlin und vor einer Zusammenarbeit mit der DKP, die er als »SED-Filiale« bezeichnete. Den Antifaschismus in Medien und Politik kritisierte er als »Versteckspiel, das die Kommunisten nur dazu nutzen wollen, den geistigen Widerstand gegen den totalitären Kommunismus auszuhöhlen«. Das war starker Tobak, aber die pure Wahrheit.

Wenige nur protestierten auf den Straßen: Mitglieder der grünen Partei, Teile der Jusos und einige andere Sozialdemokraten, die, oft im Streit mit ihrer Partei, für Menschenrechte in der DDR eintraten. Demonstrationen gegen die Einheit wurden immer seltener genehmigt. Und wenn doch, dann fuhren Polizei und Bundesgrenzschutz in martialischer Ausrüstung auf, um die Widerspenstigen einzuschüchtern. Viele Demonstranten wurden verhaftet wegen angeblicher Verstöße gegen das Versammlungsrecht.

Kurz vor dem Ende der Bundesrepublik machte in Hamburg und in Westberlin noch einmal die Autonomenszene mobil. Steine und Molotow-Coktails flogen, bis die Sicherheitskräfte scharf schossen. Neun Tote und zahlreiche Verletzte lagen danach auf den Straßen. »Das wurde mal Zeit«, zitierten die Nachrichtenagenturen brave Bürger auf den Straßen.

Meisnitz und Säbler berichteten mir in Zürich bei einem Glas badischem Wein, wie die Genossen im Politbüro und im Sekretariat des ZK den Antifaschismus in die Tagespolitik einführten. »Wir brauchen eine gemeinsame politische Plattform mit allen fortschrittlichen Kräften in Westdeutschland, und wir müssen die Autorität unserer Partei und unserer Republik stärken. Uns verbindet mit den wirklichen Demokraten im Westen der Antifaschismus. Er ist auch Richtlinie für das weitere Vorgehen«, lautete die Maxime.

Die Genossen und die einzige Genossin, ZK-Sekretärin und Politbürokandidatin Inge Lange, nickten. Jeder wußte, was das hieß: Wir machen es noch einmal so wie '45 bis '49. Nur der baumlange Alfred Neumann, Spanienkämpfer, »Arbeitersportler« und der letzte Ulbricht-Verehrer im Führungszirkel der Einheitspartei, schien nicht zufrieden: »Wir waren damals die stärkste Partei als SED, und die anderen Parteien waren gut beraten, mit uns zusammenzuarbeiten. Vergessen wir nicht, Genossen, daß in Moskau Stalin regierte. Die SBZ lag am Boden, als wir den antifaschistisch-demokratischen Aufbau und auf der 2. Parteikonferenz den Aufbau des Sozialismus beschlossen. Heute wollen wir einen wirtschaftlich mächtigen Industriestaat angliedern. Das geht nicht mit den Schablonen von früher.«

Neumann war bekannt dafür, daß er kein Blatt vor den Mund nahm. Genauso bekannt war aber, daß niemand im Politbüro dieses Fossil wirklich respektierte. Der Alfred gehörte irgendwie zum Inventar, und selbst wenn er hundertmal recht hatte, erntete er meist nur ein spöttisches Lächeln.

In diesem Fall begnügte sich Honecker mit der Bemerkung, daß »der Genosse Mittag schon alles durchgerechnet hat«. Neumanns Laune sank ins Bodenlose. »Na ja, wenn der Genosse Mittag schon alles ausgerechnet hat, brauchen wir uns ja keine Sorgen zu machen«, knurrte er. Das war purer Sarkasmus, denn jeder im Politbüro wußte, daß Neumann Mittag für einen ahnungslosen Wichtigtuer hielt, der sich tragischerweise das Vertrauen des in Fragen der Wirtschaft nicht weniger ahnungslosen Generalsekretärs erschlichen hatte.

Im ZK-Apparat aber schwante einigen, daß der Altstalinist recht haben könnte. Kaum einer hatte es nach dem Krieg in der Sowjetischen Besatzungszone gewagt, frontal gegen die KPD und dann die SED anzugehen. Wer es tat, spielte mit seinem Leben. Manchen luden die Besatzungsbehörden zu einem Gespräch, von dem er nie wiederkam. Mancher entzog sich der Verfolgung durch die Flucht in den Westen. Dort war auch Deutschland.

Nun würde es bald kein Westdeutschland mehr geben. Am 3. Oktober 1990 würde Deutschland wiedervereint, auch wenn es noch lange Jahre dauern sollte, bis aus der Föderation ein Einheitsstaat würde. Aber die künftige Entwicklung zeichnete sich schon kurz nach Abschluß des Berliner Vertrags über die deutsche Einheit ab. Eher nebenbei wurde öffentlich, daß Ostberlin und Bonn sich darauf verständigt hatten, die Grenzen der BRD zu befestigen, »damit der Weg in die Einheit unseres Vaterlands nicht von Abenteurern gestört wird«. Das paßte zu den Meldungen von »Irregeleiteten, die vor ihren eigenen antikommunistischen Vorurteilen« nach Dänemark, Belgien, Holland oder in die Schweiz türmten. Schon vor dem 3. Oktober wurde Deutschland Stück für Stück gegen den Westen abgeschottet. Noch stand die Mauer in Berlin, noch die befestigten Grenzanlagen zwischen Ost- und Westdeutschland. Aber bald, so ahnten viele, würde dieses Grenzbollwerk einige hundert Kilometer nach Westen verschoben werden.

IV.

Nach Abschluß des Einigungsvertrags starteten die SED und die mit ihr verbündeten DDR-Parteien – die Ost-CDU, die Liberal-Demokratische Partei (LDPD), die National-Demokratische Partei (NDPD) und die Demokratische Bauernpartei (DBD) – eine »Freundschafts-Offensive«. Der Freie Deutsche Gewerkschaftsbund (FDGB), die Freie Deutsche Jugend (FDJ), die Pionierorganisation »Ernst Thälmann«, der Schriftstellerverband, die Gesellschaft für Sport und Technik (GST), die Gesellschaft für Deutsch-Sowjetische Freundschaft (DSF) und zahlreiche andere Organisationen schlossen sich an. Generalsekretär Honecker erinnerte in einer großen Ansprache im Ostberliner Palast der Republik am 15. April 1989 an die guten Erfahrungen beim Aufbau der antifaschistisch-demokratischen Ordnung und dann des Sozialismus in der DDR. Er räumte aber ein, daß es damals auch »Überspitzungen und Übereifer« gegeben habe. »Wir wissen, daß es in allen demokratischen Parteien in Westdeutschland eine große Zahl von wahrhaften deutschen Patrioten gibt, die freudig den Weg zur deutschen Einheit beschritten haben. Die Einheit des Staates ist wichtig, die Einheit der Herzen aber ist noch wichtiger. Unsere Sozialistische Einheitspartei Deutschlands und alle Parteien und Organisationen der Deutschen Demokratischen Republik sind zur Zusammenarbeit bereit. Laßt uns damit beginnen, die Spaltung der Arbeiterbewegung auch in Westdeutschland ein für allemal zu überwinden.«

Kaum war die Tinte unter dem Einigungsvertrag trocken, eilten Emissäre der SED zum SPD-Parteivorstand nach Bonn. Leiter der Delegation war Hermann Axen, Chefaußenpolitiker der SED. Der kleine dicke Axen mit seiner Halbglatze war die einzige SED-Größe von internationalem Format. Er konnte trefflich in Französisch parlieren, verfügte über eine beeindruckende Bildung und blieb doch als Politbürokrat weit unter seinen Möglichkeiten. Die Nazis hatten Axen als Jude und Kommunist verfolgt, aber dieser hatte die NS-Konzentrationslager Auschwitz und Buchenwald überlebt und seit 1945 eine steile Karriere in KPD und SED hingelegt. Seit 1970 war er Mitglied des Politbüros. Mitte der achtziger Jahre war er nach Honecker zum wichtigsten Gesprächspartner der Sozialdemokraten geworden, die nach ihrer Ablösung als Regierungspartei in Bonn die »zweite Phase der Ostpolitik« eingeleitet hatten. Kritiker sprachen auch von einer »Nebenaußenpolitik«. SED und SPD hatten gemeinsam Papiere erarbeitet für eine atomwaffenfreie Zone in Europa und sich im Sommer 1987 auch über ein Dokument über den »Streit der Ideologien und die gemeinsame Sicherheit« geeinigt, in dem Erstaunliches stand. Erhard Eppler, Chef der SPD-Grundwertekommission, und Otto Reinhold von der SED-Akademie für Gesellschaftswissenschaften hatten sich unter anderem darauf verständigt, daß es in der DDR wie in der BRD kontroversen Dialog und offene Diskussion geben müsse. Beide Seiten billigten sich gegenseitig Existenzberechtigung, Reform- und Friedensfähigkeit zu. Das war eine Sensation, denn die SED hatte, jedenfalls auf diesem Papier, einige ihrer Glaubensgrundsätze verkauft. Was blieb von der sozialistischen Revolution, vom historisch notwendigen Untergang des Kapitalismus, wenn dieser reformfähig war und seine Existenzberechtigung nicht mehr zu bestreiten? Der Preis vom zumindest formalen Abschied von solchen Dogmen war, daß die SPD die SED und ihr Gesellschaftssystem nicht als gleich, aber als gleichwertig anerkannte.

Was die SED jedoch unter offener Diskussion verstand, zeigte sie schon kurz nachdem Epplers und Reinholds Tinte unter der

Vereinbarung getrocknet war. Sicherheitskräfte überfielen die Umweltbibliothek in der Ostberliner Zionskirche, und im Januar 1988 schlugen Stasi und Volkspolizei brutal auf Demonstranten ein, die auf der offiziellen »Liebknecht-Luxemburg-Kampfdemonstration« mit Rosa Luxemburg die Freiheit des Andersdenkenden forderten. Nach wie vor wurden Bürgerrechtler bespitzelt und schikaniert. Und auf »Republikflucht« standen weiterhin mehrere Jahre Gefängnis und am Ende der devisenträchtige Verkauf der Delinquenten an Bonn. Damit der Generalsekretär »unseren Menschen« zu Weihnachten wieder Bananen schenken konnte.

Erhard Eppler war bald ins Grübeln gekommen. Seine Verhandlungspartner im Osten hatten ihn hereingelegt. Sie hatten ihre Reputation in der Welt und vor allem im eigenen Land erhöht, aber wollten den Kaufpreis dafür nicht bezahlen. Und deswegen forderte Eppler, wenn auch zunächst in zurückhaltenden Worten, daß sein Vertragspartner nun endlich tun solle, was er versprochen habe.

Aber seinen Genossen im SPD-Vorstand und besonders den Abrüstungsexperten um Egon Bahr und Karsten D. Voigt war das schon zuviel Kritik. Sie wollten keinen Streit mit den DDR-Kommunisten, um in ihren Gesprächen mit Axen und Co. voranzukommen. Bahr und Voigt hatten einiges zu tun, um ihre Partner in Ostberlin zu besänftigen, die auf öffentliche Kritik, gerade von Sozialdemokraten, empfindlich reagierten. »Wir haben Eppler wiederholt gesagt, daß dieses Papier nicht allein seine Sache sei«, beruhigte Bahr den »lieben Hermann Axen«. Und der niedersächsische Oppositionsführer Gerhard Schröder sprach von »den Epplers«, denen man das »Ideologiepapier« nicht überlassen dürfe. Im sozialdemokratischen Parteivorstand sei Eppler kritisiert und zurückgepfiffen worden, hieß es im Apparat der SED. Zufrieden erkannten die Strategen im Zentralkomitee, daß ihre Rechnung aufging. Im Interesse des lieben Friedens fanden sich die Sozis in Bonn damit ab, daß manche

Vereinbarungen im Osten anders gelesen wurden als im Westen. In einer internen Hausmitteilung des ZK heißt es: »Wenn wir akzeptieren, daß der Kapitalismus reformfähig ist, so bedeutet das vor allem, daß er reformbedürftig ist. Am Ende wird der Sozialismus auch um Westdeutschland keinen Bogen machen.« Solche Klarstellung war bitter nötig, denn das gemeinsame Papier mit der SPD hatte in der Einheitspartei heftige Debatten ausgelöst. Viele Genossinnen und Genossen verstanden die Welt nicht mehr. Aber die Praxis der eigenen Partei sollte ihnen bald zeigen, daß sich in der DDR nichts ändern würde.

Hermann Axen und sein treuer Adlatus Gunter Rettner, Leiter der ZK-Abteilung Internationale Politik, trafen am frühen Nachmittag des 19. April 1989 in der Baracke auf alte Bekannte. Ihre ersten Gesprächspartner waren Egon Bahr und Karsten D. Voigt. In Bahrs Büro, bei Kaffee und Keksen, klagte Axen über den Mangel an Einheitsbegeisterung in der SPD. In der Tat, viele Sozialdemokraten hatten öffentlich kritisiert, daß die deutsche Vereinigung hinter dem Rücken der Deutschen, auf sowjetischen Druck und durch amerikanisches Zurückweichen in einem großen Deal zustande kommen sollte. »Wir wollen die Einheit, aber nicht so«, hatten die Jusos auf ihrem Kongreß im März erklärt. Axen verbarg seine Empörung darüber nicht: »Nun haben wir die Chance, nicht nur die deutsche Teilung, sondern auch die Spaltung der Arbeiterbewegung zu beenden. Aber was macht Herr Vogel? Er ernennt sich und seine Partei zum ›Garanten der Rechtsstaatlichkeit‹. Als wäre ein solcher Garant nötig. Das empfinden wir als Provokation. Die DDR ist ein sozialistischer Rechtsstaat – der Genosse Erich Honecker hat das gerade wieder betont, und wir betrachten Vogels Äußerung als wenig hilfreich.«

Der ehemalige Maurer Rettner, treuer Apparatschik, hölzern, bar jeder Phantasie, wollte gerade dazu ansetzen, den Protest seines Herrn wiederzukäuen, als Voigt das Wort ergriff. Er erinnerte an die bisherige »vertrauensvolle Zusammenarbeit« und bedankte sich für die Unterstützung, die seine Partei bei früheren Bundestagswahlen bekommen habe. »Die SED hat das ihr Mögliche getan, aber wir haben es nicht genutzt. Wir hätten gerade 1987 eine klare linke Linie fahren müssen, aber das war mit unserem frommen Johannes Rau nicht möglich. Die linken, sozialistischen Kräfte in der SPD müssen sich sammeln, um der Partei wieder das Profil zu geben, das sie früher als Arbeiterpartei hatte.« Voigt verwies auch darauf, daß er verschiedene Male die Vorzüge des Sozialismus in den Farben der DDR gelobt habe, wenn auch nicht in bundesdeutschen Medien, so doch gegenüber seinen Gesprächspartnern in Ostberlin. »Warum bringen wir die Vorzüge beider Systeme nicht zusammen? Soziale Sicherheit und Freiheit ...«

»Wir haben, lieber Karsten Voigt, schon einige Male darauf hingewiesen, daß wir einen ganz unterschiedlichen Freiheitsbegriff haben. Wir sind, ich will es offen sagen, gegen die Freiheit der Gegner der Freiheit. Aber natürlich werden wir uns auch in dieser Frage auf einen vernünftigen Kompromiß einigen«, unterbrach Axen.

Bahr assistierte, wenn auch wenig emphatisch: »Wir müssen die neue Situation in Deutschland und der Welt akzeptieren. Wenn die SED und die SPD eng zusammenarbeiten, wenn sie eine Aktionsgemeinschaft bilden, dann werden wir die Konservativen zurückdrängen. Mir ist es klar, daß früher oder später die Einheit der beiden Parteien auf der Tagesordnung steht. Aber die neue Partei darf keine reine Fortsetzung der SED sein. Sagt Erich Honecker, daß wir für eine Fortentwicklung der Zusammenarbeit sind und uns auch dafür in der Partei einsetzen werden.«

Die Kommunisten aus Ostberlin verstanden, daß Bahr sich vorsichtig von seinem Parteivorsitzenden Hans-Jochen Vogel absetzte. Der Pedant war in seiner Partei ohnehin mehr geduldet als geliebt. Er hatte die Aura einer Büroklammer, und in Fragen der Rechtsstaatlichkeit versprühte er noch weniger Humor als sonst, sofern er denn überhaupt welchen hatte. Er gehe zum Lachen in den Barackenkeller, sagten ihm Genossen nach, die vom Genauigkeitsfetischismus des ehemaligen Münchener Oberbürgermeisters geplagt wurden. Aber offen hätte Bahr nichts gegen Vogel gesagt, wohl schon deshalb, weil Bahr es inzwischen fast schon verlernt hatte, Klartext zu sprechen. Er war der Meister der Vieldeutigkeit, was seinen Gesprächspartnern immerhin den Eindruck vermittelte, daß er auch ihnen ein bißchen recht gab. Was mochte in Bahrs Kopf vorgehen? dürfte sich der intelligente und wendige Axen gefragt haben. Würde »tricky Egon« mitziehen? Oder würde er sie hinhalten und eine Verteidigungslinie aufbauen? Nicht wie der Seeheimer Kreis gewiß, jene Zusammenrottung von Antikommunisten, der auch Parteichef Vogel angehörte. Aber vielleicht durch ein ewiges Ja-aber. Bahr verstand es, die Dinge komplizierter zu machen, als sie waren. Aber Axen wußte, daß er sich seine Bündnispartner nicht aussuchen konnte, er mußte froh sein über jeden, den er fand. Je mehr Bündnispartner, um so weniger Gewalt würde man einsetzen müssen.

Rettner erinnerte daran, daß die SED schon seit Anfang der achtziger Jahre vor dem Bundestagsabgeordneten Gert Weisskirchen und einigen anderen Sozialdemokraten gewarnt habe. »Wir haben die Kontakte von Weisskirchen und Büchler zu antisozialistischen Kräften in unserer Republik jahrelang geduldet, um die Beziehungen zur SPD nicht zu belasten. Aber nun muß damit Schluß sein. Es genügt nicht mehr, daß die fortschrittlichen Kräfte in der Sozialdemokratie solche Konterrevolutionäre bekämpfen, sie müssen ausgeschaltet werden.«

Bahr zog die Augenbrauen hoch und schwieg. Voigt zeigte sich pikiert über den forschen Ton, den Rettner angeschlagen hatte. Aber was der SED-Mann sagte, fand er so falsch nicht. Hatten sie sich nicht genug über die »Menschenrechts-Ayatollahs« in der Partei geärgert? Warum mußten die sich unbedingt mit den Wirrköpfen in der DDR einlassen, die ohne jede Aussicht, ihre unrealistischen Forderungen durchzusetzen, immer wieder für Stunk sorgten. Wer in Ostberlin, Leipzig oder Jena verlangte, daß die DDR den Sozialismus abschaffen solle, der mußte wissen, daß der Staat mit ihm eine Rechnung aufmachen würde. Und ging es nicht in die Köpfe dieser eher unappetitlichen Gestalten, der Poppes, Weiß, Templins, Bohleys und Eppelmanns, daß der Frieden in Europa vielleicht doch ein bißchen wichtiger war als die Lesung alberner Gedichte im Untergrund? Rainer Eppelmann hatte sogar die Chuzpe gehabt, mit dem Segen der Baracke eine SPD-Gruppe in Ostberlin gründen zu wollen. Da hatten manche Genossen wirklich nur noch gelacht über den Spinner, auch solche, denen man keine Sympathie für Honeckers Sozialismus nachsagte.

Nachdem sich Axen und Rettner freundlich von Bahr und Voigt verabschiedet hatten, trafen sie auf Parteichef Vogel und den Ehrenvorsitzenden Willy Brandt in dessen Büro im Bundestagsgebäude. Dieses Gespräch war steifer als das vorherige. Vogel verkniff zur Begrüßung der Gäste sein Gesicht zu einer Maske, die offenbar ein Lächeln darstellen sollte. Brandt gab den Ostberlinern kurz die Hand und verzog keine Miene. Man beließ es bei kurzen Höflichkeitsfloskeln und kam gleich zur Sache.

Axen richtete Grüße des Generalsekretärs aus und erinnerte an die bisherige gute Zusammenarbeit. »Die Sozialistische Einheitspartei und die Sozialdemokratische Partei stimmen in vielen zentralen Fragen überein. Vor allem in der Frage des Friedens. Beide Parteien wollen keine neuen US-amerikanischen Raketen in Europa und keinen neuen kalten Krieg ...«

»Den haben wir schon«, warf Brandt ein.

Axen stutzte. Sein kugelrundes Gesicht war ein einziges Fragezeichen, als er Brandt einige Sekunden schweigend anstarrte.

Brandt redete sich in einen kalten Zorn: »Ja, wir haben einen kalten Krieg in Deutschland. Die Welt hat sich darauf verständigt, daß man die Westdeutschen den Sowjets ausliefern darf, um endlich Ruhe zu haben. Die Welt, auch unsere bisherigen treuen Bündnispartner, haben sich plötzlich wieder an die Nazidiktatur und den Krieg erinnert, um Gründe für ihren Verrat zu finden. Sie haben nicht nur uns verraten, sondern auch die Demokratie und die meisten Genossen in Westeuropa auch den demokratischen Sozialismus. Und nun will die SED mit uns das gleiche veranstalten, was 1946 die KPD mit der Sozialdemokratie veranstaltet hat. Ich war für Entspannung und Zusammenarbeit. Ich habe unser gemeinsames Papier gegen die Konservativen verteidigt. Ich war und bin für Aussöhnung, vor allem mit Russen, Tschechen und Polen. Aber ich bin kein Quisling.«

Vor Brandt hatte man in Ostberlin einen Riesenrespekt. Er galt als unbestechlich, und seine internationale Reputation war kaum zu übertreffen. Und er war ein Linker, der bei allem Willen zur Aussöhnung keinen Geschmack an der Diktatur fand. Die Anfeindungen rechter Politiker und Publizisten gegen den Friedensnobelpreisträger, weil dieser in der NS-Zeit in der Emigration Widerstand gegen Deutschlands braune Herren geleistet hatte, hatten ihn von links fast unangreifbar gemacht. Zu Ulbrichts Zeiten hatte man Brandt noch als Betrüger entlarven wollen, und die KPdSU hatte den Entspannungsbotschaften aus Bonn zunächst mißtraut. Aber seit den Verträgen von Moskau und Warschau, seit dem Grundlagenvertrag zwischen Bonn und Ostberlin war Brandts Ansehen auch jenseits der Mauer enorm gewachsen. Bei der Bevölkerung ohnehin. Axen und Rettner hatten gehofft, gerade von Willy Brandt irgendein Mut machendes Signal mit nach Ostberlin nehmen zu können. Diese Hoffnung mußten sie nun begraben.

Auch Vogel zeigte sich abweisend. Gewiß, man müsse einen neuen Modus vivendi finden. Er habe nichts dagegen, auf Gemeinsamkeiten der Vergangenheit aufzubauen. »Aber ich verlange Gleichberechtigung der Partner.«

Die gestand Axen sofort zu. Aber würden er und seine Genossen im Politbüro das in ein paar Monaten noch genauso sehen? Oder würden sie offen beanspruchen, wovon sie ohnehin überzeugt waren: daß nur sie die führende Rolle spielen konnten? Eine lächerliche Vorstellung, daß sie gerade jetzt, wo sie kurz vor dem großen Sieg standen, Lenins Lehre von der Partei wegwarfen. Im Gegenteil, um den Triumph zu vollenden, mußten sie die Richtung angeben, notfalls mit Gewalt.

Noch nie hatten Kommunisten in ihrem Machtbereich auf Gewalt verzichtet, wenn sie ihre Ziele nicht anders erreichten. Aber was waren ihre Ziele? Eine platte Neuauflage jener osteuropäischen Einheitsgrotesken, bei denen die Sozialdemokratie im sowjetischen Machtbereich ausgelöscht wurde, mal mehr, mal weniger brutal? Axen begriff, daß er und die anderen Politbürokraten angesichts der sozialdemokratischen Entspannungspolitik fast schon vergessen hatten, daß zur Neugründung der SPD in Westdeutschland nach dem großen Krieg der Kampf gegen die »Zwangsvereinigung« im Osten gehörte. Und Brandt war im August 1961, als Ulbricht und Honecker die Mauer durch Berlin bauten, Regierender Bürgermeister Westberlins gewesen. Brandt hatte das offenbar nicht vergessen, obwohl man im Osten alles getan hatte, um ihn freundlich zu stimmen. Man hatte ihn nicht nur pausenlos gelobt, sondern sogar »die Seebacher«, wie sie im ZK hieß, in SED-Archiven für ihre Doktorarbeit forschen lassen, weil Brandt für seine Lebensgefährtin darum gebeten hatte.

Axen hatte geahnt, daß es mit Brandt schwer werden würde. Aber keiner hatte gewußt, daß da ein Felsklotz auf dem Weg zur Einheit der Arbeiterbewegung lag. Vielleicht war diese Halsstarrigkeit in Brandts Biographie begründet, denn hatte er nicht gegen Ende der Weimarer Republik zu einer Splitterpartei namens SAP gehört? Die hatte zwar die Einheit der Arbeiter gegen die Nazis gefordert, aber war doch in kritischer Distanz zu Thälmanns KPD geblieben. Manchmal hat der Genosse Stalin schon recht gehabt, sinnierte Axen. Auch wer in vermeintlich unwichtigen Fragen von der richtigen Linie abwich, landete am Ende in den Armen der Konterrevolution.

Ein wenig trösteten sich die Emissäre mit einem Besuch bei Herbert Wehner. Den langjährigen Minister und Zuchtmeister der Sozialdemokraten verband ein fast rührendes Verhältnis mit Honecker. Als Wehner noch im Politbüro der von den Nazis verbotenen und verfolgten KP gesessen hatte, arbeitete Honecker mit im Widerstand gegen die Rückgabe des Saarlandes an NS-Deutschland. Wehner hatte ihn dabei angeleitet. Das muß den jungen Dachdecker so beeindruckt haben, daß er noch Jahrzehnte später privaten Treffen mit dem Ex-Genossen entgegenfieberte. Aber nun war Wehner schwer krank. Axen sah einen großen alten Mann, der kaum mehr verstand, was man ihm sagte. Wehner brabbelte etwas von Grüßen an Erich, jedenfalls glaubte Axen, diese Worte verstanden zu haben. Na ja, immerhin, über Herberts Grüße würde Erich sich freuen.

Eher unerfreulich dagegen waren die Begegnungen mit Spitzenleuten von CDU/CSU und FDP. Kanzler Helmut Kohl und der niedersächsische Ministerpräsident Ernst Albrecht nahmen die Einladungen entgegen, die Axen »im Auftrag« des Ost-CDU-Vorsitzenden Gerald Götting übermittelte. Axen wußte natürlich, daß die Ost-CDU sich bei der Namenscousine im Westen größter Verachtung erfreute. Bei allem historischen Optimismus, an eine Vereinigung der Christdemokraten mochte Axen nicht glauben, jedenfalls nicht an eine freiwillige. Selbstverständlich würde der CDU-Vorstand eine Delegation nach Ostberlin zur »Schwesterpartei« schicken. »Allerdings wird der Bundeskanzler wahrscheinlich in Bonn unabkömmlich sein. Die deutsche Einheit ist wichtiger als Parteikontakte«, sagte Albrecht.

Das Gespräch mit FDP-Chef Otto Graf Lambsdorff war ähnlich unerfreulich. Aber Lambsdorff galt in Ostberlin ohnehin als Prototyp des knallharten Kapitalistenfreunds. Ja, die FDP wolle die deutsche Einheit mitgestalten. Aber die Grüße Manfred Gerlachs, des LDPD-Vorsitzenden, wollte Lambsdorff nicht einmal erwidern. Das Tischtuch zwischen den Liberalen im Osten und im Westen war seit den fünfziger Jahren zerschnitten.

Erfreulich war eigentlich nur das Gespräch mit Alfred Dregger gewesen, dem Fraktionsvorsitzenden der Union. Aber das überraschte Axen nicht mehr. Wer hätte vor wenigen Monaten noch gedacht, daß gerade der Rechtsaußen aus Hessen zu den »realistischen Kräften« gehören würde? Erste Anzeichen einer erstaunlichen Annäherung hatte es nach einem Gespräch Dreggers mit Professor Homann gegeben, dem Vorsitzenden der National-Demokratischen Partei in der DDR. In Heinrich Homanns Blockpartei NDPD sammelten sich nach dem Krieg ehemalige Nazis, SA-Leute und Soldaten. Axen bewunderte Ulbrichts Schachzug von 1948, für die Bauern und die Ex-Nazis eigene Parteien zu gründen, die DBD und die NDPD. Damit hatte man Christdemokraten und Liberale ausgetrickst und konnte Anhänger gewinnen in gesellschaftlichen Schichten, die die SED sonst schlecht erreicht hätte.

Und nun noch ein später Gewinn einer lange zurückliegenden Investition. Das Politbüro hatte Homann beauftragt, im nationalen Lager in Westdeutschland vorzufühlen. Und Homann hatte Dregger an der Soldatenehre gepackt. Ein schlauer Hund, unser Professor, freute sich Axen innerlich. »Wichtiger als alles andere ist Deutschland«, hatte Dregger nach dem Gespräch erklärt. Homann berichtete in Ostberlin, daß es sinnvoll sei, gegenüber dem rechten Flügel das nationale Pathos und die Soldatenehre hervorzukehren, die NDPD werde dazu geeignete Publikationen herausgeben.

Mit Vertretern der Grünen trafen Axen und Rettner sich nicht. Die Grünen gehörten zu jenen antinationalen Kräften, die öffentlich gegen die deutsche Vereinigung protestierten. Sie organisierten Demonstrationen und »Lichterketten für Demokratie«, und ihre Abgeordneten im Bundestag hielten freche Reden gegen die »Verschwörung der Supermächte«. Im SED-Politbüro war klar, daß man sich diese Widerborstigkeit keinen Tag länger gefallen lassen würde als nötig. Staatssicherheitsminister Erich Mielke informierte seine Genossen regelmäßig über die Machenschaften der grünen Einheitsfeinde, die auch von vielen Sozialdemokraten unterstützt wurden. Es ging im ZK-Apparat sogar das Wort von der »rosa-grünen« Opposition um.

Axen und Rettner warteten im Flughafen Köln-Bonn schlechtgelaunt auf ihre Maschine nach Westberlin – eine direkte Flugverbindung in den Ostteil gab es damals nicht – und überlegten, wie sie ihrem Generalsekretär die keineswegs frohen Botschaften überbringen sollten. Honecker liebte den Erfolg, er sah ihn sogar dort, wo andere nur Fehlschläge entdeckten. Wirtschaftslenker Günter Mittag und seine Hilfskräfte fälschten Zahlen, um sich vor dem Klassenfeind keine Blöße zu geben. Sie rüffelten Planungschef Gerhard Schürer, weil er auf die zu hohe Auslandsverschuldung der DDR hingewiesen hatte. Sie hatten die DDR statistisch zur Industriegroßmacht geschwindelt, und viele Genossen ahnten, daß manche Siege bei Olympia und Weltmeisterschaften nicht nur ideelle Triebkräfte hatten. Aber Axen wußte, daß er Honecker nicht einfach belügen durfte. Brandt war eine harte Nuß, Vogel kaum weniger, und was Bahr beabsichtigte, war so klar nicht. Würde Axen seinem Generalsekretär berichten, es gehe alles seinen sozialistischen Gang, dann würde es womöglich bald ein böses Erwachen geben. Wer wußte, ob die SPD nicht morgen ein flammendes Pamphlet gegen die SED beschließen würde? Oder vielleicht setzte es sich Brandt in den Kopf, öffentlich zu protestieren gegen die deutsche Einheit, so wie einst Westberlins Bürgermeister Ernst Reuter, als die *Freunde* den Imperialisten im Westen einmal zeigten, auf wessen Territorium die Frontstadt lag. Man konnte zu Hause den SPD-Ehrenvorsitzenden schlecht als fanatischen Befürworter der neuen, großen Einheitspartei präsentieren, sosehr sich der Genosse Honecker auch darüber gefreut hätte. Der einzige Lichtblick war Voigt gewesen. Aber das hatte Axen schon vorher gewußt.

Besonders nervös machte Axen die Frage, was die Kundschafter des Genossen Großmann über die Ergebnisse seiner Mission melden würden. Seit die deutsche Einheit auf der Tagesordnung stand, hatten die Genossen vom Ministerium für Staatssicherheit *Subbotniks* eingelegt, Sonderschichten für das neue Deutschland. Schon zu den Zeiten, in denen Markus Wolf die Hauptverwaltung Aufklärung leitete, hatten unzählige Kundschafter und Inoffizielle Mitarbeiter in Westdeutschland für das Mielke-Ministerium gearbeitet. Aber nun ging Wolfs Nachfolger daran, die Aufklärungsarbeit weiter zu verstärken. Wolf hatte in der Politik im Westen mitgemischt, Werner Großmann, der die HVA seit 1986 leitete, wollte die Politik in Bonn lenken. Das war ein großes Ziel, und Axen, der sich in der BRD auskannte, glaubte nicht, daß es auch nur annähernd erreicht werden könnte. Da hatte der Genosse Mielke im Politbüro wohl ein bißchen viel versprochen.

Rettner störte den Genossen Axen nicht, der da so in sich versunken grübelte, daß er nicht einmal den guten Kaffee trank, der vor ihm auf dem Tisch stand. Er schaute sich den Trubel des Flughafens an. Die Menschen waren farbiger gekleidet, kaum einer glich dem anderen. Und sie waren geschäftig, eilten immerfort hierhin und dorthin, als fänden sie nie Ruhe. In den Westzeitungen las man ja viel über Arbeitslosigkeit, wachsende Armut und viele andere Sorgen, und natürlich prangerte das »ND« den verfaulenden Imperialismus an. Aber faulig sah das hier nicht aus. Aber das war wohl ähnlich wie bei den Delegationen von DKP-Genossen und sozialismusbegeisterten Sozialdemokraten in die DDR. Denen zeigte man ja auch nicht die Halle VII in Bitterfeld. Aber die Schwächen im Sozialismus wurden Schritt für Schritt planmäßig beseitigt, die Fäulnis im Kapitalismus jedoch wuchs wie ein Krebsgeschwür. Das sah man hier im Flughafen Köln-Bonn zwar nicht, aber Rettner wußte es aus der einschlägigen Literatur. Bald würde auch die Fäulnis im Westen bekämpft werden. Da war sich Rettner sicher. Und bald würde die DDR einen großen Teil des Schuldenballasts loswerden, mit dem ihr die Imperialisten die Gurgel abschnüren wollten. Früher, als es gegen die Friedenspolitik des sozialistischen Lagers ging, da hatten rechte Politiker gern Lenin zitiert, daß die Kapitalisten auch noch den Strick liefern würden, an denen die Kommunisten sie schließlich aufhängten. Heute geben die Kapitalisten Kredite, um den Sozialismus schön langsam abzuwürgen. Aber dieser Plan wird nicht aufgehen. Wenn Deutschland vereint war, dann war die DDR fast schuldenfrei. Oder kann man etwa Schulden bei sich selbst haben?

In der »Rheinischen Post« wurde, wie in den anderen Zeitungen auch, von »freundschaftlichen Gesprächen« zwischen SED-Vertretern und Führungspersönlichkeiten bundesdeutscher Parteien berichtet. Gewiß, in der »FAZ« oder der »Welt« zeigte sich viel Skepsis in den Kommentaren. In der »Süddeutschen Zeitung« bemühte sich Joseph Koffer darum, sich und seine Leser mit dem sicherheitspolitischen Kalkül der Großmächte anzufreunden. Theo Sommer fabulierte in der »Zeit« von der »deutschen Bewährungsprobe« und erinnerte daran, »daß wir eigentlich noch ganz gut weggekommen sind, wenn wir die deutsche Geschichte nicht erst 1949 beginnen lassen«.

Heute, in Zürich, nach Gesprächen und Überlegungen, bin ich nicht mehr so erstaunt darüber, wie der »Einheitsbazillus« bald viele Köpfe erobert hatte. Man erlebte damals den Beginn erstaunlichster Wendungen. Eine »Spiegel«-Serie über die Geschichte der SED überraschte die Leser mit der Erkenntnis, daß die Vereinigung der Arbeiterparteien im April 1946 keineswegs unter Zwang erfolgt sei, sondern freiwillig – »trotz mancher unnötiger Übergriffe der Besatzungsbehörden, die eher der Angst vor einer Renaissance des Nationalsozialismus geschuldet waren als der Notwendigkeit, die Mehrheit der Sozialdemokraten zu überzeugen«. Der Mauerbau 1961 habe zur Stabilität in Europa mehr beigetragen als »pathetische Sonntagsreden von Politikern, die die deutsche Einheit innerlich längst aufgegeben hatten«. Erst nach dem 13. August 1961 sei Entspannungspolitik möglich geworden – »die Mauer war so häßlich wie notwendig«. Und überhaupt sei es ein Mythos, die Friedenspolitik ab Ende der sechziger Jahre verdanke sich allein Brandts sozialliberaler Koalition: »Man mag gegen die Kommunisten sagen, was man will – an Friedens- und Abrüstungsvorschlägen haben sie es nach dem Krieg nicht mangeln lassen. Nur fand es der Westen nicht nötig, sie ernst zu nehmen. Erst als Moskau in der Atomrüstung gleichgezogen hatte, klingelten die Friedensglöcklein im Weißen Haus. Und danach auch in Bonn, so, wie ja in Bonn immer alles etwas später kam.«

Meine Kollegen in der Redaktion waren verunsichert. Einige spürten Zeichen einer neuen Zeit und entsannen sich ihrer revolutionären Taten an den Unis in den sechziger und siebziger Jahren. Sie begannen, hier und da aufzumucken gegen eine Chefredaktion, die zu langsam begriff, wohin die Reise ging. Einige Kollegen hatten gelitten unter Gerstigs konservativer Bedächtigkeit. Sie glaubten nun, daß ihre Zeit gekommen war, und wollten sich lange verwehrte Freiräume erkämpfen. Sie kritisierten Leitartikel, die in ihren Augen reaktionäre Gedanken vertraten oder an Gewerkschaftsvorschlägen herummäkelten.

Viele aber fürchteten sich insgeheim vor der deutschen Einheit, nachdem sie sich Zeitungen der DDR näher angeschaut hatten. Nein, sie wollten keine Arbeiterkorrespondenten am Bein haben, die dumpf die Regierung lobten und höchstens mal im Detail Kritik an Mißständen übten, die natürlich keineswegs typisch seien für den Sozialismus. Dieser und jener Kollege sagte, man müsse die Zeit bis zur Einheit nutzen, um auch in der Redaktion Fakten zu schaffen. Sie wollten der SED glauben, die zugesichert hatte, den Sozialismus der DDR nicht einfach auf Westdeutschland zu übertragen. Sie erkannten in der Übergangszeit Spielräume und Chancen, den stupiden Rechtskurs der »RP« aufzubrechen und gleichzeitig künftigem Zensurdruck vorzubeugen.

Chefredakteur Gerstig ließ die Dinge weitgehend laufen. Er achtete nur darauf, daß keine allzu DDR-kritischen Artikel erschienen, appellierte an die Verantwortung der Redaktion in »schwierigen Zeiten, in denen wir uns hoffnungsfroh einer großen nationalen Herausforderung stellen«. Sonst verließ er sich auf das vielfach erprobte Anpassungsvermögen seiner Redakteure.

Immerhin aber wurde Kurt Seiler nun doch eingestellt, und viele wollten darin ein Signal erkennen. An Seilers fachlicher Qualifikation konnte niemand zweifeln, zu gut waren die Zeugnisse von der Uni und die Ergebnisse eines immer wieder verlängerten Praktikums bei der »RP«. Aber Gerstig hatte Seilers Festanstellung abgelehnt, weil der Mitglied der DKP war und daraus auch kein Geheimnis machte. Empört hatte Seiler Kollegen erzählt, der Chefredakteur habe ihn gefragt, wie man als Kommunist in einem »privatwirtschaftlich verfaßten Unternehmen« arbeiten könne. »Da bleibt dann ja nur noch der öffentliche Dienst«, hatte Seiler geschimpft, »aber da krieg' ich Berufsverbot.«

Doch nun war plötzlich alles anders. Seiler erhielt keinen Volontariatsvertrag, sondern wurde gleich politischer Redakteur. Er durfte an den Redaktionskonferenzen teilnehmen. Ich erlebte es immer häufiger, wie andere gespannt darauf warteten, was Seiler zu diesem oder jenem Thema sagen würde. Der Chefredakteur forderte ihn häufig auf, doch seine Meinung kundzutun. Und man erlebte, daß manches Urteil Seilers plötzlich in die Kommentarspalten einsickerte.

Auch häuften sich Rezensionen von Büchern aus DKP-nahen Buchverlagen. Veröffentlichungen des Brücken Verlags wurden gelobt, vor allem aber Titel von Pahl-Rugenstein. Oft entdeckten Leser der »RP« nun Hinweise auf Artikel aus den »Blättern für Deutsche und Internationale Politik«, und selbst Projekte des Instituts für Marxistische Studien und Forschung (IMSF) wurden erwähnt.

Vor dem Redaktionsgebäude wurden jetzt häufig Flugblätter der DKP verteilt und die »UZ« – »Unsere Zeit«, das Zentralorgan der westdeutschen Kommunisten – zum Kauf angeboten. Man hörte, daß dieser und jener die Mitgliedschaft in der Partei beantragt habe. Bald gab es eine DKP-Betriebsgruppe bei der »Rheinischen Post«, und ungehindert konnte deren Agitation am Schwarzen Brett in der Eingangshalle ausgehängt werden.

Die Abozahlen der »UZ« explodierten in der ganzen Bundesrepublik. Manche wollten wissen, was die Kommunisten vorhatten. Andere brauchten Argumente, um ihr Mäntelchen genauer in den Wind zu hängen. Auch ich kaufte das Blatt hin und wieder – auch wenn es strohtrocken war, so war es doch das Zentralorgan der künftig (mit)regierenden Partei.

Es sah ganz danach aus, als würden Tote wieder zum Leben erweckt. Der Kommunismus, attraktiv nur noch für ein paar Unbelehrbare, war im Westen geistig erloschen. Gorbatschow hatte noch einmal hoffen lassen, daß sich der reale Sozialismus in einen wirklichen verwandeln würde. Für die Kommunisten in Deutschland bedeutete er aber zuerst einmal die Krise. Sie setzte sich unter anderem Vorzeichen nach dem Putsch in Moskau fort. Waren zuvor die Stalinisten in die Enge gedrängt worden, so gerieten jetzt die Gorbatschow-Anhänger in die Bredouille. Viele, wie mein Bruder Willi, mußten Abbitte leisten für ihre ideologischen Verfehlungen. Und nun, angesichts der deutschen Vereinigung unter Schirmherrschaft der Sowjetunion, rappelte sich die DKP wieder auf. Herbert Mies träumte in der ihm eigenen polternden Manier öffentlich von einem »großen Bündnis gegen die Macht der Monopole« und brüstete sich in der »Tagesschau« der traditionell guten Beziehungen zur SED: »Ja, wir können sagen, für uns war die Sozialistische Einheitspartei Deutschlands immer viel mehr als eine Bruderpartei. Unter Führung der KPdSU haben SED, SEW und DKP zusammen mit anderen fortschrittlichen Kräften dafür gekämpft, daß nie wieder Krieg und Faschismus von deutschem Boden ausgehen. Genossinnen und Genossen von SED, SEW und DKP haben bis zur Spaltung Deutschlands durch die Imperialisten in einer Partei gekämpft, erst der Kommunistischen Partei Deutschlands, dann in der Sozialistischen Einheitspartei. Nun kämpfen wir gemeinsam für die antimonopolistische Demokratie. Der Klassenfeind hat die DKP immer wieder beschuldigt, quasi eine Filiale der SED zu sein. Ich verrate kein Geheimnis, wenn ich sage, daß unsere Partei diese Behauptung nur zum Teil als Vorwurf verstanden hat. Selbstverständlich hat uns die Sozialistische Einheitspartei solidarisch unterstützt, so, wie wir die revolutionären Bewegungen in aller Welt ideell und materiell unterstützen. Schon im ›Kommunistischen Manifest‹ von Marx und Engels steht: ›Proletarier aller Länder, vereinigt euch.‹«

Moderator: »Können Sie sich eine Verschmelzung von DKP, SED und SEW vorstellen?«

Mies: »Ich kann mir alles vorstellen, was dem gesellschaftlichen Fortschritt dient. Wenn das Land und die Arbeiterklasse vereint werden, dann sollte es auch nur noch eine Partei der Arbeiterklasse geben.«

»Und wie soll die neue Partei heißen?«

»Finden Sie nicht, daß ›Sozialistische Einheitspartei‹ ein Name ist, der die politische Wirklichkeit ganz genau erfaßt?« fragte Mies zurück.

Aber auch andere stellten sich allmählich auf neue Zeiten ein. Johannes berichtete bei einem unserer bierträchtigen Bummel durch Düsseldorfs Altstadt, daß die Schulämter angekündigt hätten, die Lehrpläne zu überarbeiten. Vertreter der Kultusministerkonferenz hatten sich bereits mit Leuten vom DDR-Volksbildungsministerium getroffen, um die Weichen zu stellen. Angeblich herrschte verblüffend großes Einvernehmen zwischen den Pädagogen in Ost und West. Ich mochte es erst nicht glauben. Aber dann schilderte Johannes, daß sich viel zu viele Lehrer nach jenen Zeiten zurücksehnten, in denen sie sich nicht pausenlos herumplagen mußten mit »aufmüpfigen und asozialen Elementen«, die ihre »pubertäre Identitätsfindung« zu Lasten der Pädagogen betrieben. In den fünfziger oder sechziger Jahren seien Lehrer Respektspersonen gewesen, heute dienten sie modernen Jungvandalen als Fußabtreter. Um ihre Autorität zurückzugewinnen, waren zahlreiche Pädagogen bereit, einen hohen Preis zu bezahlen. Auch an die SED.

Mich erstaunte es, daß nach dem Aufbruch 1968 und den politischen Auseinandersetzungen danach alte, autoritäre Strukturen nur im gesellschaftlichen Untergrund geschlummert hatten, um beim ersten politischen Paukenschlag wiedererweckt zu werden. Die Lehrer im Osten waren Respektspersonen und führten ein strenges Regiment. Im Westen war hier und da schon von der »Rückkehr der Autorität« die Rede, von guten alten Werten, die mit der deutschen Einheit aus dem Vergessen zurückgeholt werden sollten. »Die DDR war immer deutscher als der Westen, und das ist kein Nachteil«, fabulierte Baden-Württembergs Kultusminister Gerhard Mayer-Vorfelder, den manche Lehrer im Spätzleland gerne »Mayer-Vorstopper« nannten, weil er nicht nur Präsident des Fußballvereins VfB Stuttgart war, sondern auch ein unbeugsamer Deutschnationaler. Ein Zögling des an seiner braunen Vergangenheit gescheiterten Ministerpräsidenten Hans Filbinger, dem alle Ewiggestrigen den schönen Satz verdanken, daß heute nicht Unrecht sein könne, was früher Recht war.

Johannes war mit seiner Stellung am Luisen-Gymnasium in Altstadtnähe ganz zufrieden. Die meisten Kollegen und Schüler schätzten ihn. Veränderungen empfand er daher eher als Bedrohung. Aber, so machte er sich Mut, in der DDR wurde auch kein anderes Deutsch gesprochen als im Westen. Gerade in den achtziger Jahren hatte die SED das *nationale Erbe* für sich beansprucht, und viele gute Klassikerausgaben erschienen drüben. Johannes hatte schöne Ausgaben von Herder und Hesse billig erstanden, als er Verwandte in Leipzig besuchte. »Und die

Mathematik kennt keinen Klassenkampf«, tröstete er sich. »Das hat nicht einmal Herbert Hörz geschafft.«

»Wer ist Hörz?« fragte ich.

»Ach so, das weißt du natürlich nicht«, sagte Johannes mit diesem leicht mitleidigen Unterton, den ich immer bei ihm hörte, wenn er dem ungebildeten Sportredakteur etwas erklären mußte. »Hörz ist ein Philosoph in der DDR, der viel über das Verhältnis von Naturwissenschaft und Marxismus-Leninismus geschrieben hat. Kotzlangweilig, klar, aber man muß ja wissen, woran man ist.«

Axen und Rettner fühlten sich nicht gerade als Triumphatoren, als der Chauffeur, der sie am Flugplatz Tegel abgeholt hatte, vor dem Haupteingang des ZK-Gebäudes parkte. Nach der Eingangskontrolle bestiegen sie den Paternoster zur zweiten Etage, wo der engste Führungszirkel der Partei residierte. Auch dort mußten sie noch einmal ihre Hausausweise vorzeigen. Das war eigentlich lächerlich, denn jeder Wachsoldat kannte Axen und Rettner. Axen klopfte bei Elli Kelm, Honeckers Sekretärin, öffnete die Tür und sagte nur: »Wir sind wieder da.« Dann gingen sie ein paar Türen weiter und setzten sich in Axens eher karges Arbeitszimmer, mit Blick auf den ZK-Parkplatz, an den Besuchertisch, um eine Sprachregelung für Honecker zu finden. Der wartete bestimmt bereits ungeduldig auf einen ersten Bericht der Emissäre, und Axen wollte seinen Chef nicht warten lassen. Er trug im ZK nicht umsonst den Spitznamen *Kugelblitz*, denn wenn Elli Kelm Axen zum Rapport beim *Chef* rief, dann raste der kleine dicke Mann im Laufschritt rechts um die Ecke, um schnaubend vor Honeckers Vorzimmer abzubremsen, wo er wartete, bis des Generalsekretärs Vorzimmerdrachen ihm bedeutete, daß Honecker nun Zeit für ihn fand.

Axen wartete nervös auf Elli Kelms Zeichen. Er nutzte die Zeit, um eine Sprachregelung mit Rettner zu vereinbaren, die er sich schon im Flugzeug zurechtgelegt hatte. Er durfte nicht die

Unwahrheit sagen, aber er wollte die Wahrheit doch abfedern. Denn auch in der Partei waren die Überbringer schlechter Nachrichten nicht beliebt. Aber daß ausgerechnet der Homann von diesen Nationalheinis den großen Coup gelandet hatte, das war ärgerlich. Das wurmte Axen mehr als die brüske Zurückweisung durch Willy Brandt, denn mit ihr hatte er gerechnet. Er hatte Brandt schon zu SAP-Zeiten hin und wieder getroffen und ihn als prinzipienfesten Moralisten erlebt. In diesem und in anderen ähnlichen Fällen war die Taktik klar: Man mußte die reaktionären Kräfte von den fortschrittlichen trennen und sie soweit wie möglich isolieren. *Differenzierung* – das war das Gebot der Stunde, das war der strategische Schlüsselbegriff. Und wenn es politisch nicht ging, dann mußte der andere Erich eben helfen.

Rettner bestätigte, wie immer, die Einschätzungen seines Chefs. »Ja, dann sind die selber schuld, wenn sie sich gegen den historischen Fortschritt stellen. Wie sagte der Genosse Ligatschow doch so treffend auf dem letzten ZK-Plenum: ›Wer zu spät kommt, den bestraft das Leben‹ – oder der Genosse Erich Mielke.«

Axen lächelte leicht. Soviel Humor zeigte Rettner nur selten. Axen ließ sich davon anstecken und hatte gerade seinen Optimismus zurückgewonnen, als Elli Kelm die Tür einen Spaltbreit öffnete: »Der *Chef* hat jetzt Zeit.«

Axen packte seine Aktenmappe, steckte die Notizen, die er im Flugzeug begonnen und im Gespräch mit Rettner ergänzt hatte, in die Jackettasche und raste los. Als er im Gang rechts um die Ecke bog, hätte er fast seinen Mitarbeiter Manfred Uschner umgerannt, der ihm von den Toiletten her entgegenkam. Uschner wich dem *Kugelblitz* reaktionsschnell aus und ging weiter, um neugierig Rettner auszuhorchen, was sie denn in Westdeutschland erlebt hätten. Am meisten interessierte ihn, ob sein Freund Karsten sich so verhalten hatte, wie es alle im ZK von ihm erwarteten. Ob Karsten D. Voigt wußte, daß er ein Hoffnungsträger war?

Fast zittrig wartete unterdessen Axen darauf, beim *Chef* eingelassen zu werden. Er wischte sich die schweißnassen Hände am Hosenboden ab, fuhr sich durch die Haare und hoffte, daß Honecker verstehen würde, daß sie mehr nicht hatten erreichen können.

Als Elli Kelm den Westexperten des Politbüros zu Honecker vorließ, war dieser die Freundlichkeit in Person. »Hermann, wie war es? Berichte!« sagte er mit einem dünnen Lächeln.

»Herzliche Grüße von Herbert«, erwiderte Axen.

»Wie geht es ihm?«

»Er ist alt geworden, und krank ist er auch. Er wird uns nicht helfen können«, antwortete Axen, ohne sich zur Frage zu äußern, ob ein gesunder Herbert Wehner Bündnispartner der SED gewesen wäre.

»Ja, das ist schade. Ich weiß noch, welche Kraft und Unbeugsamkeit Herbert ausstrahlte, als er uns im Saarland im Auftrag des Politbüros anleitete. Aber dann war er plötzlich ein Verräter. So ganz geglaubt habe ich das ja nie.« Honecker verfiel für einige Momente in Nachdenklichkeit. »Aber laß uns über deine Reise sprechen. Was sagt Brandt, was sagen Bahr und Voigt? Das ist das wichtigste.«

»Also, Karsten ist ganz klar der beste Kopf der linken Kräfte in der SPD. Er hat erkannt, was seine Verantwortung ist. Wir sind da ja auch sonst gut auf dem laufenden.« Axen grinste in sich hinein. Hatte doch Uschner, dieser Trottel, den SPD-Mann davor gewarnt, eine Beziehung mit dieser Frau einzugehen, die jetzt als Lebensgefährtin von Voigt sogar in dessen Frankfurter Wohnung eingezogen war. »Laß deine Papiere nicht offen herumliegen«, hatte Uschner Voigt gewarnt. Aber Voigt hatte diesen Rat nicht ernst genommen. Wie gut, daß die Mitarbeiter des Genossen Mielke aufpaßten. Axen hatte sich gegenüber Mielke und Honecker ausbedungen, Uschner bei der nächsten passenden Gelegenheit zu stellen. Nicht jetzt, das würde die Zusammenarbeit mit dem Genossen Voigt stören. Es würde Uschner nicht helfen, daß Voigt zu den fortschrittlichen Kräften gezählt wurde. Verrat bleibt Verrat. Wenn Deutschland vereint war unter Führung der Partei, dann würde man mit solchen Typen abrechnen. Es gab genug Archive, die Aktenträger brauchten. Aber vielleicht sollte man mißliebige Nomenklaturkader nicht mehr in Archive abschieben wie schon so oft, sondern zu Sero, damit sie die Flaschen sortierten.

Immer dicht an der Wahrheit, aber in etwas helleren Farben schilderte Axen seinem Chef, wie sich seine anderen Gesprächspartner verhalten hatten.

Honecker zeigte sich nicht überrascht. »Ja, Hermann, es gibt viele Feinde. Die Geschichte unserer Bewegung ist auch die Geschichte der Kämpfe gegen diese Feinde. Aber vergiß nie, daß wir am Ende immer gesiegt haben. Es gibt nämlich etwas, was uns allen anderen überlegen macht: den historischen Optimismus. Als wir im Saarland gegen die fast übermächtigen Nazis kämpften, als ich in Brandenburg im Zuchthaus saß und mit dem illegalen Parteikollektiv gegen den Faschismus kämpfte, da hätte ich oft verzweifeln können. Polen, Frankreich geschlagen, die Wehrmacht stand vor Moskau. Aber die Partei hat standgehalten und gesiegt. Wir werden auch diesmal siegen, weil der Sozialismus unbesiegbar ist. Das hat die Geschichte bewiesen.«

Axen kannte die historischen Ausflüge seines Chefs schon gut. Manchmal gingen sie ihm auf die Nerven. Aber dieser biographische Exkurs hob seine Stimmung. Ob das am historischen Optimismus lag oder daran, daß er keinen Anschiß bekommen hatte, spielte keine Rolle. Der Generalsekretär ordnete immer öfter alles historisch ein, berichtete von seinem heroischen Leben und zeigte Phasen erstaunlicher Milde. Aber Axen blieb vorsichtig, er hatte schon zu oft ZK-Genossen stürzen sehen. Ackermann, Herrnstadt, Wollweber, Oelßner, Zaisser, Schirdewan, Naumann – na gut, der über seine Sauferei. Und in allen Fällen hatte der Genosse Honecker auf der richtigen Seite gestanden. An den Sturz des Genossen Ulbricht hatte der Generalsekretär seine Genossen gerade kürzlich wieder erinnert, als er sie für kurze Zeit in einem Geheimbrevier lesen ließ, in dem Dokumente gesammelt waren über die sowjetisch-deutschen Strippenziehereien mit dem Ziel, Ulbricht zu entmachten. Nein, es gab niemanden, der den Kampf gegen Abweichler und Feinde geschickter zu führen verstand als der Genosse Honecker. Axen war gewarnt.

Aber Honecker war heute in bester Laune. Lag das an Homanns großem Coup? fragte sich Axen. Diese Vorstellung drückte seine Stimmung wieder.

Honecker schüttelte leicht den Kopf und sagte mit einer Stimme, in der großes Erstaunen nachhallte: »Die Sache mit dem Dregger ist ein großer Sieg.«

Axens Laune sank ins Bodenlose. Hatte er es doch gewußt.

Honecker kostete seinen Sieg aus: »Was haben wir in den Homann nicht alles reingesteckt. Da tritt einer 1933 in die Nazipartei ein, wird Berufsoffizier und überfällt die Sowjetunion. Aber dann haben ihn die *Freunde* gefangen, ihn in die Antifaschule gesetzt, und er hat uns geholfen, die vielen kleinen Nazis einzusammeln, für den Sozialismus zu gewinnen. Unsere Feinde haben wir bekämpft, aber unsere Freunde belohnen wir. Den Homann haben wir zum Professor gemacht – die Blockfreunde freuen sich immer so über akademische Titel –, und er sitzt in der Volkskammer, im Staatsrat, im Nationalrat der Nationalen Front und im Präsidium des Friedensrats. Und nun hat der Nazi von gestern den Dregger für unsere Sache gewonnen.« Honecker mochte es selbst kaum glauben. »Überhaupt werden jetzt die Freunde im Demokratischen Block immer wichtiger. Ich werde dem Genossen Herrmann sagen, daß er seine Anleitung verstärken soll. Die befreundeten Parteien müssen im Westen mehr tun.«

Er unterbrach seinen Monolog, dachte kurz nach und gab dann Axen die Weisung: »Mach mir für nächsten Dienstag einen Bericht. Wir werden darüber beraten. Und mach Vorschläge, wie wir die Differenzierung in den Westparteien vorantreiben können. Du hast recht, Differenzierung ist unsere Strategie. Aber das Entscheidende sind die Sozialdemokraten. Es ist wie 1933. Wenn wir die Sozialdemokraten nicht für uns gewinnen ...« Honecker unterbrach sich und schaute lange Sekunden aus dem Fenster auf den Werderschen Markt. Dann wandte er sich wieder Axen zu, nickte kurz und sagte: »Mach für das Politbüro eine Beschlußvorlage. Schaffst du den Entwurf bis Montag mittag?«

»Selbstverständlich, Genosse Honecker«, beeilte sich Axen, seinem Chef zu folgen. Sie würden bis Montag den Entwurf fertig haben, dann die Korrekturen des Generalsekretärs einarbeiten und die Beschlußvorlage Montag abend den anderen Genossen vom Politbüro vorlegen. Dienstags um zehn Uhr am Vormittag tagte das Politbüro.

Axen konnte das Wochenende streichen. Aber heute war der Kelch an ihm vorbeigegangen. Kein Wort der Kritik hatte er hören müssen. Aber ob das am Montag genauso sein würde? Axen war unwohl.

V.

Eines Morgens im denkwürdigen Frühsommer 1989 las ich in der »RP«, daß coop und die DDR-Handelsorganisation (HO) eine Fusion anstrebten. Aber auch Edeka, Spar, Penny, Kaiser's Kaffee und andere Ketten drängte es zu Gesprächen, in deren Mittelpunkt »die Sicherung eines reichhaltigen Nahrungs- und Lebensmittelangebots der werktätigen Bevölkerung in ganz Deutschland steht«, wie eine HO-Verlautbarung erklärte. Das war mir rätselhaft. Hatten wir nicht all die Jahre geradezu überbordende Regale in den Geschäften gehabt? Wurden nicht Tag für Tag Gemüse, Fleisch, Backwaren, Textilien tonnenweise vernichtet, weil sich keine Käufer fanden?

Statt Antworten auf solche Fragen fand ich im Edekaladen an der Ecke, in dem ich meist einkaufte, viele neue Waren im Angebot: Berliner Pilsner, mit Sucrosin gesüßtes Diabetiker-Vollbier, Club Cola, Selterswasser, Bitter Lemon und Astoria-Brause vom VEB Getränkekombinat Berlin; Mischgemüsemischung in Dosen, Gewürzgurken, Rosenkohl und Rotkohl vom VEB Ogema Oebisfelde; Traubensaft, Sauerkirsch- und Johannisbeer-Süßmost sowie Apfelgetränk vom VE Kelterei- und Konserven-Kombinat Werk Lockwitzgrund in Dresden; diverse Marmeladesorten vom Verarbeitungskombinat der Wirtschaftsvereinigung Obst, Gemüse und Speisekartoffeln Bezirk Frankfurt (Oder); Apfelmark und Birnenkompott vom VEB Havelland; Mekaha-Champignon-Käsecreme vom VEB Mecklenburger Käsewerk Hangenow oder Fleischklopse ohne Semmel vom Konsum Fleischwaren- und Feinkostwerk Berlin.

Eines Tages, als ich gerade zögerlich eine Flasche Bärensiegel Klarer betrachtete und mich fragte, ob ich diesen mir gänzlich unbekannten Korn einmal ausprobieren sollte, tippte jemand von hinten auf meine Schulter. Als ich mich umdrehte, blickte ich in das hübsche Gesicht von Verena. Gleich faszinierte mich wieder ihre zarte Nase, die ein klein wenig nach oben zeigte. Verena war meine letzte Beziehung gewesen, aber das war nun auch schon ein gutes Jahr her. Sie hatte nach wenigen Monaten mit mir einen anderen Mann gefunden, den sie offenbar aufregender fand als mich. Irgendwie hatte ich dafür sogar Verständnis. Aber jetzt, da sie mit ihrem blonden Pagenkopf über strahlend blauen Augen vor mir stand, verführerisch wie eh und je, da bedauerte ich es doch, daß es mit uns schiefgegangen war. »Na du«, sagte sie nur, und mir lief ein kleiner Schauder den Rücken hinunter.

Wir verabredeten uns für den Abend in der Gaststätte »Rheinpark«, nahe dem Econ Verlag, für den Verena als Lektorin in der Wirtschaftsabteilung arbeitete. Sie hatte, als wir zusammen waren, zwar pausenlos über Chefs und Kollegen geschimpft, aber ich hatte doch den Eindruck, daß sie gerne zur Arbeit ging. Ich erinnere mich noch an ihren direkten Vorgesetzten, einen Herrn mit dem seltsamen Namen Hut, der sich Besuchern gerne mit dem Bonmot »Hut, so wie Stock« vorstellte.

Ich war zu früh im »Rheinpark«. Um mir Mut zu machen, trank ich einen doppelten Lunikoff. »Den haben wir jetzt neu im Angebot. Kommt aus der DDR«, sagte der Kneipier fröhlich, als hätte er auf diesen Wodka schon jahrelang gewartet. Er schmeckte gar nicht übel.

Verena erschien mit leichter Verspätung und war ziemlich aufgeregt. Also hatte sich auch daran nichts geändert, sie regte sich gerne auf. »Weißt du, was passiert ist?« fragte sie mit leicht schriller Stimme, kaum hatte sie sich grußlos mir gegenüber hingesetzt. Woher sollte ich das wissen?

»Also, der Held hat doch tatsächlich angeordnet, daß wir kein Buch über den Mittag machen.«

Held war der Geschäftsführer der Econ Verlagsgruppe. Verena hatte mir früher einiges über ihn erzählt, so etwa, daß ihr Boß gerne den Visionär gebe und das Büchermachen neu erfinden wolle. Er ging seinen Mitarbeitern ziemlich auf die Nerven. Und nun hatte er also verhindert, daß irgendein Buch über den Wirtschaftslenker der DDR erschien. Von Günter Mittag hatte ich schon einiges gehört und gelesen. Er wurde in den Wirtschaftsseiten gerne als der führende »Ökonomieexperte des Sozialismus« gefeiert. Er habe die DDR-Ökonomie durch »sozialistische Großkonzerne« modernisiert. Außerdem sei Mittag viel in den Westen gereist und kenne die wirtschaftlichen Verhältnisse in Westeuropa gut.

Nun durfte bei Econ also kein Buch über ihn erscheinen. Na und? Wie viele Manuskripte lehnen die Lektoren von Econ wohl Jahr für Jahr ab, Hunderte, Tausende? Verena aber klärte mich nun darüber auf, daß es sich nicht um irgendein Buch handle. Vielmehr sei im Verlag auf verschlungenen Wegen das Manuskript eines ZK-Mitarbeiters aufgetaucht mit dem vielsagenden Arbeitstitel »Wie Günter Mittag die DDR ruinierte«. Der Autor wolle seinen Namen nicht nennen und das Buch anonym veröffentlichen lassen.

»Und woher wißt ihr, daß es den Autor überhaupt gibt und sich da nicht jemand einen Spaß mit euch erlaubt?«

»Erstens kann der Inhalt nur von jemandem stammen, der in leitender Position im Wirtschaftsapparat des ZK sitzt. Wir haben zwei Gutachter, DDR-Wirtschaftsexperten, um ihr Urteil gebeten, und die sagen, das sei ein ganz heißes Eisen. Zweitens spricht auch der Weg, auf dem das Manuskript zum Verlag gekommen ist, dafür, daß es echt ist. Ich kann dir dazu nichts Genaueres erzählen, aber ein Verleger in Ostberlin ist mit seinen Bossen offenbar nicht glücklich, Mittag scheint er geradezu zu hassen, und der Verleger hat auf einer Westreise das Manuskript auf Helds Schreibtisch liegengelassen. Seine einzige Erklärung war: ›Das ist ein Buch wie das vom Bahro.‹ Das Manuskript ist inzwischen gesetzt, und auch sonst ist alles klar. Es sollte schon Anfang des Jahres erscheinen, aber dann hat Held die Auslieferung immer weiter verschoben. Und nun ist es aus dem Programm geflogen.«

»Warum?«

»Held sagt, er habe inzwischen Informationen erhalten, daß uns das Ding von irgendeinem Geheimdienst untergejubelt worden sei. Wenn man seine Andeutungen ernst nimmt, dann vielleicht sogar von der CIA oder wenigstens von BND-Leuten, die keinen Bock auf die Einheit haben.«

»Ja, und? So ein Buch würde ich auch nicht verlegen ...«

»... aber wenn es gar nicht stimmt? Wenn er sich die Geheimdienstkiste hat einfallen lassen, um das Buch loszuwerden? Was ist dann?«

»Na ja, wär' immerhin eine witzige Idee«, warf ich ein, um mir gleich einen nur wenig gezügelten Wutausbruch einzuhandeln. Ich sei schon immer windelweich gewesen, kein Mumm, immer Kompromisse und immer Verständnis für die falschen Leute. Ich zog den Kopf ein und wartete darauf, daß der Orkan an Kraft verlor. Die Leute im Lokal begannen tuschelnd zu unserem Tisch in der Ecke zu blicken. Mir war es ein bißchen peinlich, aber Verena scherte sich einen Dreck darum.

Nachdem sie sich ein wenig beruhigt hatte, versuchte sie, mir die Sache zu erklären: »Erstens gibt es da ein juristisches Problem. Wir haben nämlich einen Vertrag mit dem Autor abgeschlossen, zwar über einen Mittelsmann, besagten ostdeutschen Verleger, aber Vertrag ist Vertrag. Zweitens haben wir das Buch bereits öffentlich angekündigt. Als Held Ende vergangenen Jahres den Vertrag unterzeichnet hatte, war er sich nicht zu blöde, von einem ›Buch, das die DDR erschüttern wird‹ herumzuposaunen. Ein paar tausend Buchhändler und Hunderte von Rezensenten haben das Buch daraufhin bestellt. Wenn wir es nicht ausliefern, stehen wir saublöd da. Und mal abgesehen von diesen und anderen Dingen, ich mache mich nicht gerne lächerlich. Nun wollen natürlich alle wissen, warum wir das Buch doch nicht bringen.«

Verena rastete gerne mal aus, wenn sie sich ungerecht behandelt fühlte. Daran hatte ich mich dereinst einigermaßen gewöhnt. Man mußte nur abwarten, bis die heiße Phase abgeklungen war, dann war sie wieder zugänglich. Aber allmählich begriff ich, daß es sich nicht um einen der üblichen Wutausbrüche handelte. Verena war tief getroffen. Jeder im Verlag wußte, ohne es aber beweisen zu können, daß der Geschäftsführer gelogen hatte. Die ganze Geheimdienstgeschichte war ein auf Sensation getrimmter Quatsch. Es hatte immer mal wieder Streit im Verlag gegeben, das fand keiner sonderlich schlimm. Aber nun war die Glaubwürdigkeit der Geschäftsführung dahin, und das war schlimm. Natürlich leugnete Held, daß seine Entscheidung durch äußeren Druck zustande gekommen war, aber niemand im Verlag nahm ihm das ab. Dabei wäre es ja übel genug gewesen, wenn der Geschäftsführer dieses Buch nicht mehr verlegen wollte, weil er für seinen Verlag oder nur für sich Bedrohliches von finsteren Kräften ahnte, wenn er den zweitmächtigsten Mann der DDR anging. Verena und ihre Kollegen glaubten an eine Verschwörung von einflußreichen politischen Kreisen, die das deutsch-deutsche Rendezvous nicht gestört sehen wollten. Diese Vorstellung hatte den Vorzug, daß Held als nicht ganz so feig dastand. Wenn er aber nur log, um sich vor öffentlicher Kritik zu schützen, dann war er im Verlag der Verachtung preisgegeben.

Es dauerte ein bißchen, bis Verena sich auf die Möglichkeit einließ, daß ich doch recht haben könnte, daß es gar keiner finsteren Intriganten bedurfte, um sich zu erklären, warum Held eingeknickt war. Meine These war: »Der Held hat einfach Schiß vor dem, was mit der deutschen Einheit auf uns zukommt. Der möchte später nicht als der beschimpft werden, der Deutschlands großen Wirtschaftslenker angepinkelt hat. Das ist alles. So billig ist die Welt.«

»Aber beweisen kannst du das auch nicht«, sagte Verena mit leicht trotzigem Unterton.

»Natürlich nicht, aber wenn ich mit Intrigen und solchen Dingen zu tun habe, dann halte ich mich an Ockhams Rasiermesser ...«

»An was?

»Na, das sollte eine Lektorin aber wissen«, frotzelte ich, und sie zog gleich die Unterlippe tiefer. Bevor eine neue Sturmwelle über mich hinwegtobte, fuhr ich schnell fort: »Wilhelm von Ockham war ein Mönch und Philosoph im 14. Jahrhundert. Wenn einer herkommt mit toll verwickelten Geschichten, Verschwörungen und außerirdischen Erklärungen, dann schnippelt das Rasiermesser alles ab, was überflüssig ist. Anders gesagt, einfache Denkmodelle treffen eher zu als umständliche. In eurem Fall heißt das: Man braucht keine höheren Mächte zu beschwören, denen der arme Held zum Opfer zu fallen droht. Es genügt wahrscheinlich Handgreifliches, um sein Verhalten zu erklären. Und kennst du etwas Handgreiflicheres als einen Dienstwagen?«

Verena war mir nicht gerade dankbar für diese Belehrung. Das war sie noch nie gewesen. Sie gehörte zu jenen, die gerne verständnisinnig nickten, wenn jemand etwas erzählte, von dem sie keine Ahnung hatten. Etwas nicht zu wissen war ihr eine Qual. Es zuzugeben hätte in ihren Augen bedeutet, sich freiwillig an den Pranger zu stellen. Aber auch wenn Verena jetzt genervt war, weil ich so unrecht offenbar nicht hatte, so war ich mir doch sicher, daß sie morgen im Verlag meine Interpretation sofort zum Besten geben würde. Natürlich ohne die Quelle zu nennen.

Hermann Axen kehrte nachdenklich in sein Arbeitszimmer zurück. Dort wartete Rettner auf ihn, vertieft in den Entwurf des Berichts von ihrer Westreise. »Du mußt die *Differenzierung* umfassend hineinbringen, der Genosse Honecker erwartet das«, sagte Axen, kaum daß er die Tür hinter sich geschlossen hatte.

Rettner kannte seinen Chef schon zu lange, um nicht wahrzunehmen, daß ihr Mißerfolg eigentlich gar keiner war. Sie waren mit besten Absichten nach Bonn gefahren, aber bis auf Voigt und Wehner hatten sie auf Granit gebissen, und in einem Fall auf zähes Weichgummi. Was hatte Bahr vor?

Rettner machte sich gleich daran, die taktische Vorgabe umzusetzen. Er ging in sein Arbeitszimmer und beschrieb Seite um Seite. Manchmal griff er ins Buchregal, um nachzuschlagen, was die Geschichte der kommunistischen Bewegung an Erfahrungen bereithielt. »Auf die Sozialdemokraten kommt es an«, hatte Axen Rettner noch mit auf den Weg gegeben. »Aber wir müssen den Sozialdemokratismus bekämpfen.« Rettner nahm ein schmales Bändchen aus dem Regal hinter seinem Schreibtisch: »Weg und Ziel der DKP« vom Parteivorsitzenden Herbert Mies und dem Chefideologen Willi Gerns. Aber nach kurzem Blättern legte er das Buch wieder weg. Das hatten ja sowieso die Genossen vom Institut für Marxismus-Leninismus ausgearbeitet, das mußte er nicht mehr lesen. Überhaupt blickte Rettner mit Verwunderung und ein wenig Verachtung auf die westdeutschen Kommunisten. Was hatte man nicht alles für sie getan, Millionen an kostbaren Devisen waren an Mies und Genossen geflossen. Und was ist dabei herausgekommen? DKP-Ratsfraktionen in Marburg, Bottrop, Tübingen und noch hier und da etwas. Aber das war schon alles. Und doch würden sie die Genossen im Westen jetzt brauchen. Und in seinem Entwurf mußte er vorschlagen, was sie zu tun hätten.

Rettners Blick streifte über die Buchrücken auf den Regalbrettern. Hier, links oben, hatte dereinst in rotem Einband die »Bibel« gestanden, Stalins »Kurzer Lehrgang der Geschichte der Kommunistischen Partei der Sowjetunion (Bolschewiki)«. Früher hätte er in dieses Buch geschaut und gleich ein paar Anleitungen gefunden, wie man mit Bündnispartnern, vor allem aber mit Abweichlern umging. Daran hatte sich ja nichts geändert: Der Bündnispartner von heute war der Volksfeind von morgen, und der Volksfeind von gestern war der Bündnispartner von heute. So war die Dialektik der marxistisch-leninistischen Strategie. Die Feinde würden das wohl nie begreifen. Viele Freunde aber auch nicht. Aber diese Dialektik machte die Überlegenheit der wissenschaftlichen Weltanschauung aus, wie sie nur die Kommunisten hatten.

In der »Prawda« war unlängst an prominenter Stelle ein Artikel erschienen, in dem kritisiert wurde, daß nach dem XX. Parteitag der Sowjetunion 1956 Stalins »Kurzer Lehrgang« einfach aus dem Verkehr gezogen worden war. »Stalin war kein Gott – der Marxismus-Leninismus kennt keine Götter –, aber er war einer der bedeutendsten Parteiführer und Theoretiker in der Geschichte der kommunistischen Weltbewegung. Gewiß, man darf seine Lehren nicht schematisch auf unsere heutige Zeit übertragen. Aber man darf sie auch nicht ignorieren«, schrieb der sowjetische Parteiideologe Michail A. Aleinikow. Ja, ja, der Genosse Michail Andrejewitsch hatte mal wieder recht. Er hätte den »Kurzen Lehrgang« 1956 nicht wegwerfen sollen, ärgerte sich Rettner.

Sein Blick blieb an einem unscheinbaren weißen Rücken hängen. Ein billig gebundenes Buch mit dem unscheinbaren Titel »Von der Entwicklung der tschechoslowakischen Volkswirtschaft«. Das war ein Sammelband mit Beiträgen von einem Symposium in Prag im April und Mai 1973. Das Zentralkomitee der tschechoslowakischen Kommunisten und die Genossen der Zeitschrift der kommunistischen Weltbewegung – »Probleme des Friedens und des Sozialismus« – werteten in dem Buch die Konterrevolution von 1968 aus, die die Imperialisten als »Prager Frühling« begrüßt hatten. Rettner erinnerte sich gut an diese Zeit der Aufregung. Auch in der DDR hatte es Feinde gegeben, die behaupteten, daß der Sozialismus noch kein »menschliches Antlitz« habe. Manche schwafelten sogar von einem »dritten Weg zwischen Kapitalismus und Staatssozialismus«. Dieser »dritte Weg« war nichts anderes als der »demokratische Sozialismus« der SPD.

Das Zentralkomitee hatte schon 1968 eingeschätzt, daß es in Prag nicht um Sozialismus, sondern um Sozialdemokratismus gegangen sei: Aufhebung der Planung, freier Markt, Selbstverwaltung der Betriebe, freie Gewerkschaften, also kurz und schlecht: »Marktsozialismus«. Das ist ungefähr so, als heirate die Jungfrau Maria den Teufel. Komisch, daß ihm immer wieder diese biblischen Bilder ins Hirn kamen. Aber ihre Aufgabe war ja auch von biblischem Format.

Und nun sollte also seine Partei, die SED, den Teufel heiraten. Rettner machte sich keine Illusionen über den Zustand der SPD. Der rechte Flügel der Partei ist kapitalistisch, der linke Flügel weiß nicht, was Sozialismus ist, und das Zentrum eiert zwischen den Strömungen hin und her. Nur wenige waren zu finden, die den großartigen Aufbau des Sozialismus in der DDR anerkannten. Es hatte Rettner immer gefreut, wenn etwa Karsten Voigt bei seinen zahlreichen Besuchen in der Republik die großen Fortschritte lobte. Karsten gehörte zu den wenigen, die einen klaren Blick hatten. Schade, daß es nicht mehr solcher Genossen gab.

Aber so trübselig sich die Lage auch darstellte, Rettner fand Anknüpfungspunkte mit allen Lagern in der SPD. Mit den Rechten sollte man über die nationale Frage und Ordnungspolitik sprechen, mit den Linken über den Frieden und die Aggressivität des USA-Imperialismus und mit dem Zentrum über all dieses. Gleichzeitig mußte man politischen und militärischen Druck entwickeln, um zu zeigen, daß es keinen Weg zurück geben konnte. *Pacta sunt servanda*, Verträge müssen eingehalten werden. Was hätte Franz Josef Strauß heute getan? Schade, daß er tot ist. Er hatte ein ganz eigenes Gespür für Macht und machtpolitische Realitäten. Aber er hatte auch ein inniges Verhältnis zu konvertierbarer Währung.

Was die bürgerlichen Parteien anging, so mußte man sie durch Verlockung und Bedrohung auf Kurs bringen. Wir müssen es so machen wie nach dem Krieg und den Feinden die Luft nehmen.

Mit den Grünen war kaum zu reden. Gut, da gab es die wenigen, die aus dem Kommunistischen Bund stammten. Die waren schon angesprochen worden von den Genossen der DKP. Aber die große grüne Mehrheit waren Feinde, sie arbeiteten zusammen mit den Diversanten in Berlin, Leipzig, Dresden und Jena.

Und dann ersann Rettner einen taktischen Kniff, auf den er sich um so mehr einbildete, je länger er darüber nachdachte: Wenn wir das erste Feuer auf die Grünen richten, werden die anderen Parteien sich vielleicht öffentlich davon distanzieren. Aber sie werden es in Wahrheit genießen. Die Grünen sind die Paria unter den Westparteien. Für CDU und CSU sind sie verkappte Kommunisten – »Schön wär's«, grinste Rettner –, für die Sozialdemokraten sind sie Verräter, und für die Liberalen sind sie die gefährlichste Bedrohung für die Verwertungsbedingungen des Kapitals seit Karl Marx. Und wenn wir unter dem eher stillen Beifall der anderen Bonner Parteien mit den Grünen fertig sind, dann haben wir den wichtigsten Schritt schon geschafft: Wir haben Gewalt angewendet und die anderen darin verstrickt. Wenn auch nur indirekt, aber das würde reichen.

Und als Krönung – warum begreift niemand, daß Strategie Kunst ist? – verfiel Rettner auf die Idee, die DKP sichtbar kurzzuhalten, während man die Grünen bekämpfte. Man müßte natürlich Herbert Mies vorher Bescheid sagen. Aber es wäre doch furios, wenn man die Kommunisten im Westen öffentlich zur Mäßigung aufforderte. Wir besiegen die grünen Feinde und deckeln gleichzeitig die eigenen Genossen: Würden die bürgerlichen Parteien das Signal verstehen? Bestimmt. Wenigstens einige ihrer Mitglieder würden glauben, wir wollten Ordnung schaffen, aber die großen Parteien nicht antasten. Wenn wir CDU, CSU und FDP wenigstens in Teilen dazu bringen können, diese Politik zu begrüßen, dann haben wir fast schon gewonnen. Ordnung schaffen, das wollen doch nicht nur wir.

Rettners Laune stieg. Er hatte einen Plan im Kopf, der den Genossen im Politbüro gefallen würde. Jedenfalls würde er eine gute Grundlage für die Strategie der Partei abgeben. Im Westen hätten sie für so ein Unternehmen zig Arbeitsgruppen eingesetzt, und es wäre nichts dabei herausgekommen. Wir Kommunisten aber können auf die reichen Erfahrungen unserer Kämpfe zurückgreifen. Wir haben die Besten im Zentralkomitee, vor allem im Politbüro und im Sekretariat, versammelt. Alle strategischen und taktischen Manöver, die uns die Gegenwart abverlangt, haben wir gewissermaßen schon geübt und verfeinert. Es sind immer die gleichen Feinde, und unsere Strategie und Taktik haben Marx, Engels und Lenin – ja, auch Stalin – begründet, die größten Genies der Weltgeschichte. »Der Marxismus-Leninismus ist unbesiegbar, weil er wahr ist.« Manche, die das lasen, lächelten; »Proletenkitsch« hatte mal ein ganz kluger Genosse dazu gesagt. Rettner aber spürte den Atem der Geschichte, als ihm dieser Satz jetzt einfiel. Ja, wir werden siegen. Kein Zweifel ist möglich.

Karl-Otto Meisnitz schnaufte schwer, als er ins Gran-Café am Limmatquai hinkte; seit einem schweren Autounfall auf dem Müggelseedamm in Berlin-Friedrichshagen irgendwann in den achtziger Jahren war das linke Bein vier Zentimeter kürzer als das rechte. Leicht schwitzend setzte er seinen mächtigen Körper auf den Stuhl mir gegenüber. Es war eines unserer letzten Gespräche, aber das wußten wir natürlich nicht. Meisnitz schaute mich durch seine dicken Brillengläser an und verriet mir ein Geheimnis: »Weißt du, wer das Buch über den Mittag geschrieben hat?« Wir waren inzwischen zum Du übergegangen.

»Nein, woher? War wohl doch irgendein Geheimdienst?«

Nach unserem Gespräch über das geheimnisvolle Buchprojekt, das Econ-Geschäftsführer Held aus dubiosen Gründen abgelehnt hatte, war die Verbindung zu Verena nicht mehr abgebrochen. Vielleicht war der aufregende Mann, wegen dem sie mich verlassen hatte, doch nicht so aufregend. Jedenfalls erwähnte sie ihn und auch unsere Trennung mit keinem Wort. Ich hätte mich, vorsichtig gesagt, nicht dagegen gewehrt, die Beziehung mit ihr wiederaufzunehmen. Aber nichts trieb mich, etwas dafür zu tun. Ich freute mich, wenn das Telefon klingelte und wir miteinander redeten, genauer gesagt, sie redete, und ich hörte zu. Nach der anfänglichen Aufregung hatte sie sich offenbar damit abgefunden, daß das Mittag-Projekt beerdigt war. Und sie schien nun sogar die Gründe, die dafür genannt wurden, ernst zu nehmen.

Was sie mir von der Entwicklung ihres Verlags berichtete, ähnelte den Zuständen, die ich mittlerweile in unserer Redaktion erlebte. Schneller, als ich es mir hätte vorstellen können, begann die große Anbiederung an die ja immer noch fernen neuen Herren. Wenn der Umbruch kam, dann wollten viele guten Gewissens sagen können, daß sie die Einheit befürwortet hatten. Die deutsche Vereinigung erschien unausweichlich, und es war noch nie gesund, mit dem Kopf gegen die Wand zu rennen.

Der Econ Verlag hatte sein Buchprogramm in Windeseile renoviert. Die Geschäftsleitung erstand von DDR-Verlagen Lizenzen von Titeln, bei denen weniger der Inhalt interessierte als vielmehr die Tatsache, daß diese Bücher die Programmvorschau auf den ersten Seiten zierten. In seinem Editorial schrieb Cheflektor Lutz Dursthoff von einem »Signal des guten Willens« und von der »Freude an der deutschen Einheit«. Der Verlag wolle seinen Lesern die Möglichkeit geben, »wichtige Sachbücher aus der Deutschen Demokratischen Republik kennenzulernen«. »Viel zu viele literarische Schätze sind uns vorenthalten worden. Antikommunismus macht dumm.«

Verena wurde es offenbar zu dumm. Irgendwann rief sie nicht mehr an. Meine Versuche, sie zu erreichen, scheiterten. Nachdem die Einheitsfeiern beendet waren, erhielt ich eine Ansichtskarte aus Paris: »Tut mir leid, ich habe es nicht mehr ausgehalten. Lieben Gruß, Verena.« Ich hätte gerne gewußt, was sie nicht mehr ausgehalten hat. Vielleicht verrät sie es mir eines Tages.

»Weißt du, wer der Autor war?« wiederholte Meisnitz, und es nervte mich. Warum mußten sich manche Menschen so wichtig tun. Was wird er schon zu sagen haben? War's doch die Stasi, aus irgendeinem ganz unbegreiflichen Grund?

»Ich hab's geschrieben«, beantwortete Meisnitz die eigene Frage.

Ich war sprachlos. Gut, daß ich meine Kaffeetasse nicht in der Hand hielt, ich hätte sie mir über die Hose gekippt.

»Du?!« Mehr kriegte ich nicht heraus.

»Ja, guck mich nicht so blöd an.«

Und dann erzählte Meisnitz, wie er unter Mittags schikanösem Arbeitsstil gelitten hatte. Aus Wut und ohne etwas zu planen, fing er an Material zu sammeln. Er nahm Akten mit nach Hause und schrieb die wichtigsten Passagen und Daten ab, um die Materialien dann wieder in seinem Panzerschrank im ZK zu deponieren. Seine Wut auf Mittag war größer als seine Angst, erwischt zu werden. Es ergab sich fast von selbst, daß er begann, seine Erlebnisse aufzuschreiben. Irgendwann war ein Rohmanuskript fertig, und er fragte sich, was er damit anstellen solle. Er bat einen alten Freund, Chef des transpress Verlags in Ostberlin, um Rat. Der hatte gute Kontakte zu Westverlagen, und weil auch er unter Mittags Diktatorengehabe litt, vereinbarten die beiden, daß sie das Manuskript einem Verlag in Westdeutschland anbieten würden. Der Verlag war schnell gefunden. Aber dann weigerte sich der Econ Verlag, das Buch herauszubringen.

»Die hatten Angst davor, daß ihnen nach der Einheit ein Strick daraus gedreht würde. Der Geschäftsführer, Held, glaube ich, hieß er, fürchtete um die Existenz der Firma. Wir haben keinen anderen Verlag gefunden. Und das Manuskript konnte ich nicht mitnehmen auf meine Dienstreise nach Wien. So ist es in Berlin geblieben. Ich habe es in meinem Garten in Erkner vergraben. Und da werden es irgendwann die Mäuse fressen.«

Die Politbürositzung begann pünktlich um zehn Uhr am Vormittag. Rettner und Axen hatten am Wochenende die Beschlußvorlage fertiggestellt, und Honecker hatte sie am Montag mit minimalen Änderungen akzeptiert. Erst danach erhielten die anderen Politbüromitglieder die Vorlage. Nun war das Politbüro am Zug, das höchste Beschlußorgan der Partei. Eigentlich war das Politbüro dem Zentralkomitee verantwortlich und dieses dem Parteitag. So stand es im SED-Statut. Aber kommunistische Parteien werden geführt wie Armeen, und der Oberbefehlshaber bestimmt, was alle anderen zu tun haben. Der Oberbefehlshaber war damals Honecker. Wenn er auf ein Papier, etwa eine Eingabe, eine Beschlußvorlage oder ein Protokoll, sein »Einverstanden, E. H.« schrieb, dann verwandelte sich dieses Papier in ein Gesetz.

Honecker eröffnete die Sitzung mit salbungsvollen Worten über ihre Bedeutung. Dann leitete er über zum Tagesordnungspunkt 2: »Der Kampf um die deutsche Einheit«: »Genossen, wir haben die Lage analysiert, und wir müssen nun zu Festlegungen kommen. Der Genosse Axen hat das Wort.«

Hermann Axen: »Genossen, unter Anleitung des Genossen Honecker haben wir eine Analyse und einen Plan erarbeitet. Die Beschlußvorlage habt ihr gestern abend erhalten ...«

»... ein bißchen spät«, brummte Alfred Neumann.

Axen kümmerte sich nicht um den Einwurf und fuhr fort: »Die Partei steht vor einer neuen historischen Bewährungsprobe. Unsere Sozialistische Einheitspartei hat vielen Stürmen getrotzt, und wir werden auch diese weltgeschichtliche Herausforderung bestehen, wenn wir einheitlich und geschlossen vorgehen und die Erfahrungen von Marx, Engels und Lenin schöpferisch anwenden.

Der Genosse Honecker hat vor einiger Zeit erklärt, daß der Sozialismus auch um die BRD keinen Bogen machen werde. Da haben viele gelacht, nicht nur im nichtsozialistischen Ausland, sondern auch bei uns. Aber alle, die da gelacht haben, haben die

Dialektik der Revolution nicht begriffen. Dafür werden sie jetzt bestraft ...«

Einige klatschten. Beifall gab es auf Politbürositzungen sonst nie. Aber dies war keine gewöhnliche Sitzung. Honecker lächelte freundlich. Er wußte wohl, daß gemunkelt wurde, der Generalsekretär möge abtreten, er sei alt und halsstarrig geworden. Honecker aber fühlte sich jung wie in Wiebelskirchener Zeiten. Er ertappte sich dabei, daß er fast »Wenn wir schreiten Seit an Seit« angestimmt hätte. Aber Axens Vortrag war noch besser als die Klänge einer Schalmeienkapelle.

Axen legte seine Angst ab und fuhr fort: »Ihr wißt, Genossen, daß der Sozialismus in unserer Republik doch einige Jahre brauchte, um zu reifen. Wenn wir heute mit dem Genossen Honecker von einem ›entwickelten Sozialismus‹ sprechen können, so vergessen wir doch nicht die Mühen, die am Anfang standen: der scharfe Kampf gegen Konterrevolutionäre, Saboteure und Diversanten, als wir gemeinsam mit allen friedliebenden Kräften in unserem Volk daran gingen, die antifaschistisch-demokratische Ordnung zu erkämpfen. Ganz vorne stand damals die deutsche Jugend, unsere FDJ unter Leitung des Genossen Honecker.

1952 beschlossen wir auf unserer 2. Parteikonferenz den Aufbau des Sozialismus, und ein Jahr später, im Juni 1953, verteidigten wir unseren jungen Staat der Arbeiter und Bauern gegen den Ansturm der Konterrevolution. Ihr wißt bestimmt noch, wie entschieden der Genosse Honecker schon eine Woche später im VEB Lokomotivbau ›Karl Marx‹ in Babelsberg die Hintermänner des imperialistischen Putschversuchs entlarvte.«

Beifälliges Nicken. Die Genossen hatten schon ganz vergessen, daß Politbüro und ZK vor den Demonstranten in den Schoß der *Freunde* geflüchtet waren und erst wieder in der Öffentlichkeit auftauchten, als deren Panzer den Aufstand niedergewalzt hatten.

Axen, ermutigt durch den ungewohnten Zuspruch, steigerte sich auf ungeahnte rhetorische Höhen: »Und, Genossen, denkt an 1961, als wir unter Anleitung des Genossen Honecker den Imperialisten einen Strich durch die Rechnung machten mit dem antifaschistischen Schutzwall. Damit haben wir den Weltfrieden gerettet und einmal mehr bewiesen, daß der Sozialismus eine zutiefst humanistische Gesellschaftsordnung ist. Am 13. August haben wir einen Markstein des friedlichen Aufbaus gesetzt. Seitdem haben wir in der Innen- und in der Außenpolitik Frieden gesät, und die Ernte fahren wir jetzt ein ...«

»Großartig«, entfuhr es Erich Mielke. Er hatte Axen wegen seiner zahlreichen Westkontakte immer etwas mißtraut. Aber diese Rede, wirklich beeindruckend.

Axen senkte seine Stimme, als gelte es, seine Genossen in ein Geheimnis einzuweihen: »Genossen, wir müssen hart und konsequent sein, aber auch listig und verschlagen. Denkt daran, wie klug der Genosse Lenin die Oktoberrevolution führte, wie geschickt der Genosse Stalin die Nazis 1939 in die Irre führte, als er mit ihnen einen Pakt schloß, um sie dann zu vernichten. Denkt daran, wie geschickt unsere Partei nach dem Krieg ihre Aktionseinheits- und Bündnispolitik entwickelte. Wir dürfen keine linken und keine rechten Abweichungen zulassen, wir müssen eine Zeitlang Zugeständnisse machen und Kompromisse schließen, wir müssen überall Bündnispartner sammeln und die Feinde der Einheit isolieren. Wir setzen auf einen friedlichen Übergang, werden aber nicht zögern, Gewalt einzusetzen, um den Frieden zu erhalten. Aber ideologische Klarheit ist das Fundament ...«

Kurt Hager nickte leicht. Er war immer noch gekränkt, daß er nicht einbezogen worden war in die Vorbereitung dieser epochalen Politbürositzung, zumal ja sein Ressort, die Ideologie, berührt wurde. Aber er mußte doch anerkennen, daß der Genosse Axen in Bestform war. Ob er sich vom Arzt des Politbüros eine höhere Dosis Geriatric hatte verabreichen lassen? Hager tröstete sich mit der Erkenntnis, daß außer den Genossen Honecker und Mielke sowieso niemand die gesamte Lage überblickte. Aber er hätte doch zu gerne gewußt, was die beiden Erichs nach den Politbürositzungen zu bereden hatten. Stundenlang hockten sie beieinander, und wenn man Erich Mielke danach in der zweiten Etage über den Gang huschen sah, guckte er noch ernster als sonst. Offenbar standen die Genossen von der Staatssicherheit unter Streß. Sie mußten helfen bei der *Differenzierung*.

Auf die *Differenzierung* kam nun Axen zu sprechen: »Der Sozialismus dient dem Wohle aller Menschen, sieht man mal von den Kapitalisten ab, vor allem den Großkapitalisten. Aber im ideologischen Krieg – und um einen Krieg handelt es sich, Genossen – hat das Kapital starke Verbündete, politische Parteien, Unternehmerverbände, Stiftungen, Vereine usw. usf. Allerdings gibt es in allen Parteien, ja, sogar in der NPD, verwirrte Menschen, die wir für uns gewinnen müssen. Der Antikommunismus, vor allem der Antisowjetismus, hat verheerende Schäden angerichtet, auch in der Arbeiterklasse der BRD. Das liegt vor allem an der verhängnisvollen Rolle der SPD-Führung. Wir haben in den letzten Jahren eine geschickte Taktik angewendet. Wir haben die Zusammenarbeit mit der SPD, auch mit der Führung, gepflegt, sind aber in ideologischen Fragen standfest geblieben. Das hat uns viele Sympathien im Westen eingebracht. Unsere Genossen von der DKP haben gleichzeitig versucht, die Werktätigen vom Vorbildcharakter des realen Sozialismus zu überzeugen. Und auch die *Kämpfer an der unsichtbaren Front*« – Axen blickte anerkennend zu Mielke – »haben dazu beigetragen, die Ausstrahlungskraft unserer Republik zu erhöhen. Aber, Genossen, das müssen wir realistisch eingestehen, es ist uns nicht gelungen, die Mehrheit der Arbeiterklasse in der BRD für den Sozialismus zu gewinnen. Das gesamte imperialistische Lager hat ungeheure Ressourcen aufgebracht, um den Frontstaat BRD politisch, wirtschaftlich und ideologisch aufzurüsten. Unsere Genossen im Westen haben heroisch gegen diese Übermacht gekämpft und zahlreiche Erfolge erzielt. Aber der strategische Durchbruch ist erst den *Freunden* gelungen mit dem Genfer Vertrag, diesem grandiosen Beweis der Überlegenheit der Außenpolitik der Kommunistischen Partei der Sowjetunion, vor allem des Genossen Ligatschow. Die *Freunde* haben unsere Heimat aus dem Würgegriff des Faschismus befreit, und nun helfen sie uns, den Sozialismus auch in Westdeutschland zu errichten. Damit ist der Friedensfront ein gewaltiger Sieg gelungen. Aber wir müssen diesen Sieg absichern. Der Sozialismus entsteht auch im Westen nicht von heute auf morgen. Wir haben viel zu tun. Große Kämpfe stehen uns bevor.«

Nach den einleitenden Worten Axens verabschiedete das Politbüro einstimmig die zur Diskussion stehende Beschlußvorlage »Kampfauftrag Deutsche Einheit«. Eine Debatte gab es nicht, sieht man ab von Lobpreisungen der Weisheit des Genossen Honecker, des »Generalsekretärs der Einheit«, wie Agitpropchef Joachim Herrmann sagte.

Über die grundlegenden Fragen wurde in der SED ohnehin nicht diskutiert. Den Aufbau des Sozialismus in der DDR hatte Walter Ulbricht auf Moskauer Weisung quasi im Alleingang in der Partei durchgesetzt. Auch der Mauerbau wurde im geheimen vorbereitet, und nur wenige waren eingeweiht. So hatte es immer gut geklappt. Warum sollte es bei der deutschen Einheit nicht funktionieren?

VI.

Der 4. Oktober 1990 war eigentlich ein ganz normaler Tag. Als ich am Morgen aufwachte, war ich Bürger der Demokratischen Republik Deutschland (DRD). Aber sonst hatte sich nicht viel geändert, jedenfalls nicht in meinem Umfeld. Die Radionachrichten meldeten Lawinen von Glückwunschtelegrammen an das wiedervereinte Deutschland. Washington, London, Paris, Rom, Brüssel, Den Haag freuten sich mit den Deutschen, daß die nationale Teilung endlich überwunden war. Jedenfalls stand das in den Telegrammen, die beim Föderationsausschuß in Berlin eintrafen. Im Föderationsausschuß, der Keimzelle der neuen Regierung, saßen paritätisch Vertreter beider deutscher Staaten. Sie hatten den Auftrag, die Föderation in die staatliche, wirtschaftliche und kulturelle Einheit überzuleiten. Noch gab es die Staaten DDR und Bundesrepublik, aber sie sollten immer mehr Souveränität an den Föderationsausschuß in Berlin abtreten. Auf Anregung Ostberlins leiteten die Außenminister die Delegationen, Oskar Fischer für die DDR und Karsten D. Voigt für die BRD.

Gestern hatte es einiges Brimborium in Berlin gegeben. Generalsekretär Honecker und Bundeskanzler Kohl hatten auf dem Alexanderplatz gesprochen – »Berlins und Deutschlands neue Mitte«, sagte der Kanzler. Einheiten der Bundeswehr und der Nationalen Volksarmee waren bei einer Festparade mit klingendem Spiel durchs Brandenburger Tor gezogen, die NVA zackiger als ihre Kameraden aus dem Westen. Verblüffend war aber doch, daß beim Vorbeimarsch am Ehrendenkmal für die Opfer des Faschismus, an der Neuen Wache und dem Palast der

Republik, dem Sitz der Volkskammer, auch die Bundeswehrsoldaten in den Stechschritt verfielen.

Bei einer Festveranstaltung im Staatsratsgebäude wurden Orden und Ehrenzeichen überreicht, Honecker verlieh Bundesverteidigungsminister Gerhard Stoltenberg den Scharnhorst-Orden, der »gestiftet worden ist, um die Tradition der preußischen Befreiungskriege gegen die Fremdherrschaft im deutschen Volk lebendig zu erhalten«. Den ganzen Tag konnten die Bundesbürger im Fernsehen auf allen Kanälen die »Freudenfeste zur Wiedergeburt der einheitlichen deutschen Nation« verfolgen, in allen größeren Städten waren »unsere Menschen«, so Festkoordinator Egon Krenz, eingeladen, fröhlich mitzufeiern.

Ich verfolgte das Spektakel nur sporadisch an der Glotze. Am Nachmittag machte ich meine Tour auf den Rheinwiesen. Es war ein sonnenmilder Herbsttag. Man sah den Menschen nicht an, daß sie gerade Bürger des neuen Deutschlands wurden. Und doch bildete ich mir ein, viele hätten ein wenig nachdenklicher geschaut. Die Menschen schwankten zwischen Freude und Angst. Viele aber hatten sich mit der Teilung längst abgefunden gehabt, waren in gewisser Hinsicht keine Deutschen mehr gewesen, sondern nur noch Bundesbürger. Das war ihnen um so leichter gefallen, als ja die Ostdeutschen allein die Bürde der Teilung trugen. Nun wurden Bundesbürger wieder Deutsche, herausgerissen aus ihrem sozial gut abgefederten Dasein in einer Nische der Weltpolitik. In der waren die ehemaligen Deutschen nur noch zuständig für das Gute, vor allem für den Frieden in der Welt. Nachdem sie zuvor Weltspitze im Massenmord gewesen waren, waren sie die Weltmeister der Friedenssehnsucht geworden. »Von deutschem Boden darf nie mehr Krieg ausgehen«, das war das Glaubensbekenntnis in beiden Teilen Deutschlands. So oder so, die Deutschen in Ost und West hielten sich in diesem Jahrhundert immer für etwas Besonderes. Nun hatten sie also eine besondere Verantwortung für den Weltfrieden, ja, die deutsche Vereinigung wurde in Ost und West betrachtet als die Besiegelung des ewigen Friedens, von dem Immanuel Kant dereinst geträumt hatte.

Israels Regierungschef Yitzhak Shamir gehörte zu den wenigen, die keinen Glückwunsch nach Berlin schickten. Die Gründe dafür lagen auf der Hand. Deutschland drohte sich nun unter dem Deckmantel des Antizionismus der historischen Verantwortung für die Verbrechen an den Juden zu entziehen. Seit Gorbatschows Sturz feierte der Antisemitismus in Osteuropa seine Wiederauferstehung. Polnische Priester prangerten die »Verräter an Jesus« an, aus Moskau berichteten Korrespondenten, daß die Sicherheitsorgane »zionistischen Verschwörern« auf der Spur waren.

Besonders erregt hatten sich israelische, aber auch amerikanische Medien über die Ankündigung Honeckers, daß das neue Deutschland keine weitere Entschädigung für Opfer der NS-Herrschaft leisten werde. »Die westdeutsche Wiedergutmachung hat zur Aufrüstung des Zionismus beigetragen und damit den Weltfrieden gefährdet. Das hat mit Antifaschismus nichts zu tun. Wir in der DDR ehren unsere Antifaschisten, und, wie mir scheint, wird dies auch in Westdeutschland bald verstärkt geschehen. Das ist wahrer Antifaschismus«, erklärte Honecker in einem aufsehenerregenden »stern«-Interview. Der Generalsekretär sprach vielen Deutschen aus der Seele. Sie wollten nicht mehr daran erinnert werden, was »in ihrem Namen«, wie der Kanzler zu sagen pflegte, in der Welt angerichtet worden war.

Sieht man einmal ab von diesen Nachwehen des Tags der Deutschen Einheit, der fortan arbeitsfreier Feiertag sein sollte, dann hatte jedenfalls ich vom Tosen der Weltgeschichte nichts gehört. So wird es vielen Millionen Deutschen gegangen sein, die über Nacht wiedervereint wurden.

Der erste Paukenschlag ertönte knapp zwei Monate später. Der bundesdeutsche Innenminister Wolfgang Schäuble erklärte Anfang Dezember auf einer Pressekonferenz in Berlin, die

Sicherheitspolitische Koordinationsstelle der DRD-Geheimdienste habe ein »feindliches Zentrum« ausgemacht. Der Kopf des Zentrums sei in der grünen Partei zu finden. Antidemokratische Kräfte hätten den gewalttätigen Umsturz der verfassungsmäßigen Ordnung geplant, Anschläge auf Institutionen der Föderation vorbereitet und sogar Attentate auf führende Persönlichkeiten beabsichtigt. Schäuble verwies darauf, daß der Verfassungsschutz nicht umsonst all die Jahre Informationen über gefährliche Strömungen in der grünen Partei gesammelt habe. »Ergänzt durch die beeindruckenden Materialien unserer Kollegen vom Ministerium für Staatssicherheit, haben wir nun ein umfassendes Bild von den staatsfeindlichen Aktivitäten jener verfassungsfeindlichen Wirrköpfe, denen jedes Mittel recht ist, um die Ordnung zu stören. Ich habe mit unseren Freunden in der Hauptstadt der DDR ein gemeinsames Konzept erarbeitet, um diesen Sumpf der Gewalt und Subversion endgültig auszutrocknen.« Schäuble gab bekannt, daß führende Köpfe der Verschwörung verhaftet worden seien, darunter Ruth Hammerbacher, Ralf Fücks, Verena Krieger und Antje Vollmer. Andere Umstürzler seien auf der Flucht. Die Zentrale der Grünen in der Bonner Colmantstraße und die Büros der Landesvorstände würden durchsucht, um weitere Beweismittel sicherzustellen. Schatzmeister Axel Vogel habe bereits zugegeben, daß die Grünen seit Jahren von imperialistisch-zionistischen Geheimdiensten finanziert würden. Das gelte besonders für die sogenannten Montagsdemonstrationen, einheitsfeindliche Kundgebungen, die jede Woche in westdeutschen Großstädten durchgeführt wurden.

Nur eine knappe Stunde nach Schäubles aufsehenerregender Pressekonferenz meldete sich Kurt Plecha zu Wort. Der Leiter des Pressebüros beim DDR-Ministerrat erklärte, seine Regierung werde entgegen allen Gerüchten und böswilligen Verleumdungen nicht verlangen, die Eigentumsverhältnisse in Westdeutschland zu verändern. Dies sei auch der Bundesregierung noch einmal versichert worden. »Wir verbergen nicht, daß wir Kommunisten sind. Aber das heißt vor allem, daß wir Realisten sind. Was für die DDR gut ist, muß für die BRD noch lange nicht gut sein. Wir ermuntern die Unternehmer zu investieren, und wir garantieren ihnen, daß ihre Unternehmen und Investitionen sicher sind. Der Marxismus ist seinen Kinderschuhen längst entwachsen. Wenn unternehmerische Gewinne der Entwicklung eines Landes dienen, dann begrüßen wir sie. Je höher, desto besser.«

Am Morgen des darauffolgenden Tages forderte Generalsekretär Honecker seine Genossen von der DKP öffentlich auf, ihre Forderungen zu mäßigen: »Es ist jetzt nicht die Zeit der Enteignungen, sondern die Zeit des Aufbaus.« Siegestrunken hatte die »UZ« Vorschläge von DKP-Bezirks- und Kreisorganisationen abgedruckt, in denen gefordert wurde, nun »endlich die antimonopolistische Demokratie zu erkämpfen«.

Heute weiß ich, daß das Theater war. Die Forderungen in der »UZ« hatte die SED-Agitpropabteilung bestellt, damit Honekker die eigenen Genossen deckeln konnte. So wollte die SED-Spitze die Aktion »Sauberes Land« politisch absichern. Mit Erfolg. Der Angriff auf die Grünen hatte begonnen, die anderen Parteien durften damit rechnen, von einem lästigen Konkurrenten befreit zu werden, das Feindbild der Union wurde bestätigt, die Sozialdemokraten fühlten sich als Erben der grünen Klientel, und die Unternehmer träumten von höheren Profiten. Zum erstenmal seit dem Jahreswechsel 1988/89 stiegen die Aktien an der Frankfurter Börse. Fing das Projekt »Deutsche Einheit« nicht wunderbar an?

CDU-Generalsekretär Volker Rühe erklärte zu den Polizeieinsätzen gegen die Grünen, die bisherigen Regierungen seien zu lasch gewesen im Umgang mit Verfassungsfeinden. Nun endlich werde etwas getan, um den bisher eher hohlen Begriff der »wehrhaften Demokratie« mit Leben zu erfüllen. FDP-Pressesprecher Lothar Mahling sagte, daß die »Geduld des

Rechtsstaats Grenzen hat«. Die Bundesgeschäftsführerin der SPD, Anke Fuchs, plädierte dafür, die Vorwürfe gegen die Grünen schnellstmöglich rechtsstaatlich zu klären und Schuldige zur Verantwortung zu ziehen, Unschuldige aber freizulassen.

Frau Fuchs hatte einen schweren Stand auf ihrer Pressekonferenz in der Baracke. Sie wurde immer wieder gefragt, wo sich der Parteivorsitzende und ehemalige Außenminister Vogel aufhalte. Es gab Gerüchte, daß Vogel in Österreich um politisches Asyl nachgesucht habe. Die österreichischen Behörden aber schwiegen eisern. Hans-Jochen Vogel sei erkrankt und halte sich in einem Krankenhaus auf, dementierte Anke Fuchs die Spekulationen. »Im Interesse seiner baldigen Genesung wollen wir ihn davor schützen, zum Objekt Ihrer Neugierde zu werden«, wehrte sie Journalistenfragen ab.

Schon am Tag darauf platzte die Bombe: In einer Sondersendung des österreichischen Fernsehens stellte sich ein kerngesunder SPD-Parteichef den Fragen von Journalisten.

Frage: »Wann sind Sie in Österreich eingereist?«

Vogel: »Gestern abend. Ich habe am Vormittag noch die Sitzung des SPD-Präsidiums geleitet. Als ich erfahren mußte, daß die Mehrheit die bisherigen programmatischen und ethischen Grundsätze der Partei relativiert, haben meine Frau und ich entschieden, daß wir sofort ausreisen. Wir hatten es schon einige Zeit geplant, die endgültige Entscheidung aber vom Verhalten der Parteiführung abhängig gemacht.«

Frage: »Was ist auf der Sitzung des Präsidiums passiert? In welchen Punkten ist die SPD von ihrer bisherigen Linie abgewichen?«

Vogel: »Sie hat die rechtswidrigen Übergriffe gegen die Grünen toleriert, einige Genossen zeigten sich sogar zufrieden mit den Verhaftungen. Sie haben gar nicht begriffen, daß dies nur der erste Streich ist. Wenn wir nicht solidarisch sind mit den Grünen, dann können wir auch keine Solidarität fordern, wenn die SPD rechtswidrigen Übergriffen ausgesetzt wird.«

Frage: »Sie beschreiben die Gefahr, daß die Partei verfolgt werden könnte. Das erscheint übertrieben. Haben nicht alle Verantwortlichen in Ost- und Westdeutschland die Fortexistenz der Mehrparteiendemokratie garantiert?«

Vogel: »Das haben sie. Aber ich glaube denen kein Wort. Was in der Öffentlichkeit geschieht, ist das eine. Das andere geschieht im verborgenen. Und das ist entscheidend. Die Kommunisten sind längst dabei, die SPD in ihrem Sinne zu verändern. Und wenn sich die Parteiführung dagegen nicht wehrt, gibt sie die Partei diesen Bestrebungen preis. Deshalb erkläre ich hiermit meinen Rücktritt als Vorsitzender der SPD.«

Frage: »Wer wird Ihr Nachfolger?«

Vogel: »Wahrscheinlich Oskar Lafontaine.«

Vogel hatte recht. Wenige Tage nach dem Interview distanzierte sich die Bonner Parteiführung von ihrem ehemaligen Vorsitzenden und nominierte Lafontaine als Nachfolger. Kenner der Politszene vermuteten, daß dabei nicht nur das unbestrittene Führungstalent Lafontaines in der Waagschale lag, sondern auch die Tatsache, daß er ein Landsmann Honeckers war. Die beiden hatten sich schon verschiedentlich von Saarländer zu Saarländer ausgetauscht. Jeder wußte, daß Honecker an seiner Heimat hing, und bald ging das Wort um vom »Saarlandbonus der SPD«.

Vogel sollte nicht der einzige bleiben, der seiner Heimat den Rücken kehrte. Hatte man schon zuvor von diesem oder jenem gehört, der Deutschland verlassen hatte, so setzte nun eine stetige Fluchtbewegung ein. Manche ahnten, daß der Schlag gegen die Grünen nur der Auftakt war für eine größere Verfolgungswelle. Auch in der »RP«-Redaktion wurde gemunkelt von Tausenden, die Tag für Tag Deutschland verließen.

Die Ausreise war zunächst ein Kinderspiel, aber dann bald ein gefährliches Unternehmen. Das Gesetz gegen die Republikflucht wurde erst 1992 verabschiedet. Aber schon zuvor waren die Grenzen Schritt um Schritt weniger durchlässig geworden. Viele, die im Verdacht standen, fliehen zu wollen, wurden unter fadenscheinigen Gründen verhaftet: Steuerflucht, Schmuggel, ungedeckte Schulden wie etwa Unterhaltszahlungen usw. Eine grüne Grenze gab es nicht mehr, es wurden rasch Stacheldrahtzäune errichtet und die Streifen der Grenztruppen verstärkt, um illegale Grenzübertritte zu verhindern.

Die große Koalition in Bonn und der Föderationsausschuß in Berlin setzten auf Wirtschaftswachstum, steigende Unternehmergewinne, aber auch auf eine Stärkung der Massenkaufkraft. Die Bevölkerung wurde mit Steuerentlastungen beglückt. Im Kampf gegen die Kriminalität meldeten die Sicherheitsbehörden große Erfolge, was wohl zuerst daran lag, daß es mit der Unschuldsvermutung nicht mehr ganz so genau genommen wurde. Auch entfielen alle Hemmungen gegen das Abhören Verdächtiger. Die meisten Bundesbürger waren damit zufrieden. »Endlich wird mal durchgegriffen«, hörte ich auch in meinem Bekanntenkreis. Der niedersächsische SPD-Chef Gerhard Schröder sah seine Partei an der Spitze im Kampf gegen den Sumpf der Kriminalität. »Die Sozialdemokratie war schon immer die Partei der Anständigen.«

Trotz aller Erfolge, die öffentlich gefeiert wurden, gab es Zoff in den Bonner Parteien. Die Jungsozialisten rebellierten auf ihrem ersten Bundeskongreß nach der Einheit gegen den »Schmusekurs gegenüber der SED. Statt die Chance zu ergreifen, endlich sozialistische Ziele durchzusetzen, unterstützt die Parteiführung den unternehmerfreundlichen Kurs der Kommunisten. Wir Jungsozialisten sind nicht für die Steigerung der Profite und der Ausbeutung, sondern für eine Politik im Interesse breiter Bevölkerungsschichten.« Mit harschen Worten distanzierte sich Oskar Lafontaine als Gastredner auf dem Jusokongreß von »Wirrköpfen, die die Zeichen der Zeit nicht erkannt haben. Es geht nicht um revoluzzerhafte Sandkastenspiele, sondern um Verantwortung, nicht zuletzt gegenüber unserer Partei.«

Heute weiß ich, was diese eher nebulösen Äußerungen bedeuteten. Lafontaine setzte alles daran, die Einheit der Partei zu erhalten. Wenn die Partei in ihre Flügel zerfiel, war sie am Ende. Er fühlte, daß die SPD noch aus einem anderen Grund in ihrer Existenz bedroht war, zu klar hatte er die Geschichte der ostdeutschen Sozialdemokratie im Gedächtnis, die 1946 von ihrer Führung in den Untergang geleitet wurde. Schon bedrängten SED und DKP die Sozialdemokraten, heute noch zur Aktionseinheit, aber dann stand die Gründung einer neuen Einheitspartei auf der Tagesordnung.

Lafontaine hatte lange mit Honecker telefoniert, und der Generalsekretär hatte ihn ermutigt, parteiinterne Kritiker zu bändigen. Und er hatte Lafontaine erklärt, daß Vogels Vorwurf, die SPD werde längst von innen heraus verändert, »erlogen« sei. »Jetzt kann ich es ja sagen, aber wir haben Vogel nie vertraut. Wir waren erstaunt, daß er zum Parteivorsitzenden gewählt worden war. Der Kopf der Rechten, dieses sogenannten Seeheimer Kreises, der die SPD zum Juniorpartner der Union machen wollte, ist desertiert. Er hat sich ja schon als Außenminister vor seiner nationalen Verantwortung gedrückt. Das spricht für sich. Wir achten die SPD als selbständigen Partner bei unserem Ringen um ein friedliebendes Deutschland.«

Lafontaine war zu klug, um in der Bestandsgarantie nicht die Drohung des Gegenteils zu hören. Bei aller landsmannschaftlichen Verbundenheit, er, Oskar Lafontaine, war nicht Otto Grotewohl, der 1946 die Sozialdemokraten der Ostzone in die erdrückende Umarmung der Kommunisten geführt hatte.

Aber Oskar Lafontaine betrachtete sich auch nicht als Nachfolger von Friedrich Ebert, der die deutsche Revolution 1918/19 niedermachen ließ, und mit Helmut Schmidt stand er ohnehin auf Kriegsfuß. Schmidt nervte ihn mit seinen halbmilitärischen Chefallüren und weil er bei jeder Gelegenheit den Vorbildatlantiker und Weltökonomen gab. Für Lafontaine war die SPD eine linke Partei, und die Bundesrepublik war notgedrungen in der NATO gewesen. Jetzt wurde ein neues Buch in der Geschichte Deutschlands und der Sozialdemokratie aufgeschlagen. Hatte nicht letzte Woche Ligatschow höchstpersönlich den »herausragenden Beitrag der westdeutschen Sozialdemokratie beim Kampf um den Weltfrieden« hervorgehoben. So schlecht sah es mit der Partei nicht aus. Jedenfalls nicht so schlecht wie mit der Konkurrenz.

Bei CDU, CSU und FDP waren längst Emissäre aus dem Osten an der Arbeit. CDU-Bundesgeschäftsführer Peter Radunski meldete sich aus London, wohin er »vor den Nachstellungen der Kommunisten« geflohen war. Er berichtete in einer deutschsprachigen BBC-Radiosendung von der Wühlarbeit der Ost-CDU-Leute in der Bonner Parteizentrale. Der Götting-Vertraute Professor Gerhard Fischer leitete die Verbindungskommission der Ost-CDU im Konrad-Adenauer-Haus. Fischer war ein erfahrener Mann. Seit den fünfziger Jahren half er mit, daß in der Ost-CDU die konterrevolutionäre Spreu vom sozialistischen Weizen getrennt wurde. Und nun hatte er eine neue Aufgabe: die »Verwandlung der West-CDU in eine Partei des gesellschaftlichen Fortschritts«. Radunski erklärte in der BBC-Sendung: »Das haben die Götting-Leute geschickt angestellt. Sie haben verlangt, ein Verbindungsbüro im Adenauer-Haus einzurichten, um die Arbeit der CDU kennenzulernen. Helmut Kohl hat dieser Forderung im Alleingang nachgegeben. Er hat weder das Parteipräsidium noch den Parteivorstand gefragt. Ob Generalsekretär Volker Rühe eingeweiht war, weiß ich nicht. Ich habe auch keine Ahnung, warum Helmut Kohl das getan hat. Vielleicht hofft er darauf, daß die CDU West die ›Schwesterpartei‹ im Osten schlucken kann, sie zählt schließlich mehr als fünfmal so viele Mitglieder. Aber ich halte die Ost-CDU für eine Filiale der SED, und deswegen wird Kohls Plan, wenn es denn dieser sein sollte, nicht aufgehen. Der Herr

Fischer, den sie aus Ostberlin ins Adenauer-Haus geschickt haben, ist doch ein Befehlsempfänger Honeckers. Als ich den zum erstenmal gehört habe, dachte ich, mich trifft ein Schlag. Der sprach von der ›Partei der Arbeiterklasse‹ und von der Versöhnung von Christentum und Sozialismus. Wenn man den so hört, dann glaubt man bald, der liebe Gott wäre Marxist-Leninist.«

Die Wühlarbeit zeigte bald erste Erfolge. Die stellvertretende CDU-Vorsitzende Rita Süssmuth, die Bundestagspräsidentin, trat von ihren Parteiämtern zurück. Baden-Württembergs Landeschef Lothar Späth schied ebenfalls aus dem CDU-Vorstand aus. Und der gerade von Helmut Kohl als Generalsekretär gefeuerte Heiner Geißler tadelte den »putschartigen Coup des Parteivorsitzenden« und sprach von einem Geklüngel mit einer »fremden Macht, die dem christlichen Menschenbild genauso verbunden ist wie Josef Stalin der Barmherzigkeit«.

In der bayerischen Schwesterpartei fand Ostberlins Emissär, Göttings Stellvertreter Wolfgang Heyl, manches offene Ohr. Heyl, wie Fischer eine kampferprobte SED-Marionette, erinnerte CSU-Chef Theo Waigel und Bayerns Ministerpräsidenten Max Streibl an die freundschaftlichen Kontakte zwischen dem »leider viel zu früh verstorbenen« Franz Josef Strauß und Erich Honecker. Er bestellte ganz herzliche Grüße des Genossen Schalk-Golodkowski, der bald wieder nach München komme, um »die so fruchtbaren Geschäftsbeziehungen, ja Freundschaften, weiter zu pflegen. Das ist für uns Strauß' Vermächtnis.« Die CSU könne auch im neuen Deutschland eine so herausragende Rolle spielen wie im alten, wenn nicht eine noch größere. Die Grundthemen der Christlich-Sozialen – Ordnung, Sauberkeit, Kampf gegen die Kriminalität und Wirtschaftswachstum – seien der CDU der DDR keineswegs fremd. Er, Heyl, rede ja öfter mit den Genossen der SED, und da sei es ihm ein Bedürfnis, die besonderen Interessen der CSU zu betonen. Und wenn Waigel es wünsche, dann könne er ja bald einmal den »eifrigen Stoiber in die Hauptstadt« schicken, es gebe da eine Menge wichtiger Gesprächspartner für ihn.

Meisnitz erinnerte sich noch gut an die Begeisterung im ZK-Apparat über Heyls erfolgreiche Mission. »Ob rechts, ob links, alles egal. Es geht nur noch um Werte. Um deutsche Werte«, freute sich die Genossin Ursula Ragwitz, Leiterin der ZK-Kulturabteilung, am Mittagstisch im siebten Stockwerk des ZK-Gebäudes. Und besonders freute sie sich darüber, daß nun die Scherereien mit uneinsichtigen Schriftstellern, die ihre Bücher unbedingt in Westdeutschland veröffentlichen mußten, endlich vorbei sein würden. Nun mußten sich die Herren Heym & Co., die Großdevisenverdiener und Teilungsgewinnler, der kollektiven Weisheit der Partei stellen. Ja, ja, es war ja so einfach gewesen. Irgendein kleiner Einwand der Genossen vom Kulturministerium oder eine Kritik der Lektoren, und die Damen und Herren Schriftsteller mimten die Verfolgten. In Wahrheit, davon war Ursula Ragwitz überzeugt, zog es sie nur zur Westmark. 1987 hatte die SED die Buchzensur offiziell abgeschafft. Ursula Ragwitz hatte damals fast ihren Glauben verloren. Aber es hatte sich einmal mehr gezeigt, daß es immer richtig war, der Partei zu vertrauen. Denn nun paßten die Verlage und Lektoren auf, daß nichts gedruckt wurde, was dem Feind nutzte. Das war viel wirksamer, als alle Manuskripte erst durch die eine große Zensurbehörde zu schleusen, nun gab es viele kleine Betreuer der Literatur. Genial, was sich die Genossen Hager, Hoffmann und Höpcke, die drei H, im kulturellen Klassenkampf da ausgedacht hatten.

Aber nun standen ganz neue Herausforderungen vor ihnen. Ursula Ragwitz hatte gerade an einer Sitzung unter Leitung des Genossen Hager teilgenommen. Kurt Hager hatte ihnen die Aufgaben in der Kulturarbeit für die kommenden Monate genannt: »Wir brauchen eine fortschrittliche deutsche Nationalkultur, Bücher, Stücke, Filme, Essays, in denen sich das historisch Vorwärtsweisende unseres Kampfes ausdrückt. Wir brauchen neue Helden, solche, die schon immer für die Einheit Deutschlands gekämpft haben, Antifaschisten, die immer an Deutschland glaubten und die nun die Erfüllung ihrer Träume erleben.« Ursula Ragwitz war fast ein wenig gerührt gewesen, als sie den Genossen Hager so national engagiert erlebte. Nun kommt Stuttgart, seine Geburtsstadt, zurück zum Genossen Hager, dachte Ursula Ragwitz und freute sich einmal mehr. Schöne Tage waren das. Viel Arbeit, aber was für welche! Wie oft hatte sie sich mit beleidigten Schriftstellern herumstreiten müssen, deren Werke angeblich nicht ausreichend gewürdigt worden waren. Oder mit einem Trompeter, der seine Arbeit einstellen wollte, wenn er kein Westauto beziehen dürfe. Oder mit Malern, die um Westfarben bettelten. Ursula Ragwitz faßte ihre Arbeit immer auch als Betreuung der Schöpfer von Kunst und Kultur auf. Aber manchmal gingen ihr die Schöpfer ziemlich auf die Nerven.

Nun sollte Ursula Ragwitz ihren Chef unterstützen beim Kampf um die »Erneuerung der deutschen Nationalkultur«. Wir brauchen den »Roman der deutschen Einheit«, hatte Hager gefordert, und Ursula Ragwitz betrachtete dieses Projekt als ihre ganz persönliche Aufgabe.

Heyls Münchenmission wurde im ZK-Apparat unter Leitung Joachim Herrmanns ausgewertet. Der Berliner Arbeitersohn war rasch in der SED-Hierarchie aufgestiegen. Erst wurde er Chefredakteur des »Neuen Deutschlands«, um dann im Jahr 1978 den bei einem mysteriösen Hubschrauberabsturz in Libyen verunglückten Agitpropsekretär Werner Lamberz zu ersetzen. Herrmann war seitdem die Stimme seines Herrn, und der Herr hieß Honecker. In das Aufgabengebiet des Politbürokraten Herrmann fiel nicht zuletzt die Betreuung der Blockparteien. Die hatte der Genosse Herrmann zwar nie so ganz für voll genommen, aber nun gewannen sie schlagartig eine ungeahnte Bedeutung. Sie sollten nun nicht mehr nur die ihnen zugewiesenen Zielgruppen bearbeiten, sondern auch die »Schwesterparteien« im Westen.

Heyls erfolgreiche Arbeit in München hatte ein Ergebnis, das die ostdeutschen Christdemokraten enttäuschte. Herrmann entschied nämlich, daß nicht sie, sondern die Demokratische Bauernpartei (DBD) die CSU betreuen sollte. Eifersüchtig wachten die Blockparteien über ihre Klientel, und jede bemühte sich, von der SED möglichst viel Lob, viele Pöstchen und viele Auszeichnungen abzubekommen. Und so waren Götting und Heyl naturgemäß beleidigt, daß es mit den Münchenreisen ein Ende hatte.

Die sachlichen Argumente, die Herrmann anführte für die neue Orientierung, waren allerdings nicht schlecht. Die CSU hatte ebenfalls ein bäuerliches Profil. Die Funktionäre der Bauernpartei durften als einzige Blockparteimitglieder SED-Parteischulen besuchen, sie waren gestählt für den Kampf gegen die klerikale Reaktion in Bayern. Denn das war allen im Haus am Werderschen Markt klar: So vielversprechend der Einstieg bei der Münchener Parteiführung auch gewesen war, die CSU war tief verwurzelt im Katholizismus bayerischer Prägung. Auch die realistischen Kräfte in der CSU-Führung von Waigel über Stoiber bis hin zu Peter Gauweiler, dessen AIDS-Bekämpfungsprogramm die ZK-Gesundheitsexperten dereinst wohlwollend kommentiert hatten, würden es schwer haben. Der Sozialismus würde in Altötting und Passau nicht nur durch Überzeugungsarbeit durchzusetzen sein. Es hatte in der DDR lange Jahre gebraucht, um die Kirchen in den Griff zu bekommen. Es würde im Westen auch nicht von heute auf morgen klappen. Das wußte Joachim Herrmann, obwohl er nach außen hin den unerschütterlichen Optimisten gab. Um die harte bayerische Nuß zu knacken, um den realistischen Kräften in der CSU zu helfen, würde man einen ganz besonders gefestigten, aber auch ganz besonders flexiblen Freund nach München schicken müssen. Herrmann hatte da auch schon eine Idee. Was wohl der Genosse Honecker dazu sagen würde?

Die Freien Demokraten hatte man ohne große Diskussion der LDPD zugeteilt. Joachim Herrmann hatte LDPD-Chef Manfred Gerlach angewiesen, die Taktik der Differenzierung zu nutzen, um die reaktionären von den realistischen Kräften zu trennen. Gerlach hatte gleich einen Stab zusammengestellt und den verdutzten Parteifreunden die Neuheit verkündet, daß die Blockparteien sich in ihrer Außendarstellung ein gutes Stück von der SED absetzen dürften. Das war ein Ding. Aber es war so neu doch nicht. Gerlach erinnerte seine Parteifreunde an die Zeit nach dem Krieg. Damals hatte die SED die NDPD gegründet, um kleine Nazis und Wehrmachtangehörige einzusammeln für den Aufbau des Sozialismus. »Die Nationaldemokraten haben einige Zeitlang eigene Losungen ausgeben dürfen, natürlich in Absprache mit den Genossen.« Gerlach erinnerte sich noch gut daran, wie empört viele bei den Liberaldemokraten gewesen waren, als die Synthetikparteien NDPD und DBD von der sowjetischen Besatzungsmacht und dem ZK zusammengebraut wurden, um den »klassischen« bürgerlichen Parteien LDPD und CDU Konkurrenz zu machen. Und dann durften die Exnazis sogar so tun, als wären sie neben der SED die einzige richtige Partei. Es war zum Kotzen. Mit Befriedigung hatten die Zurückgesetzten es wahrgenommen, als die Nationaldemokraten wieder zurückgepfiffen und zunehmend auf Handwerker umfunktioniert wurden, da die für den Arbeiter-und-Bauern-Staat zu begeisternden Altnazis und Exsoldaten ausgingen. Ja, es wurde sogar immer wieder darüber spekuliert, diese oder jene Blockpartei dichtzumachen. Vielleicht nach Honecker, hoffte Gerlach auf das Ende der ungeliebten Konkurrenz. Und vielleicht konnte man die NDPD ja beerben. Gerlach hätte nichts dagegen gehabt, wenn seine Partei zur stärksten Blockpartei geworden wäre. Und daß die LDPD aufgelöst würde, das befürchtete der selbstbewußte Blockparteichef nicht einmal im Traum.

Die SED würde die Jahre zwischen 1989 und 1994 später als Zeit des *Kampfes um die Köpfe* verherrlichen. So falsch war es nicht. Allerdings entzogen sich viele Köpfe diesem Kampf. Viele ahnten nämlich, was geschehen würde. Sie hörten nicht auf die Daueroptimisten mit dem ewig dummen Spruch, daß nichts so heiß gegessen werde, wie es gekocht werde. Dieses Gericht wurde beim Essen immer heißer. Je länger die SED und ihre Verbündeten in Westdeutschland um die Köpfe kämpften, um so fester griffen sie zu.

Es fing an mit öffentlichen Diskussionsveranstaltungen in Hamburg, München und Köln, die im Fernsehen live übertragen wurden. Die SED schickte eine illustre Gesellschaft auf Tournee: den Dresdener SED-Bezirkschef Hans Modrow, der früher als Gorbatschow-Anhänger gegolten hatte; den Schriftsteller Markus Wolf, bis 1986 Chef der DDR-Auslandsspionage; Gregor Gysi, der Vorsitzende des Kollegiums der Berliner Rechtsanwälte, unter anderem Verteidiger Robert Havemanns und Rudolf Bahros; André Brie, Außenpolitik- und Abrüstungsexperte von der Berliner Humboldt-Universität; Hermann Kant, dessen Bücher auch im Westen zahlreiche Käufer fanden, und als Leiter das Politbüromitglied Günter Schabowski.

Viele haben sich damals gefragt, warum gerade diese Leute auf Tour geschickt wurden. Waren darunter nicht einige, die nach den strengen Maßstäben der SED ideologisch nicht ganz hasenrein waren? Hatte Gysi sich nicht zu sehr solidarisiert mit seinen konterrevolutionären Mandanten? Hatte Modrow nicht um seine Person einen Bescheidenheitskult aufgebaut, den manche als Protest gegen Wandlitz und seine Bewohner verstehen wollten?

Meisnitz und Säbler wollten oder konnten mir nicht alles über die Hintergründe dieses Unternehmens sagen. Ich vermute, daß der ZK-Apparat nur zum Teil in die Vorbereitung einbezogen war. Nicht umsonst war Wolf mit von der Partie. Der war zwar nicht gerade in Frieden aus dem Ministerium für Staatssicherheit ausgeschieden, aber seine Loyalität gehörte doch weiter seinem Staat und der ihn führenden Partei. Und Wolf war Experte in Sachen BRD. Man munkelte im ZK-Apparat immer mal wieder über verwegene Aktionen der Hauptverwaltung Aufklärung (HVA) im Westen. Und manche glaubten im Gesicht von Erich Mielke ein Lächeln zu sehen, wenn aufregende Nachrichten das Westfernsehen beschäftigten.

Wer auch immer diese Delegation – militärbegeisterte Genossen sprachen von einem »Stoßtrupp ins verminte Feindesgebiet« – zusammengestellt hatte, es war ein psychologisches Meisterstück. Hätte man einige Politbürokoryphäen nach Hamburg, Köln und München beordert, das Aufsehen wäre nur halb so groß gewesen und der Erfolg viel geringer. Auch weil man von vornherein wußte, was diese Leute gesagt hätten. So mancher im ZK war auch gar nicht zufrieden mit den rhetorischen Fähigkeiten der Spitzenleute. Unter denen, die da reisten, galten einige als unzuverlässig. Allein das schuf zusätzliche Aufmerksamkeit. War es außerdem nicht viel glaubwürdiger, die SED ließ sich von Menschen vertreten, die als freie Geister galten, die auch mal wider den Stachel löckten? Und war es nicht viel überzeugender, wenn solche Leute sich für die SED und die deutsche Einheit einsetzten und den Menschen im Westen Ängste ausredeten? Ängste gab es genug, und so versprach die SED alles mögliche, um die Furcht vor Enteignung und Entrechtung zu mindern. Es war das Blaue vom Himmel. Heute wissen wir es.

Ich habe mir alle drei Diskussionsveranstaltungen angeschaut und sie auf Videoband aufgezeichnet. Am aufregendsten war der Auftritt der SED-Propagandisten in Köln. Vielleicht hatten die TV-Gewaltigen die Zuschauer nicht gründlich genug ausgesucht. Jedenfalls waren einige darunter, die nicht gar so brave

Fragen stellten wie bei den anderen Aufführungen. Hier einige Auszüge aus der Diskussion in Köln:

Frage: Ist die DDR ein Rechtsstaat?

Gysi: Natürlich. Auch wenn ich mir als Rechtsanwalt noch dieses oder jenes wünsche. Aber das ginge mir in der BRD genauso. Die Menschenrechte, wie sie in der UNO-Charta verankert sind, sind in der DDR anerkannt und werden in einigen Bereichen sogar viel besser umgesetzt als in der BRD. Denken Sie nur an die Arbeitslosigkeit.

Frage: Gibt es also keine politische Verfolgung in der DDR?

Gysi: Es müssen sich Menschen vor dem Gesetz verantworten, die gegen das Gesetz verstoßen. Und wieder als Anwalt sage ich Ihnen, daß ich mir in manchen Fällen mehr Flexibilität wünschte. Die DDR ist ebenso deutsch wie die Bundesrepublik. Um es auf den Punkt zu bringen: Es wird niemand verfolgt, weil er etwas anderes denkt als die Regierung, sondern nur der, der sich nicht ans Recht hält. Und dann gibt es da ja auch noch diesen oder jenen Rechtsanwalt, der natürlich immer erst einmal von der Unschuld seines Mandanten ausgeht.

Frage: Wird auch im Westen der DDR-Sozialismus eingeführt werden?

Schabowski: Unser Zentralkomitee hat dazu ja bereits eindeutig Stellung genommen. Die Verhältnisse in der BRD sind völlig anders als bei uns nach 1945. Das ZK hat beschlossen, daß Westdeutschland das politische und wirtschaftliche System der DDR nicht aufgezwungen werden darf. Es haben sich in der BRD eigene politische und kulturelle Traditionen entwickelt, die wir keineswegs durchweg ablehnen. Wenn also hier und da gehetzt wird, wir wollten Ihnen den Kommunismus aufzwingen, vergessen Sie es. Es ist Angstmacherei.

Wolf: Eine kleine Ergänzung. (Schabowski guckte leicht pikiert.) Sehen Sie, ich habe ja viel von dem mitbekommen, was in der BRD etwas vereinfachend Stalinismus genannt wird.

Damals hat es in der Tat die Vorstellung gegeben, daß der Sozialismus überall gleich aussehen müsse. Aber diese falsche Idee haben wir längst abgelegt. Und wenn in der BRD irgendwann einmal der Sozialismus sich entwickeln sollte – ich sage nicht einführen, sondern entwickeln –, dann sieht er natürlich ganz anders aus als jeder bisherige Sozialismus, weil er sich noch nie in einem so hoch entwickelten Industrieland mit bürgerlich-demokratischen Traditionen durchsetzen konnte. Aber das alles müssen die Menschen in Westdeutschland entscheiden. Wir werden ihnen nichts aufzwingen ...

Frage (mit dem Unterton der Empörung): ... aber das Verbot der Grünen?

Schabowski: Sie irren sich. Die Grünen sind nicht verboten. Parteien kann in Westdeutschland nur das Verfassungsgericht verbieten. Dort liegt aber meines Wissens nicht einmal ein Verbotsantrag vor. Wenn Sie die staatsanwaltschaftlichen Ermittlungen gegen einzelne Mitglieder dieser Partei meinen, dann geht es hier nach Recht und Gesetz. Das Gesetz gilt auch für Mitglieder der grünen Partei ...

Frage: ... warum gibt es denn in der DDR keine grüne Partei?

Schabowski: Mir ist nicht bekannt, daß eine solche Partei ihre Zulassung beantragt hat.

Am Ende der Debatte ging es um Literatur, und Hermann Kant mußte Rede und Antwort stehen.

Frage: Wollen Sie in der Bundesrepublik die Zensur einführen?

Kant: Wir haben sie doch in der DDR gerade abgeschafft. Ich muß Ihnen aber sagen, daß es eine Zensur im eigentlichen Sinn bei uns seit Jahrzehnten schon nicht mehr gibt. Statt dessen hat das Kulturministerium lange die Rolle des literarischen Geburtshelfers gespielt. Sie können sich gar nicht vorstellen, wie viele Romane überhaupt erst Romane wurden, nachdem die Genossen des Ministeriums sich so überaus intensiv und sachkundig mit Autoren beschäftigt haben. Viele Autoren sind den Genossen richtig dankbar und traurig, daß sie sich nun mit normalen Lektoren herumschlagen müssen. Natürlich nichts gegen unsere hochqualifizierten Lektoren, aber das Kulturministerium, besonders der Genosse Höpcke, haben sich schon außerordentlich bemüht, damit in unserem Land gute Literatur entstehen konnte. Aber ich rede zu lange. Kurz und gut: Was wir bei uns abgeschafft haben, werden wir bei Ihnen nicht einführen.

Frage: Herr Kant, ich habe alle Ihre Bücher gelesen. An was arbeiten Sie gerade? Schreiben Sie einen neuen Roman?

Kant: Jetzt machen Sie es mir aber schwer. Ich wollte es ja noch gar nicht erzählen. Aber wenn ich so freundlich gefragt werde: Ich folge gerade dem Ratschlag eines großen Literaturkritikers der Bundesrepublik, ja, der BRD, nämlich der Anregung Marcel Reich-Ranickis, des Feuilletonchefs der »Frankfurter Allgemeinen Zeitung«, und versuche, einen Roman – ich sage nicht *den* Roman – der deutschen Einheit zu schreiben. (Kant lächelte verschmitzt.) Und wissen Sie, wer darin wieder auftaucht? Quasi Riek. Manche werden sich vielleicht an ihn erinnern. In meinem Roman »Die Aula«, der wurde ja in Westdeutschland ganz gut verkauft, spielt Riek eine tragende Rolle. Aber in ihm verbirgt sich ein Geheimnis. Denn nachdem die Geschichte fast am glücklichen Ende ist, verschwindet Quasi vermeintlich grundlos nach Hamburg, er, der durch und durch überzeugte Sozialist verläßt eines Nachts mir nichts dir nichts die DDR. Warum? Das werde ich Ihnen heute nicht verraten. Das müssen Sie im Buch nachlesen. Sehen Sie, ein bißchen was lernen wir auch vom Westen.

VII.

Zürich ist eine seltsame Stadt. Schon deshalb, weil man hier alle naslang Leute trifft, die man früher bestenfalls im Fernsehen bewundern durfte. Heute morgen etwa, als ich im Hauptbahnhof die »Rheinische Post« kaufte, sah ich am Grillimbiß Joschka Fischer im Gespräch mit Heiner Geißler. Sie diskutierten heftig. Ich schlich mich in ihre Nähe und hörte Wortfetzen: »... wenn wir alle gemeinsam gekämpft hätten«, vollendete Fischer zornig einen Satz.

»Das mußt du mir nicht sagen«, erwiderte Geißler säuerlich. »Aber bei euch hätte sich ja keiner gefunden, der mit uns zusammengegangen wäre. Und die meisten Sozis haben sich von den Schalmeienklängen betören lassen.«

»Da darfst du dich nicht wundern, du schon gar nicht, daß bei den Grünen niemand was mit den Schwarzen zu tun haben wollte. Wer hat denn den Spruch mit den Pazifisten und Auschwitz losgelassen?«

»Aber das ist eine schlimme Verkehrung meines Arguments. Wenn nämlich unsere Alliierten hart geblieben wären, wenn sie nicht um des lieben Friedens willen zurückgewichen wären, dann wären wir nicht im Exil. Das war wie München 1938. Und so wie die Feigheit der Engländer und Franzosen in München 1938 zu Auschwitz geführt hat, so hat uns die Feigheit unserer atlantischen Freunde ins Exil getrieben.«

So oder ähnlich laufen viele Debatten in der Emigration, vor allem immer im Kreis. Die Schlachten von damals werden noch mal und noch mal geschlagen, und es gibt kein Ende, weil es nichts mehr zu tun gibt.

Oder doch? Neulich hörte ich von einer Organisation mit dem Namen *Deutscher Widerstand*. Das klingt verdächtig braun, aber mein Verdacht erwies sich als falsch. Der DW vereint die unterschiedlichsten politischen Kräfte, die nur ein Ziel haben: die Erkämpfung demokratischer Zustände in Deutschland, mindestens im Westen. Einige Strömungen wollen sogar die Bundesrepublik wiederauferstehen lassen. Aber unangenehm ist doch der wütende Antikommunismus, der sich nicht immer scharf genug vom Nazismus abgrenzt. Ich glaube nicht, daß die Flügel im DW es lange miteinander aushalten werden. Aber Grüppchen gibt es ja schon genug: ehemalige Christdemokraten mit Geißler und Blüm, eine starke sozialdemokratische Emigration, angeführt von Vogel und Engholm, ein paar Liberale um Gerhart Baum, viele Grüne um die aus der Haft abgeschobenen ehemaligen Vorstandsmitglieder Ruth Hammerbacher, Verena Krieger und Antje Vollmer. Es gibt sogar ein paar Kommunisten aus Westdeutschland, die sich den realen Sozialismus so vorgestellt hatten, wie die SED ihn versprochen hatte, und die dann enttäuscht der eigenen Partei den Rücken kehrten, um nun im Bankerparadies gemeinsam mit einigen SED-Dissidenten für den wahren Kommunismus zu kämpfen.

Die Möglichkeiten der Emigranten sind allerdings begrenzt. Die Schweizer Regierung hat ihnen politische Betätigung weitgehend untersagt. Aber einige versuchen doch, Flugblätter und Broschüren über die Grenze zu schmuggeln – heroisch, aber wirkungslos, wie es scheint. Von einem Widerstand in Deutschland ist nichts zu hören und nichts zu lesen.

Das liegt auch daran, daß die Sicherheitsorgane Stück um Stück ein Netz der Überwachung über Westdeutschland gelegt haben. In dem Maße, wie der Druck im Inneren wuchs, wurde Deutschland nach Westen hin abgeschottet. Die grüne Partei war nach dem ersten Schlag schnell zerstört worden, und keine andere Partei wagte es, massiv zu protestieren. Zwar wußten alle, daß die Vorwürfe gegen führende Mitglieder der Grünen abstrus waren, aber viele wollten mindestens zum Teil glauben, was da behauptet wurde, weil es sie vom Zwang befreite, mutig zu sein. »Die sind doch selbst schuld«, sagten viele. »Immer nur protestieren gegen alles und jedes, immer dieses Theater, weil irgendein Bauer Gülle in ein Bächlein kippt.«

Wer sich gegen die Übergriffe der Staatsmacht wehrt, landet in Isolierungslagern. Die Behörden erwähnen diese Lager nicht, stellen aber gleichzeitig die Behauptung unter Strafe, in Deutschland gebe es wieder KZs. Es sind natürlich keine Vernichtungslager wie Auschwitz, Maidanek oder Treblinka errichtet worden, aber in ihrer Funktion gleichen die Isolierungslager doch jenen KZs, die die Nazis quasi mit dem Tag ihrer Machtübernahme überall in Deutschland eingerichtet hatten. Die Pläne hatte das Ministerium für Staatssicherheit längst vorbereitet, bevor in der Nähe westdeutscher Großstädte die ersten Lager entstanden. Die Gefangenen in den Lagern gelten als Untersuchungshäftlinge. Deshalb bedarf es zu ihrer Inhaftierung keiner Urteile. Die maximale Dauer der Untersuchungshaft wurde auf vier Jahre erweitert. »Für eine Übergangszeit«, erklärte der rechtspolitische Sprecher der DBD/CSU, Friedrich Zimmermann, im Dezember 1992. Es gibt keine Anzeichen, daß diese Übergangszeit demnächst abgelaufen sein könnte.

Mit dem Paragraphen zum »Schutz der Demokratie vor verfassungsfeindlichen Bestrebungen« erhielten die Strafverfolgungsbehörden ein mächtiges Instrument in die Hand, dehnbar genug, um alles mögliche zu verfolgen, was zuvor de jure nicht verfolgt hätte werden dürfen. Aber der Föderationsausschuß und die westdeutsche Justiz hatten schon zuvor zu oft fünf gerade sein lassen, als daß noch irgend jemand glaubte, vor Verhaftung sicher sein zu können.

Es gab kaum Protest in der westdeutschen Richterschaft, heute wagt man davon nicht einmal mehr zu träumen. Den Ruf der neuen Regierung nach Ruhe und Ordnung nahmen die meisten Rechtspfleger mit Freude auf. Andere duckten sich, um nicht selbst ins Visier der Strafverfolgungsbehörden zu geraten. Manche Juristen im Exil verfochten verbittert die These, die Deutschen hätten sich vom Rechtsstaat befreit wie von einer Last, die ihnen nach 1945 aufgedrängt worden sei, aber niemals die tieferen Gründe des Volksbewußtseins erreicht habe. Das ist starker Tobak, aber nicht ganz von der Hand zu weisen.

Wie sonst erklärt sich die breite öffentliche Zustimmung, als der Föderationsausschuß Volkskammer und Bundestag 1991 ein Gesetz über die Wiedereinführung der Todesstrafe für besonders abscheuliche Verbrechen vorlegte? Innenminister Schäuble verwies vor allem auf die Fälle von Kindesmord, über die die Medien in den Monaten zuvor verstärkt berichtet hatten. Zwei kleine Mädchen waren von Serientätern vergewaltigt und umgebracht worden. »Heute genießen diese Monster eine Vorzugsbehandlung in psychiatrischen Einrichtungen, der Staat schickt sie als Belohnung für ihre Bluttaten auf Kur. Damit muß es ein Ende haben.« Nicht nur die Boulevardzeitungen jubelten. Ein Leitartikel in der »Welt« sprach vielen aus der Seele, gerade auch die Bemerkung, daß »das Recht sich immer an das gesunde Volksempfinden anzulehnen hat. Wenn die Bürger das Recht nicht mehr verstehen, ist das Recht verloren. Dann droht die Anarchie.«

Die Föderationsregierung gewann in der Bevölkerung Zustimmung, weil sie scharf gegen die Kriminalität vorging. Die Geduld ist zu Ende, hieß es immer wieder, und das entsprach der Forderung vieler Stammtische nach kurzem Prozeß.

Nicht lange dauerte auch der Prozeß gegen Fücks und Krieger, die auserwählt worden waren, im ersten Schauprozeß als Hauptdarsteller aufzutreten. Ihnen wurde zur Last gelegt, »im Auftrag ausländischer Geheimdienste auf die Zerstörung der freiheitlichen Verfassung der DRD hingearbeitet zu haben«. Mit im Bunde seien maoistische und zionistische Verschwörer gewesen. Fücks habe sich in die grüne Partei eingeschlichen, um dort gemeinsam mit anderen ein »antifreiheitliches Zentrum« aufzubauen. Da die Grünen in großen Teilen ohnehin auf »mit Rechtsstaatlichkeit nicht zu vereinbarenden Positionen stehen, ist es Fücks leichtgefallen, Anhänger für seine gemeingefährlichen Ziele zu finden. Hätten diese Leute Erfolg gehabt, dann wäre unsere Demokratische Republik in die Hände feindlicher Mächte gefallen, und alle demokratischen Errungenschaften wären beseitigt worden«, erklärte der Pressesprecher der Berliner Generalstaatsanwaltschaft.

Fücks und Krieger spielten ihre Rolle gut. Sie bestätigten im Prozeß vor laufenden Kameras alles, was ihnen die Staatsanwälte vorhielten. Sie nannten Namen und Adressen ihrer längst ins Ausland geflohenen CIA-Mittelsmänner, gaben zu, in Peking konkrete Aufträge erhalten zu haben, um die DRD-Regierung mit Mord und Terror, aber vor allem durch Gerüchtemacherei zu stürzen. Jeden Abend gab es ausführliche TV-Berichte zu bester Sendezeit. Viele Menschen waren bestürzt, als sie erfahren mußten, daß völlig unglaubwürdige Beschuldigungen offenbar doch wahr waren. Ein Abgrund von Landesverrat und furchtbaren Mordplänen wurde vor aller Augen aufgedeckt. Im Verlauf des Prozesses präsentierten die Staatsanwälte sogar Beweise dafür, daß die Attentate der Rote-Armee-Fraktion in Wahrheit auf Aufträge derselben Geheimdienste zurückgingen, deren Weisung auch die Angeklagten im »Grünen-Prozeß« gefolgt waren.

Die Angeklagten wurden zu Freiheitsstrafen von jeweils zwölf Jahren verurteilt. Es werde Zeit, daß wieder richtige Strafen verhängt würden, sagten nicht wenige. Man habe früher ja sogar Mitleid mit Mördern gehabt.

In einigen Städten demonstrierten Mutige gegen den »Grünen-Prozeß» und das drohende Verbot der Partei. »Wenn die

Partei sich nicht klar abgrenzt von den Verrätern, dann stellt sie sich mit diesen auf eine Stufe«, drohte Justizminister Eylmann. Das klang so, als würde er es sich wünschen, daß die Proteste andauerten. Während die Polizei die Demonstranten in Berlin, Bonn, Köln und Hamburg auseinanderprügelte, wurden immer mehr Mitglieder der Grünen verhaftet. Sie landeten in den neu errichteten Isolierungslagern. Gleichzeitig arbeitete in der Partei eine Gruppe, die die Grünen auf eine Zusammenarbeit mit SED und DKP verpflichten wollte. Als Sprecherin der »demokratischen Kräfte in der grünen Partei« trat Andrea Lederer auf. Sie stammt aus dem Kommunistischen Bund in Hamburg, der schon immer ein eher freundliches Verhältnis zum realen Sozialismus an den Tag gelegt hatte. Ihr Parteifreund Thomas Ebermann begrüßte öffentlich, daß es der »BRD nun endlich an den schmutzigen Kragen geht«.

Die Taktik der SED zur Zerschlagung der Grünen folgte Axens Konzept der Differenzierung: Wer gegen die Mächtigen im neuen Deutschland war, wurde unterdrückt, wer sich für die SED aussprach, wurde unterstützt. Die Angst vor dem harten Durchgreifen der Sicherheitskräfte trieb manchen ins Lager der SED-Freunde, den man vorher nicht dazu gezählt hatte. Zeitweise sprachen sich sogar Joschka Fischer und Rezzo Schlauch dafür aus, zu akzeptieren, was unvermeidlich sei. Der baden-württembergische Landesverband begrüßte die deutsche Vereinigung »mit Freude« und fand kein Wort, um die Parteifreunde zu unterstützen, die in die Mühlen der neudeutschen Justiz geraten waren.

Man hörte in dieser Zeit auch von ersten Übergriffen auf die wenigen Sozialdemokraten, die gegen die Zerstörung der Grünen protestierten. Einigen Mitgliedern der SPD schwante, was da auf sie zukommen würde. Der Hamburger Bundestagsabgeordnete Freimut Duve gehörte zu den ersten Sozialdemokraten, die sich der Verhaftung durch Emigration entzogen. Aber viel zu viele Menschen in allen Parteien freuten sich über den

Untergang der lästigen Konkurrenten. Das sollten sie teuer bezahlen.

Johannes und Elvira waren hin- und hergerissen zwischen dem Entsetzen über die Enthüllungen des »Grünen-Prozesses« und dem Zweifel, ob da alles mit rechten Dingen zugegangen sei. Auch ich kannte damals die Wahrheit nicht. In der Redaktion überwog die Haltung, daß die Grünen nun endlich als die Landesverräter überführt worden waren, für die einige Redakteure sie schon immer gehalten hatten. »In einer Zeit, in der die Deutschen um ihre Vereinigung ringen, wollten subversive Elemente mit anrüchigen Auslandsbeziehungen die Unsicherheit des Umbruchs nutzen, um ihre schmutzigen Geschäfte zu betreiben. Die freie Presse hat die Aufgabe, den Staat bei Bedarf zu kritisieren. In diesem Fall aber muß sie die Staatsorgane loben. Endlich gibt es in Westdeutschland eine Justiz, die diesen Namen auch verdient«, so ein Leitartikel von Chefredakteur Gerstig.

Es war die Zeit, in der die Angst sichtbar wurde. In der Redaktion begannen sich die Leute erst einmal umzublicken, bevor sie etwas Kritisches über die Regierung oder die Chefredaktion sagten. Johannes berichtete aus der Schule, daß Lehrer befürchteten, Kinder könnten sie bei linientreuen Eltern verraten, wenn im Unterricht mal ein offenes Wort fiel. Diese Angst war begründet. Ein Kollege von Johannes hatte seinen Schülern im Geschichtsunterricht erklärt, daß der NS-Begriff »Schutzhaft« irreführend gewesen sei. Mit der Schutzhaft hätten die Nazis sich vor ihren Gegnern geschützt. Solche Bedeutungsverdrehungen gebe es ja öfter, man denke nur mal an das Wort »Schutzmacht«. Verfassungsschutz und Polizei waren schon am nächsten Tag zur Stelle. Eltern hatten den Lehrer angezeigt, er würde zum Haß gegen die sowjetischen *Freunde* aufstacheln, deren Schutztruppen in die Kasernen der einstigen Westalliierten eingerückt waren. Der Direktor konnte dem Lehrer nicht helfen. Auch an anderen Schulen gab es solche Vorgänge.

An Johannes' Schule sollten bald eine Pionier- und eine FDJ-Gruppe gegründet werden. Informationsmaterial des Berliner FDJ-Zentralrats lag bereits aus. Delegationen des DDR-Jugendverbands waren im Westen auf Tour, um die Bildung von FDJ- und Pioniergruppen voranzubringen. Einige Kinder, deren Eltern übereifrig oder DKP-Funktionäre waren, liefen bereits mit FDJ-Hemden oder dem roten Pionierhalstuch herum. »Die grüßen vielleicht komisch«, lachte Johannes. »Fast wie die Soldaten, sie legen die äußere Seite der rechten Hand an die linke Stirn. Bald werden wir wohl exerzieren müssen, und die Schüler springen wieder von den Bänken auf, wenn der Lehrer das Klassenzimmer betritt.« Während er dies sagte, verschwand das Lachen aus seinem Gesicht, und seine Miene verdüsterte sich. »Ich lache jetzt darüber, aber wahrscheinlich blüht uns genau das.« Viele seiner Kollegen aber freuten sich, daß endlich Zucht und Ordnung einkehrten.

Johannes erzählte außerdem von einer Veranstaltung der Gesellschaft für Sport und Technik, an der alle Lehrer hatten teilnehmen müssen. »Was ist denn das?« fragte ich, ohne den Schimmer einer Ahnung zu haben.

»Die GST ist eine paramilitärische Organisation. Da lernen Kinder schießen und Handgranaten werfen. Man kann sogar Flieger werden. Die Leute von der GST haben uns mehrfach versichert, daß die Teilnahme an deren Veranstaltungen ganz und gar freiwillig sei. ›Aber, meine Damen und Herren, Sie werden sehen, daß viele Jugendliche unser Angebot gern annehmen werden‹«, imitierte Johannes den knarrenden Ton des GST-Propagandisten, der gerade am Luisen-Gymnasium die Werbetrommel gerührt hatte.

Geplant waren außerdem Informationsveranstaltungen der Deutschen Volksarmee (DVA), wie die neue deutsche Armee sich nannte. Den Schülern sollten die Möglichkeiten gezeigt werden, die die DVA allen bot, die freiwillig länger dienten. An den Schulen wurde gemunkelt, daß Schüler, die sich frühzeitig bei der DVA verpflichteten, wohl bessere Zeugnisse bekommen würden. Man wolle bei der Notenvergabe nämlich künftig auch das gesellschaftliche Engagement der Schüler bewerten. Die Schulämter wiesen die Lehrer darauf hin, daß sie die Schüler ermutigen sollten, »nicht nur zu lernen, sondern sich auch für Demokratie und Fortschritt einzusetzen«.

Die Gewerkschaft Erziehung und Wissenschaft appellierte an ihre Mitglieder, die neue Regierung zu unterstützen. Es werde Zeit, den Antisowjetismus aus den Schulbüchern zu tilgen. Schon Thomas Mann habe den Antikommunismus als »Grundtorheit des 20. Jahrhunderts« bekämpft, Zeit also, ihm zu folgen. Intern bemühten sich GEW-Funktionäre, Verständnis für die Übergriffe der Sicherheitsorgane zu wecken. Der Staat sei in einer schwierigen Übergangssituation, es gebe überall Feinde, die das friedliche Zusammenleben aller Deutschen stören wollten. Man dürfe eben nicht versehentlich feindliche Argumente benutzen, auch wenn man es gar nicht so meine. »Der Verfassungsschutz ist nervös, und er hat allen Grund dazu. Denken Sie nur an den ›Grünen-Prozeß‹. Welch ein Sumpf von Verrat!«

Die GEW bildete an manchen Schulen bereits Schulgewerkschaftsleitungen (SGL) nach dem Vorbild Ostdeutschlands. Diese hatten in der DDR etwas zu sagen, sofern es auf der Linie der SED lag. Die provisorischen SGLs im Westen bemühten sich gegenüber den Schulleitern, mehr Mitspracherechte zu bekommen. Das widersprach zwar den Schulgesetzen, aber Schulleiter wie Schulämter machten Zugeständnis um Zugeständnis, da sie befürchteten, später für eine Weigerung zur Rechenschaft gezogen zu werden. Johannes schimpfte über die »Anmaßung des SGL-Vorsitzenden« an seiner Schule. Den gebe es rechtlich zwar gar nicht, aber schon mische er sich in Personalfragen und Stundenplan ein. Aber er tue das nicht ohne Geschick, räumte Johannes ein. Denn mußten sie nicht tatsächlich viel zu viele Überstunden leisten? Waren die

Klassen nicht viel zu groß? Und war der Direktor nicht tatsächlich ein autoritärer Bock von vorgestern?

Was Johannes die Schulgewerkschaftsleitung war, war mir der Uhu. Eines schönen Tages im Sommer 1992 stellte unser Chefredakteur uns auf der Redaktionskonferenz einen neuen Mitarbeiter aus Berlin vor. »Obwohl, ›Mitarbeiter‹, das ist eher der falsche Begriff. Vielleicht sollte man ihn besser als ›Betreuer‹ bezeichnen«, sagte Gerstig und wandte sich, Zustimmung erwartend, an den kleinen grauen Mann neben ihm, in einem schmutzfarbenen Anzug, graue Krawatte auf weißem Hemd. Seinen späteren Spitznamen verdankte er seinen stechenden, grauen Augen, die einen ausdruckslos fixieren und doch erschauern lassen konnten.

Der Uhu reagierte nicht auf den Blick des Chefredakteurs, zeigte aber auch keine Zurückweisung. Ich habe den Uhu kaum jemals etwas sagen gehört. Und doch waren alle Redakteure überzeugt davon, daß er Schritt um Schritt die Macht in der »Rheinischen Post« übernehmen würde. Nicht, daß er Redaktionskonferenzen leitete oder Artikel redigierte oder gar strich. Aber wir merkten eine deutliche Änderung im Verhalten des Chefredakteurs, seit der Uhu da war. Und diese Änderung war uns nicht erklärbar ohne die Wirkung des Uhus.

Wozu brauchten wir einen Betreuer? Die »RP« war in der kurzen Zeit seit dem 3. Oktober 1990 so gut wie freiwillig auf einen regierungsfreundlichen Kurs umgeschwenkt. Das war uns nichts Ungewohntes, hatte die Zeitung die konservativ-liberale Regierung doch all die Jahre mit freundlicher Zustimmung begleitet. Aber nun schwanden die sozialismuskritischen Artikel und Passagen, gab es mehr nationale Untertöne in und zwischen den Zeilen und war Honecker bis zu seinem überraschenden Abgang plötzlich einer der »herausragenden deutschen Staatsmänner dieses Jahrhunderts«. Die Sowjetunion war neuerdings Friedensmacht, und darüber mußten wir dann doch grinsen, denn hatte nicht die »RP« immer wieder vor der »militärischen Übermacht des Warschauer Pakts« gewarnt und neue NATO-Raketen geradezu erbettelt?

»Wie gut, daß wir nicht mehr bei Hitlers sind, sonst müßten wir die Juden als Kriegshetzer beschimpfen«, sagte ein Kollege im engeren Kreis verbittert. Zwei Tage später wurde der Kollege zum Chefredakteur gerufen. Dort warteten bereits zwei Männer auf ihn, mit denen er das Redaktionsgebäude verließ, um nicht mehr zurückzukommen. Gerstig teilte uns mit, daß gegen den Kollegen eine polizeiliche Untersuchung eingeleitet worden sei wegen Staatsverleumdung. Nun saß er im Düsseldorfer Isolierungslager, das auf einem ehemaligen Industriegrundstück an der Stadtgrenze zu Neuss eingerichtet worden war.

Die Betriebsgruppe der DKP, deren Treiben man bald geduldet hatte, mutierte zur Betriebsparteiorganisation (BPO). Kurt Seiler, 1. Sekretär der BPO, wurde zu allen wichtigen Fragen hinzugezogen und saß bald neben Chefredakteur und Uhu am Tischkopf in den Konferenzen. Unser Chefredakteur reiste nun häufiger in Begleitung des Uhus nach Berlin, um Informationsveranstaltungen bei Minister Boenisch zu besuchen. »Ist doch gut, daß wir nun einen so direkten Draht zur Regierung haben«, sagte ein eifriger Kollege, und alle anderen schwiegen peinlich berührt.

Als ich eines Abends spät aus der Redaktion zurückkam, fiel mein Auge im Hauseingang auf ein Brett mit einem Aushang, Überschrift: »Einladung zur Hausversammlung«. Und dann stand da: »Ich freue mich, Ihnen zwei schöne Neuigkeiten mitteilen zu dürfen. Erstens haben wir nun endlich ein Schwarzes Brett, an dem wir unsere die Hausgemeinschaft betreffende Informationen aushängen können. Und zweitens würde ich gerne mit Ihnen, liebe Mitbewohner, darüber sprechen, ob wir nicht dem Beispiel vieler folgen und auch eine richtige Hausgemeinschaft gründen sollten.« Hatten wir nun eine Hausgemeinschaft, als die wir angesprochen wurden in diesem Aushang, oder mußten wir erst eine gründen? Und überhaupt, was sollte der Quatsch? Es gab gerade mal sechs Mietparteien in unserem schönen Jugendstilstadthaus. Man kannte sich und grüßte sich freundlich, das war es. Und warum sollte es mehr werden? Ich war doch froh, daß meine Mitbewohner nicht zu jenen rheinischen Frohnaturen zählten, die pausenlos schwätzen, trinken und dubiose Vereine gründen wollten.

Unterschrieben war der Aushang, in dem wir zu einer Hausgemeinschaftsversammlung – schon das Wort erweckte meinen Widerspruchsgeist – eingeladen wurden, von Irma Dranosch. Sie wohnte zusammen mit ihrem Mann Ernst mir gegenüber. Er war Beamter bei der Bundespost. Offenbar waren jetzt sogar schon die Briefmarkenheinis darauf erpicht, gesellschaftliches Engagement zu zeigen. Wahrscheinlich wurde der Dranosch früher zum Oberpostinspektor, wenn er sagen konnte, er habe eine Hausgemeinschaft gegründet. Auf die Post war ich sowieso sauer, weil die Umstellung der Postleitzahlen vor kurzem sämtliche Orte im Westen der angestammten Kennzahlen beraubt hatte.

Und nun also eine Hausgemeinschaft gründen? Ohne mich! Soll doch der Postheini, der in seiner Freizeit so gerne im Vorgarten auf Unkrautjagd geht, sich selbst zum Vorsitzenden der Hausgemeinschaftsleitung (HGL) ernennen und mich in Ruhe lassen.

Mein eiserner Widerstand währte nur kurz. Dann setzten die Zweifel ein. Was würden meine Nachbarn sagen, wenn ich mich der Gemeinschaft entzog? Es hatte in den letzten Monaten in den Medien unzählige Berichte gegeben über den großartigen Nutzen der Hausgemeinschaften. »Schöner wohnen, besser leben«, lautete die Losung, und immer wieder wurde gefordert, den Gemeinschaftssinn zu stärken. Wenn ich mich ausschloß, stünde ich dann nicht da als einer, der sich zu fein war? Würde ich nicht Verdacht erwecken? Nach einigen miesen Nächten sagte ich mir, es könne nicht schaden, mal an einer solchen

Hausgemeinschaftsversammlung teilzunehmen. Und wenn es zu dumm würde, dann könnte ich mir künftige Versammlungen ja einfach schenken. Meinen guten Willen wollte ich schon zeigen. Auch Johannes und Elvira rieten mir, ich solle mir die Sache wenigstens anschauen. Sie hätten in ihrer Hausgemeinschaft einige Leute besser kennengelernt, und erstaunlicherweise seien nicht alle so spießig, wie sie es befürchtet hatten.

Die Versammlung war, mit Rücksicht auf meine Arbeitszeit, auf einen Samstagnachmittag gelegt worden. Offenbar wußten die Dranoschs, daß ich samstags frei hatte, weil die »RP« sonntags nicht erschien. Wir trafen uns im Wohnzimmer der Dranoschs und durften in schweren Sesseln und einem Sofa, bortenüberladen und giftgrün, und auf einigen dazugestellten Stühlen Platz nehmen. Auf dem Wohnzimmertisch mit Glasplatte und Spitzendeckchen standen Kekse. »Die sind aus Thüringen, äh, aus dem Bezirk Erfurt«, sagte Herr Dranosch. Er übernahm ganz selbstverständlich die Leitung der Versammlung. Frau Jambosch, die über mir wohnte und gerne hektischen Schritts durch ihre Wohnung eilte, wie ich zu meinem Leidwesen akustisch genau verfolgen konnte, sagte mit leicht schriller Stimme: »Wie schön, daß wir hier alle einmal zusammensitzen.« Das Ehepaar Schmidt, das mir gegenüber auf dem Sofa saß, nickte verklemmt und so synchron, als würden sie es jeden Abend üben. Herr Günter, ein Rentner, schaute leeren Auges aus dem Fenster in den von Dranoschs Unkrautjagd gezeichneten Vorgarten. Günter war bestimmt schon über achtzig, erweckte aber nicht den Eindruck, senil zu sein. Er hatte die Nazis, den Krieg, den Wiederaufbau unter Adenauer und nun die deutsche Einheit erlebt. Es hätte mich interessiert, wie er darüber dachte. Aber er sagte nichts.

Es wurde über den wunderbaren Nutzen der Hausgemeinschaft palavert, die Kekse aus Thüringen, äh, Erfurt schmeckten ein wenig staubig, wurden aber doch verzehrt. Frau Dranoschs Kaffee war vorzüglich, mich würde interessieren, wie er heute ist. Die Hausgemeinschaft wurde natürlich gegründet, und

Herr Dranosch wurde natürlich HGL-Vorsitzender. Als er einstimmig gewählt war, fühlte er sich verpflichtet, eine kleine Ansprache zu halten. Er redete über die Gemeinschaft im großen und im kleinen. Lobte die Regierung, weil sie Menschen enger zusammenrücken ließ. »Ganz Deutschland ist bald eine große Familie.« Als er das sagte, rutschte mir der Satz heraus: »Es fehlen aber leider schon ein paar Verwandte«, weil ich noch nie von einer Familie gehört hatte, bei der so viele Mitglieder abhauten oder eingesperrt worden waren. Ich hätte es besser für mich behalten.

Herr Dranosch schluckte nur kurz, dann tat er so, als würde er mich nicht verstehen, jedenfalls schüttelte er leicht seinen mächtigen Rundkopf und fuhr fort, den Segen der Hausgemeinschaft zu preisen. »Nicht zuletzt, liebe Mitbewohner, habe ich als HGL einen ganz kurzen Draht zum ABV. Jetzt ist endgültig Schluß mit dem Vandalentum, den Sprayern und diesen verlotterten Subjekten, die ihren Müll auf die Straße oder sogar« – seine Stimme hob sich voller Empörung – »in unseren Garten schmeißen. Gestern lungerte wieder so ein Penner herum, aber den habe ich verjagt. Wenn er wieder auftaucht, hole ich den ABV.« Das ging ihm schon von den Lippen, als hätte er jahrzehntelang nichts anderes gekannt. Herr Dranosch hatte seine Bestimmung gefunden. Er gehörte nun nicht mehr nur auf seiner Postdienststelle zur Staatsmacht, sondern auch in seiner Eigenschaft als HGL-Vorsitzender. Und nicht nur dies, er war der Vertrauensmann des Abschnittsbevollmächtigten, jenes Polizisten vom nahe liegenden Polizeirevier, der sich für die Sicherheit unserer Straße zuständig fühlte.

Am Montag nach der Hausversammlung erhielt ich einen Rüffel. Der Uhu bestellte mich zu sich. Mit ausdrucksloser Stimme und ohne eine Miene zu verziehen, fragte er: »Wie haben Sie das gemeint, mit der Familie und den fehlenden Verwandten?« Die Frage traf mich wie ein Tiefschlag. Ich wußte keine Antwort.

Nach einigen Minuten des Schweigens sagte der Uhu: »Ist schon gut. Aber dieses Gespräch bleibt unter uns.«

Ich bin mir bis heute nicht sicher, warum der Uhu mich laufenließ. Gut, damals gab es bedeutendere Volksfeinde in großer Zahl, und die Sicherheitsorgane hatten alle Hände voll zu tun. Vielleicht war der Uhu auch klug genug, um zu bemerken, daß ich nie einen gefährlichen Konterrevolutionär abgeben würde. Vielleicht hatte der Uhu Mitleid, obwohl man ihm die Möglichkeit, es zu empfinden, nicht zutrauen konnte? Vielleicht aber nutzte er die vergleichsweise harmlose Gelegenheit, um mich zum Transporteur einer Botschaft zu machen. Denn daß ein Redakteur in einer Zeitung ein Geheimnis ganz für sich behalten würde, war unwahrscheinlich. Tatsächlich fühlte ich mich bemüßigt, meine Kollegen zu warnen. Ich erzählte ihnen nicht, was mir widerfahren war, warnte sie aber vor Spitzeln, die meistens gerade dort lauschten, wo es keiner erwartete. Wenn das die Kalkulation des Uhus war, so wurde ich gegen meinen Willen zu seinem Boten, verbreitete ich das Gefühl, überall und immer überwacht zu werden. Wirksamer als Verhaftungen und Gewalttaten ist die Angst vor ihnen. Angst zu erzeugen ist der Hauptzweck der Sicherheitsorgane. Aber das begriff ich erst viel später.

Geräuschlos waren die bundesdeutschen Geheimdienste dem Ministerium für Staatssicherheit unterstellt worden. Nichts anderes bedeutete die Bildung der Sicherheitspolitischen Koordinierungsstelle. Wie alle anderen Normalsterblichen habe ich davon kaum etwas mitbekommen. Gut, in den Medien erschienen nun immer wieder Heldensagen über *Kundschafter des Friedens*, deren gefahrvollem Kampf wir unsere Freiheit mit verdankten. Und im Freundes- und Bekanntenkreis gingen Sprüche um, daß die Wände Ohren hätten. Aber das mochte kaum einer so wirklich glauben. Außer jenen natürlich, die wie ich besondere Erfahrungen gemacht hatten mit der Auskunftsfreude eines netten Mitbürgers.

Erst im Zürcher Exil erfuhr ich Genaueres über das Ausmaß der Bespitzelung in Westdeutschland. Emigranten, die in Deutschland verhaftet worden waren, berichteten von dicken Dossiers, die über sie angelegt worden waren. Freunde, Kollegen, Kinder, ja, in manchen Fällen sogar Ehepartner hatten den Organen über »feindliche Ideen«, »abfällige Bemerkungen über führende Persönlichkeiten von Partei und Staat« oder die »Verbreitung staatsfeindlicher Nachrichten« berichtet. Manche Angeklagten sind nicht angesichts des Wissens der Verfolger zusammengebrochen, sondern nachdem sie erfahren hatten, wer sie verraten hatte.

Die Mitarbeiter der Sicherheitsorgane und die Staatsanwaltschaften aber wußten nicht nur viel, sie hatten auch eine lebhafte Phantasie. Noch heute berichten manche ihrer Opfer mit dem Ausdruck ungläubigen Staunens von den aberwitzigsten Gedankenketten in ihren Anklageschriften, an deren Ende immer monströse staats- und sozialismusfeindliche Organisationen standen, die mit ideologischer Zersetzung und Terror dicht daran waren, den Friedensstaat der Werktätigen in einer Orgie der Gewalt zu vernichten. Immer und überall drohte der dritte Weltkrieg, und wer zwischen die Mahlsteine der neudeutschen Justiz geriet, half mit, den »letzten Weltenbrand« (Hermann Kant) anzufachen.

»Ich habe den Feinden unseres Staates nicht gedient, auch wenn ich in der Vergangenheit aus heutiger Sicht Dinge gesagt habe, die möglicherweise unserer Republik abträglich waren«, versuchte ein Angeklagter sich zu verteidigen.

»Feindliche Ideen sind immer die Ideen der Feinde. Sie haben offenbar kein Wort Marx gelesen«, antwortete ein Staatsanwalt.

In der Emigration kursierten Gerüchte über die Zahl der Inhaftierten. Zehntausend war die geringste, eine Million die höchste. Vielleicht wissen westliche Geheimdienste mehr. Ich weiß nur, daß es viel zu viele sind, die aus oft fadenscheinigen Gründen in Isolierungslagern eingesperrt werden. Und viele jahrelang ohne Prozeß. Wenige werden nach kurzer Zeit entlassen, offenbar, weil die Untersuchungsbehörden herausgefunden haben, daß sie selbst nach den strengen Maßstäben des Regimes zu Unrecht eingesperrt worden waren. Auch in den Lagern scheint es Spitzel zu geben, jedenfalls berichten die wenigen ehemals Inhaftierten, denen nach der Entlassung die Ausreise gelang, daß sich in den Lagern kaum einer zu äußern traute, was er wirklich dachte.

Verhaftungen erfolgten so geräuschlos wie möglich. Oft klopften Agenten der Sicherheitspolitischen Koordinierungsstelle am frühen Morgen an die Tür, wenn die ahnungslosen Opfer noch schliefen. Manchen griffen sie auf der Straße. Sie sprachen die zu Verhaftenden freundlich an, man habe nur eine eigentlich belanglose Frage, ob Herr oder Frau Soundso nicht mal mitkommen könne, in ein paar Minuten sei alles erledigt. Man wisse doch, die leidige Bürokratie. Aus den Minuten wurden Jahre.

Wehe aber dem, der zu fliehen beabsichtigte. Einige sind sogar erschossen worden, weil sie Verdacht schöpften und wegrannten, als Fremde sie auf dem Weg von der Arbeit oder beim Einkauf unverfänglich ansprachen. Und manche hatten allen Grund wegzulaufen, denn es gab immer wieder mutige Menschen, die das Regime aktiv bekämpften. Aber kaum eine Parole an den Wänden, die nicht binnen Minuten weggeputzt wurde, nachdem empörte Bürger sie bei der Polizei angezeigt hatten. Wir Deutschen sind sauber. Hin und wieder stecken Mutige nachts parteifeindliche Flugblätter in die Briefkästen. Ich habe nie eines gesehen, aber Kollegen und andere Emigranten haben davon berichtet.

Damit Demokratiefeinde wirkungsvoller bekämpft werden konnten, erhielten die Geheimdienste Polizeivollmachten. Sie durften nun Straftäter nicht nur beobachten, sondern auch verhaften. »Damit werden die Sicherheitsorgane unsere Menschen und ihre demokratischen Freiheiten noch wirkungsvoller schützen können«, freute sich Innenminister Wolfgang Schäuble.

Es müssen inzwischen Zehntausende von Westdeutschen für das Ministerium für Staatssicherheit Erich Mielkes arbeiten. Wenn man weiß, daß die meisten Menschen aufgrund von Denunziationen in Lagern und Gefängnissen eingesperrt wurden, und wenn man schätzt, wie viele Verräter dazu erforderlich sind, dann ahnt man, wie tief der Sumpf der Spitzelei sein muß.

Vor kurzem traf ich zufällig den bekannten Historiker Imanuel Bock. Er saß auf einer Bank im Rieterpark und winkte mich freundlich zu sich. Wir hatten uns vor vielen Jahren einmal in Düsseldorf kennengelernt. Wir ließen uns von der Sonne bescheinen und diskutierten über die Lage in Deutschland, genauer gesagt, er dozierte, und ich hörte zu. Das war für uns beide das beste. Für mich, weil ich so nur lernen konnte. »Die Gestapo hatte zehntausend Mitarbeiter, und das genügte, um achtzig Millionen Deutsche zu überwachen. Aber nur, weil unzählige Deutsche der Gestapo zuarbeiteten, ihre Mitbürger bespitzelten. Jetzt sind es in Deutschland mindestens zehnmal so viele, weil das Regime in der Bevölkerung nicht so stark unterstützt wird wie die Nazis. Aber gäbe es nicht auch heute überall Denunzianten, dann müßte es eine Million Spitzel geben, um die Deutschen zu überwachen.«

Nicht nur bei den Geheimdiensten, sondern auch überall sonst, wo schon in der Bundesrepublik Befehl und Gehorsam galten, verlief die Übernahme ohne nennenswerten Reibungsverlust. Die Bundeswehr wurde von Offizieren gesäubert, die im Verdacht standen, der DDR und der SED allzu feindlich gesonnen zu sein. Kasernen, die die Namen ehemaliger Nazigeneräle trugen, wurden umgetauft.

Vielen Menschen war in der Vergangenheit mindestens unwohl geworden, wenn sie an Kasernen die Namen von Hitlers getreuen Heerführern oder von Kämpen des antibolschewistischen Feldzugs erkannten. Auch in der Redaktion der »Rheinischen Post« hörte ich Zustimmung, als Verteidigungsminister Armeegeneral Heinz Keßler bekanntgab, daß rund fünfzig Kasernen in Westdeutschland umgetauft würden. Anlaß war die Zusammenführung der Nationalen Volksarmee und der Bundeswehr zur Deutschen Volksarmee. Der ehemalige NATO-Generalsekretär Manfred Wörner, der in den USA schlecht besuchte Vorträge gegen den »modernen Totalitarismus« hielt, giftete: »Nun wird der Bundeswehr nicht nur der Name, sondern auch die Wurzel geraubt. Mit dem heutigen Tag gibt es keine deutsche Armee mehr. Was sich da DVA nennt, ist in Wahrheit eine Armeegruppe der Sowjetstreitmacht.«

Genüßlich zitierte Chefredakteur Gerstig Wörners Äußerung (sonst hätte ich nie von ihr erfahren können) in einem Leitartikel:

Wenn Manfred Wörner den Namen von Nazigenerälen nachtrauert, dann spricht das gegen ihn und nicht gegen den Verteidigungsminister. Schauen wir uns einige dieser Herren an, nach denen bis heute deutsche Kasernen benannt waren: Da ist zum Beispiel Eduard Dietl, den Hitler als »eigentlichen Geburtshelfer des Dritten Reiches« pries und dessen Name noch vor dem seines »Führers« in der Mitgliedsliste der Nazipartei steht. Da ist der glühende Antibolschewist Graf Rüdiger von der Goltz, in der NS-Zeit Führer des Reichsverbands der Offiziere und NSDAP-Anhänger fast der ersten Stunde. Da ist Ludwig Kübler, der »Adria-Schreck«, wie ihn Zeitgenossen genannten, weil er noch 1945 Partisanen in Jugoslawien ermorden ließ. Da ist Werner Mölders, ein von Hitler hochdekorierter Nazifliegerheld. Da ist der Generalfeldmarschall August von Mackensen, der noch Ende 1944 Jugendliche zu »Opferbereitschaft und Fanatismus« aufrief und in Hitler den »Retter« sah. Und da sind die Herren Marseille, Lent, Hüttner, von Haeseler und andere, die 1939 freudig in den Raubkrieg zogen und unzählige Verbrechen begangen haben.

Die neuen Namenspatrone der deutschen demokratischen Armee symbolisieren den neuen Geist, der nun in die Streitkräfte einzieht: Georg Groscurth, Arvid Harnack oder Harro Schulze-Boysen haben im Kampf gegen die braune Barbarei ihr Leben für Deutschland geopfert und nicht für Adolf Hitler.

Zwar hatten wir soviel Pathos nie zuvor in einem Leitartikel Gerstigs gelesen, aber jedenfalls mir sprach er trotzdem aus dem Herzen. Es war nur folgerichtig, daß die Namen von Hitlers Generälen an Kasernenmauern getilgt wurden. Und was sollte dagegen eingewandt werden, daß nun Antifaschisten Namengeber waren? Erst nach meiner Flucht aus Deutschland habe ich begriffen, daß der Antifaschismus nur Instrument ist, um die moralische Überlegenheit des Marxismus-Leninismus zu beweisen. So dumm waren die Kommunisten nicht, um nicht die krassen Fehlentwicklungen in der Traditionspflege der Bundeswehr auszunutzen. Das gilt nicht nur für die Streitkräfte, sondern genauso für die Schulen.

Johannes erzählte mir, daß die Lehrpläne in Deutsch in der Erweiterten Oberschule, wie die gymnasiale Oberstufe mittlerweile hieß, antifaschistische Schriftsteller von Johannes R. Becher bis Arnold Zweig in den Vordergrund stellten. Kants Roman »Der Aufenthalt« wurde als »vorbildliches Werk der neuen deutschen Nationalkultur« gepriesen. Die Geschichts- und Sozialkundelehrer aber mußten am stärksten umdenken. Johannes erzählte mir, wie die Lehrinhalte Scheibchen um Scheibchen umgewälzt wurden. Zuerst der Antifaschismus, da zogen die meisten freudig mit, hatten die Lehrer es doch immer als wenigstens bedenklich empfunden, daß viele Schüler so gut wie nichts erfuhren über die Nazizeit. Dann wurde die überragende Rolle der Sowjetunion bei der Befreiung Europas und auch Deutschlands gewürdigt. Kritische Auslassungen zum Hitler-Stalin-Pakt und darüber, daß Moskau den Antifaschismus danach erst wieder entdeckte, als die Sowjetunion von Hitlerdeutschland überfallen wurde, wurden erst geschwärzt, in den neuen Schulbüchern tauchten sie gar nicht mehr auf. Die Oktoberrevolution 1917 war bald das »entscheidende Ereignis dieses Jahrhunderts«, wenn nicht noch mehr. Lenin war das »größte Genie unserer Zeit« und der Aufbau des Sozialismus in der DDR die einzig richtige Antwort auf die »Nacht der Nazibarbarei«.

Johannes verglich die Entwicklung mit einem Sog. Hatte man sich erst einmal auf den Antifaschismus eingelassen, war es nicht mehr weit dahin, die Kommunisten als Helden zu feiern, denn sie hatten von allen Parteien die meisten Opfer gebracht im Kampf gegen das NS-Regime. Wenn man den Heroismus der Kommunisten lobte, konnte man den Marxismus-Leninismus nicht mehr ganz falsch finden und war die Partei der Kommunisten eine besondere Organisation mit einem besonderen moralischen Status. Von hier aus war es nicht mehr weit zu der Einsicht, daß die DDR ein moralisch überlegener Staat sein müsse, was man ja schon daran erkenne, daß an ihrer Spitze Antifaschisten stünden. Honecker etwa habe sein Leben riskiert und in der Nazihaft gelitten für die Befreiung Deutschlands. Andere, die mit dem Finger auf den abgebrochenen Dachdecker zeigten, hätten dagegen brav »Heil Hitler!« geschrien. Gewiß, der Sozialismus habe wirtschaftlich noch nicht seine Ziele erreicht. Aber habe die DDR nicht die Reparationslast für ganz Deutschland tragen müssen? Hätten die *Freunde* nach dem Krieg nicht riesige Werte als Entschädigung für Kriegszerstörungen gefordert und ganze Fabrikanlagen in die Sowjetunion geschafft? Hätte die DDR genauso vom Marshall-Plan profitieren können wie die Bundesrepublik, dann gäbe es längst genug Wohnungen, keine Löcher in den Straßen oder Langsamfahrstrecken der Deutschen Reichsbahn mehr. Bis heute trägt der Staat der Antifaschisten die Bürde des Naziregimes, und die Kräfte, die Hitler an die Macht finanzierten, feierten ihren Reichtum. War das gerecht?

Johannes fand an diesen Argumenten manches bedenkenswert. »Wir haben die DDR bisher doch einseitig gesehen. Wir haben uns als Maßstab genommen und nur gefragt, ob es das, was wir bei uns schätzen, auch drüben gebe. Das war mit Sicherheit der falsche Weg. Aber was ist richtig?«

Was ist richtig? Darüber stritt ich nicht nur mit Johannes. Im Rückblick auf die Jahre 1990 bis 1995 bilde ich mir ein, daß wir alle fast nur noch über das diskutiert haben, was da über uns hereinbrach. Aber das stimmt natürlich nicht. Wir haben eigentlich so weitergelebt wie zuvor. Jedenfalls zuerst. Heute weiß ich, daß sich die Backen der großen Stahlzange langsam schlossen, unmerklich oft. Meist entdeckten wir erst im nachhinein, daß wieder ein Tabu hinzugekommen war. Psychologen und Soziologen sollten diese Zeit studieren, damit wir erfahren, in welchem Maß Angst Meinungen bildet. Wenn ich heute über Gespräche von damals berichte, dann mag das so klingen, als würden Argumente ausgetauscht, Fragen gestellt, Antworten versucht. So war es aber nicht. Denn in allen Gesprächen führte die Angst Regie. Angst vor Spitzeln, vor Verhaftungen, vor Entlassung. Kaum einer aber gestand seine Angst ein, nicht einmal sich selbst. Und so folgten viele Gespräche einer obskuren Logik, unsichtbar, aber bestimmend. Die Angst legte sich über die Gesellschaft. Sie war der wichtigste Verbündete der Machthaber. Wie oft habe ich Menschen sich plötzlich umblicken gesehen? Und wer war der andere, mit dem man sprach? War er ein Spitzel? Denunziation lohnte sich. Wer sich bei den Mächtigen anbiederte, konnte weit kommen. Nun, das hatte ich früher in der Redaktion auch erlebt, aber in dem Maß, wie Staat, Gesellschaft und Partei eins wurden, überschritt das Denunziantentum alle Grenzen. Es ist eben ein Unterschied, ob einer Kollegen beim Chef anschwärzt oder bei den Sicherheitsorganen. Im ersten Fall ist er ein Schleimscheißer, im letzteren lebensgefährlich. Jeder wußte, daß die

Leiter auch der privaten Unternehmen berichtspflichtig waren, wie es in schönstem Amtsneudeutsch hieß. Wer einen beim Chef verpetzte, wußte, daß es allein von diesem abhing, ob er die Denunziation weitergab oder nicht. Bei unserem Chefredakteur glaubten wir uns sicher. Er war zwar kein Held, aber er war auch kein Handlanger der Sicherheitsorgane. Aber da saß ja immer noch der Uhu. Würde er zu einer menschlichen Regung fähig sein? Wir wußten es nicht. Die Unsicherheit war gleichbedeutend mit Angst.

An den Kollegen in der Politikredaktion ließ sich die meinungsbildende Kraft wachsender Angst zuerst beobachten. Kurt Klingenberg, der bis 1989 jeden Ausgleich mit dem Osten als Verrat und die Entspannungspolitik als hinterhältigen Trick Moskaus und seiner 5. Kolonne in der Bundesrepublik entlarvt hatte, derselbe Klingenberg lobte die Sowjetunion mittlerweile als »Friedensmacht« und machte den Sozialdemokraten »Mut, die Kluft des Mißtrauens und der Vorurteile zu überspringen«. Ob er wußte, daß er den längst nach Holland geflohenen ehemaligen Ministerpräsidenten Johannes Rau zitierte, als er in einem Leitartikel in bestem Evangelistenpathos forderte, »das Land zusammenzuführen und nicht zu spalten«? »Die beiden großen Parteien der deutschen Geschichte müssen einen Weg finden, historischen Ballast abzuwerfen und zu einem engen Zusammenwirken zu kommen. Für Deutschland.« Niemand konnte sich erinnern, daß Klingenberg seine Wandlung irgendwann irgendwo begründet hätte.

Genauso Gert Weinrich, den wir oft als die »Speerspitze der Union« in der Redaktion belächelt hatten. Weinrich war das Sprachrohr all der zum Scheitern verurteilten christdemokratischen Spitzenleute in Nordrhein-Westfalen, von Biedenkopf über Worms bis Blüm, denen das Schicksal es verwehrte, die SPD als Regierungspartei abzulösen. Und nun kriegte auch Weinrich die Kurve, lobte er den neuen Ministerpräsidenten Wolfgang Clement, einen Journalisten, der sich als wertfreier

Pragmatiker verstand und wohl deshalb glaubte, mit den neuen Mächtigen zusammenarbeiten zu müssen (erst spät hat er seinen Irrtum bemerkt und leitet inzwischen ein Touristikunternehmen in Österreich).

Und was war mit dem frommen Walter Stadel passiert, der den Marxismus-Leninismus einst als Teufelslehre verdammt hatte? Wenn ich mir heute am Zürcher Hauptbahnhof eine »RP« kaufe, entdecke ich hin und wieder Artikel Stadels, in denen ich so sonderbare Wendungen lese wie etwa diese: »Seit dem Beschluß, den Sozialismus in ganz Deutschland aufzubauen, können wir gläubigen Christen befreit aufatmen. Mögen wir hier und da noch Zweifel spüren, laßt sie uns verjagen, denn im Sozialismus liegt die Zukunft der Christenheit.«

Am meisten aber verblüffte mich Gustav Tümpel, unser Experte für Sicherheitspolitik. Eingenebelt in Pfeifenrauch, nervte er Redaktionskonferenzen mit seiner Panzerarithmetik. Man konnte das Gefühl bekommen, er habe jeden russischen Panzer höchstpersönlich abgezählt, gewissermaßen Auge in Auge. Er mahnte die Bundesrepublik und die NATO insgesamt fortlaufend vor ihrer konventionellen Unterlegenheit gegenüber der »stählernen Faust der Roten Armee«. Ich erinnere mich noch gut an eine Redaktionskonferenz, auf der Chefredakteur Gerstig nach einer der üblichen Panzer-und-Kanonen-Arien Tümpels sagte: »Stimmt, gerade gestern haben die Russen uns überrollt.«

Tümpel, sehr formell, wie es seine Art ist: »Ich finde es nicht angemessen, Witze über diese Bedrohung zu machen.«

»Was soll ich sonst machen? Wenn ich das Resümee all ihrer Artikel der letzten Zeit ziehe, dann sind, erstens, die Russen darauf aus, uns zu erobern, und wollen ihre Panzerarmeen erst am Atlantikstrand stoppen. Und haben, zweitens, eine solche Überlegenheit in ihrer Rüstung, daß es ein leichtes wäre, zu tun, was sie ja Ihrer Auffassung nach schon immer vorgehabt haben. Ich frage mich nur, warum sind die Russen noch nicht da? Oder habe ich es nicht bemerkt?«

Diese denkwürdige Auseinandersetzung fand irgendwann Mitte der achtziger Jahre statt. Hat der Panzerfetischist Tümpel recht behalten? Nein, es waren die weltpolitische Konstellation und ein genial-perfider Schachzug der Atomsupermacht UdSSR, die Deutschland die Freiheit kosteten – oder die Befreiung von der Ausbeutung durch die Monopole brachten. Wie immer man es sehen wollte. Heute lesen sich Tümpels Analysen übrigens genauso wie früher. Nur daß er nun US-Panzer zählenswert findet.

Dabei hätte er es nun viel leichter, wenigstens ein paar der sowjetischen Stahlmonster gewissermaßen per Handschlag zu begrüßen. Denn statt der Militärkonvois der Amerikaner, Briten, Franzosen oder Belgier verstopften nun sowjetische Kolonnen die Straßen. In den Medien war über das Einrücken der roten Soldaten breit berichtet worden. Die sowjetischen Militärkommandanten waren offenbar höfliche, zivilisierte Leute. Heute weiß ich allerdings, daß sie einen speziellen Auftrag hatten: Sie zeigten den Ministerpräsidenten, Landräten und Bürgermeistern freundlich ihre Kasernen und die vielen Waffen, die sie mitgebracht hatten. In Übungen demonstrierten sie ihre Einsatzbereitschaft, vor allem im Häuserkampf. Das waren beeindruckende Vorstellungen. Und wenn die Kommandanten dann um freundschaftliche Zusammenarbeit baten, verstand jeder, was gemeint war.

VIII.

Die Gründung der Nationalen Front der DRD am 23. Mai 1995 wurde groß gefeiert. Staatsratsvorsitzender Egon Krenz – das Amt des DRD-Präsidenten war vor einem halben Jahr abgeschafft worden – betonte in einer Fernsehansprache, daß alle »vorwärtsweisenden Kräfte im vereinten Deutschland nun endlich auch eine Form gefunden haben, ihre fruchtbringende Zusammenarbeit auszuweiten und zu vertiefen. SEdDRD, DBD/CSU, CDU, LDPD und NDPD und unsere gesellschaftlichen Organisationen, allen voran der Freie Deutsche Gewerkschaftsbund, die Freie Deutsche Jugend, die Gesellschaft für Deutsch-Sowjetische Freundschaft und all die anderen Sammlungsbewegungen unseres Volkes ziehen nun auch in Westdeutschland an einem Strang. Erst damit ist die deutsche Einheit vollendet.«

Die Ausweitung der Nationalen Front auf Westdeutschland war das Ergebnis harter Arbeit der Westexperten im Zentralkomitee der SED, des Ministeriums für Staatssicherheit und der Genossen von der DKP. Binnen fünf Jahren war es ihnen gelungen, die westdeutsche Parteienlandschaft aufzurollen. Der erste große Schritt auf dem Marsch zur Nationalen Front gelang in München. Und dieser Sieg im Frühjahr 1991 war vor allem SED-Agitpropchef Joachim Herrmann zu verdanken. Denn der verfiel auf die Idee, dem Genossen Honecker einen ganz besonderen Emissär nach München vorzuschlagen: Ulrich Junghanns.

Herrmann stellte die Kaderakte zusammen: Geboren 1956 in Gera, 1972 Abschluß an der Polytechnischen Oberschule, 1974

Lehrabschluß als Facharbeiter für Pferdezucht, 1974-76 Wehrdienst, seit 1982 hauptamtlicher Funktionär der Demokratischen Bauernpartei, Besuch einer SED-Bezirksparteischule, bald Bezirksvorsitzender der DBD in Berlin und Mitglied des Parteivorstands. Die dürren Daten verbargen fast die Hauptsache, und darauf wies Herrmann den Genossen Honecker hin: »Junghanns ist dem Sozialismus und unserer Partei treu ergeben. Er hat sich öffentlich für den Erhalt des antifaschistischen Schutzwalls, den du ja in diesem genialen Unternehmen im August '61 errichtet hast, eingesetzt. Er kennt die Probleme auf dem Land, weiß was über Kühe, Pferde und Schweine und vertritt immer die Position der Arbeiterklasse.«

Honecker schwieg eine Weile. Konnte man einem Blockfreund trauen? Gut, sie hatten die Funktionäre der Blockparteien genau durchleuchtet, und keiner wurde was in CDU, DBD, LDPD und NDPD, ohne daß die Genossen der SED es abgenickt hatten. Ja, Götting, Heyl, Fischer, Homann, Gerlach – auch wenn der ein bißchen eigensinnig war – waren treu. Aber Junghanns, den kannte er kaum. Gut, was er bisher über ihn gehört hatte, war gut, sehr gut sogar. Aber ihn gleich nach München schicken? »Ich werde es mir überlegen.«

Am nächsten Tag schickte Honecker die Vorlage an Herrmann zurück. Darauf handschriftlich der Vermerk: »Einverstanden. Aber Gen. Axen hat die Leitung und die Verantwortung. E. H.«

In München war Fön, als die Maschine aus Berlin-Schönefeld pünktlich um 11 Uhr 15 auf der Landebahn in Riem aufsetzte. Junghanns wartete geduldig, bis der Flieger ausgerollt war, und beachtete die Passagiere nicht, die schon hektisch an den Sicherheitsgurtverschlüssen nestelten. Als das Flugzeug in den Sinkflug übergegangen war, hatten ihn die weißen Pünktchen fasziniert, die sich, noch niedriger, als Häuser entpuppten mit weißen Fassaden, wie sie dort, wo er herkam, kaum einmal zu sehen waren. »München ist eine reiche Stadt, in manchen Ecken geradezu bombastisch. Unser Reichtum ist der Marxismus-Leninismus. Der ist viel mehr wert als alle Säulen und Prunkfassaden Münchens«, hatte Axen ihm mit auf den Weg gegeben. Aber schön war die Stadt aus der Vogelperspektive doch. Sie gehörte nun auch zur DRD, genauso wie Gera oder Anklam. Er würde sie und ihre Bewohner in den kommenden Wochen kennenlernen.

Gemeinsam hatten Axen und Junghanns Heyls Bericht über seinen Besuch in Bayern ausgewertet. Manchmal hatte Axen die Stirn gerunzelt und eine abfällige Bemerkung eingeflochten wie »Das kann man auch einfacher formulieren«. Junghanns spürte, daß sich Axens Freude über Heyls Erfolg in Grenzen hielt. Der Westexperte des ZK litt immer noch unter dem Debakel, das er und Rettner in Bonn hatten erleben müssen. Aber inzwischen hatte der Optimismus längst die Oberhand gewonnen. Sie würden die sozialdemokratischen Genossen schon noch überzeugen.

Junghanns sollte die Zusammenarbeit mit der CSU verbessern, Widerstände herausfinden, Übereinstimmungen suchen, um die Entwicklung zu beschleunigen. »Du darfst auch Zugeständnisse ankündigen, aber nicht schriftlich. Wir wollen dem Genossen Honecker nicht vorgreifen. Aber manchmal muß man dem Esel Heu vors Maul hängen. Finde heraus, wer in der CSU für uns zu gewinnen ist. Die Genossen Mielke und Wolf sind auch da schon aktiv, wie du dir denken kannst. Wir müssen in München unseren demokratischen Patriotismus unterstreichen. Davon leitet sich alles andere ab.«

Am Flughafen erwartete Peter Gauweiler den Gast aus dem Osten. Gemeinsam fuhren sie in einem schweren BMW zur CSU-Parteizentrale in der Nymphenburger Straße im Münchener Westen. In einer Vereinbarung mit Axen hatten die CSU-Größen zwar erlaubt, daß ein Verbindungsbüro im Parteihaus eingerichtet würde, aber es sollte nicht von einem SED-Mann besetzt werden. Streibl hatte darauf gedrungen, weil er sich nicht dem Vorwurf aussetzen wollte, den Kommunisten die Tür geöffnet zu haben. »Sie müssen das verstehen«, hatte er Axen erklärt, »viele Mitglieder der CSU würden lieber Bayern von Deutschland trennen, als sich mit der SED einzulassen. Wir müssen behutsam vorgehen.«

Nach der freundlichen Begrüßung durch CSU-Generalsekretär Erwin Huber richtete sich Junghanns in einem kleinen Büroraum im zweiten Stockwerk ein. Als erstes telefonierte er mit einem Rosenheimer Fleischwarenunternehmer, Josef August. Der hatte in den vergangenen Jahren prächtige Gewinne gemacht durch Exporte in die DDR, weil der Genosse Schalck-Golodkowski vom Außenhandelsministerium sich so stark für Augusts Firma eingesetzt hatte. August war ein Spezi – so nannten die Bayern ganz spezielle Freunde, soviel hatte Junghanns gleich gelernt – der CSU-Prominenz. Nicht wenig von den knappen Devisen der DDR war in Augusts Schatulle geflossen. Aber diese Investition zahlte sich nun aus.

August war die Freude selbst, als Junghanns sich vorgestellt hatte: »Endlich wächst Deutschland zusammen. Das war immer das Ziel von Franz Josef Strauß – Gott hab ihn selig – gewesen. Gerne treffe ich mich mit Ihnen. Wir wär's mit morgen beim Spöckmeyer?«

Junghanns freute sich, und nachdem er erfahren hatte, daß es beim Spöckmeyer Münchens beste Weißwürste gab, freute er sich noch mehr. Das war ein guter Einstieg. Der Genosse Axen würde begeistert sein.

Axen hatten unterdessen andere Sorgen, nämlich mit der Sozialdemokratie. Die Genossen kamen mit der SPD zunächst nur zäh voran. Das war um so ärgerlicher, als das Projekt »neue Einheitspartei« in den Augen des Politbüros der Schlüssel für den Aufbau des Sozialismus in Westdeutschland war. Bei aller Wertschätzung der fleißigen DKP-Genossen, eine Partei der westdeutschen Arbeiterklasse waren sie nicht, obwohl ihre

Mitgliederzahl stark gestiegen war. Ohne Vereinigung mit der Sozialdemokratie würde die SED nie einen starken Einfluß auf die Arbeiter zwischen Elbe und Rhein gewinnen. Die Macht kam nicht nur aus den Panzerkanonen, sondern mußte auch in den Köpfen der Menschen verankert werden. Der Westen war kein Besatzungsgebiet, sondern der größere Teil des vereinten Deutschlands. Die SED mußte wenigstens die politisch bewußteren Werktätigen für sich gewinnen, also die SPD und die Gewerkschaften. Das war der wichtigste Klassenauftrag, den das Politbüro der SED zu geben hatte. Fieberhaft arbeiteten die SPD-Experten des ZK-Sekretariats und der Hauptverwaltung Aufklärung des Ministeriums für Staatssicherheit in enger Abstimmung mit den sowjetischen *Freunden* daran, »die Sozialdemokratie zu ihren marxistischen Ursprüngen zurückzuführen«, wie es im Beschluß des Politbüros hieß.

Inzwischen hatten sich in fast allen SPD-Landesverbänden »Sozialistische Arbeitsgemeinschaften« gebildet, die sich für einen »offenen Dialog und die Zusammenarbeit mit der SED« einsetzten. Aber bei der Gründung dieser AGs hatte die SED nachhelfen müssen. Axen hatte gehört, daß Mielke sauer war, denn er hatte alle seine IMs in der SPD auf die neue Linie einschwören müssen. Das paßte dem großen Konspirator nicht, so »verbrannten« seine Einflußagenten, von denen sich viele auf dem rechten Flügel der Sozialdemokratie positioniert und die Zusammenarbeit mit Kommunisten abgelehnt hatten. Honecker und Krenz hatten Mielke ins Gebet genommen, und der hatte sich schließlich der Parteidisziplin gebeugt. Also mußten nun rechte Sozialdemokraten plötzlich ihre Zuneigung zum Sozialismus à la DDR entdecken.

Die Differenzierung schritt voran. Die SED und die sowjetischen Behörden in Westdeutschland setzten SPD-Kreis-, Bezirks- und Landesverbände unter Druck. »Rechte Sozialdemokraten« wurden öffentlich denunziert als Helfershelfer der Feinde Deutschlands, die »geistige Mauern zwischen den endlich wiedervereinten Deutschen bauen«. Wer sich der Zusammenarbeit mit der SED besonders hartnäckig widersetzte, wurde in die Verbindungsbüros der Sowjetstreitkräfte »eingeladen«. Manche dieser Einladungen dauerten Wochen.

Ich habe in Zürich einige Sozialdemokraten getroffen, die die sowjetische Gastfreundschaft genossen hatten. Sie waren verhört, als Agenten, wahlweise des US-Imperialismus oder des Zionismus, beschimpft und tagelang eingesperrt worden. Nachts raubte man ihnen den Schlaf durch Licht und Lärm. Ob sie nicht begriffen hätten, wer nun die Macht habe und daß es aussichtslos sei, sich gegen die Sowjetunion zu stellen. Man könne sie jahrelang in sibirischen Lagern verschwinden lassen, und niemand erführe, wo sie seien. »Wenn es sein muß, helfen wir der historischen Notwendigkeit ein bißchen nach. Das ist Dialektik«, zitierte ein Opfer den Sowjetoffizier, der ihn bearbeitet hatte.

Die Kreisverbände der SPD wurden außerdem überschüttet mit Aktionseinheitsangeboten der DKP. »Wer sich von der politischen Entwicklung und der Mehrheit der Bevölkerung absondert, kann die Zukunft Deutschlands nicht mitgestalten«, hatte Herbert Mies auf dem letzten DKP-Parteitag erklärt. Aber warum war die DKP nicht längst in die SED »eingemeindet« worden? Weil das Politbüro glaubte, es sei von Vorteil, wenn es eine westdeutsche Partei nutzen konnte. Deren Vereinigung mit der SED erfolgte erst kurz vor dem Aufgehen der SPD in der Sozialistischen Einheitspartei, im November 1994.

Jeder SPD-Kreisverband, der sich zu einer Zusammenarbeit mit SED und DKP entschloß, wurde öffentlich gepriesen. In den TV-Nachrichten kamen immer wieder sozialdemokratische Aktionseinheitsbefürworter zu Wort, die Zeitungen druckten ihre Erklärungen ab. Bekannte Schriftsteller (»Kulturschaffende« hieß es neuerdings öfter) wie Hans Magnus Enzensberger, Günter Grass und Walter Jens hatten schon im Sommer 1991 in einem Appell die »ethisch gebotene Zusammenarbeit der deutschen Linken« gefordert und von der Sozialdemokratie verlangt, den »ihr zugewiesenen Platz in der Geschichte nicht mit der Berufung auf Gestriges zu verweigern«.

Der SPD-Vorstand in Bonn geriet unter wachsenden Druck: von der Basis, weil immer mehr Ortsvereine und Kreisverbände den Lockungen und Drohungen von Kommunisten und sowjetischen Militärkommandanten nicht widerstanden. Von den Parteilinken wie dem Frankfurter Kreis, die ihre Chance witterten, die SPD in sozialistisches Fahrwasser zu steuern. Von Beauftragten der SED, die recht ungeschminkt darauf verwiesen, daß etwa die Freunde der CSU schneller begriffen, was politisch und historisch die Stunde geschlagen habe. Auch Mitglieder des Parteivorstands und des Präsidiums wurden von sowjetischen Behörden vorgeladen und bearbeitet.

Unter den Sozialdemokraten gab es immer wieder Streit. Der ehemalige Parteichef Vogel meldete sich via Rundfunk zu Wort:

Das haben wir 1946 schon mal erlebt. Die Sowjets bedrohen uns, und unsere Kreisverbände werden bearbeitet. Der Berliner Landesverband ist schon unter die Räder gekommen und hat sogar eine Fusion mit der SED befürwortet. Die Genossen haben berichtet, daß ihnen praktisch gar keine Wahl geblieben ist, wenn sie nicht als Konterrevolutionäre angegriffen werden wollen. Viele Berliner Genossen hatten mich vor meiner Flucht gebeten, eine Zusammenarbeit mit der SED zu verhindern. Nur so sei die Selbständigkeit unserer Partei auch in Berlin zu retten. Die Genossen haben Angst vor einem neuen Grotewohl.

Oskar Lafontaine distanzierte sich von seinem Vorgänger, indem er erklärte: »Von außen sehen die Dinge anders aus, als wenn man vor Ort ist. Vielleicht wäre es besser, Herr Vogel würde schweigen, als sich zu Dingen zu äußern, von denen er nichts versteht.« Aber Lafontaine sagte auch: »Wir leben nicht im Jahr 1946. Stalin ist bekanntlich tot. Wir sollten mit der SED zusammenarbeiten, wenn die Kommunisten uns glasklare Garantien geben, daß alles im Konsens beschlossen wird. Wir dürfen uns nicht überfahren lassen, aber wenn der Parteivorstand jetzt nichts tut für eine engere Zusammenarbeit, dann schickt uns der nächste Parteitag in die Wüste.«

Lafontaines Angst vor der Wüste war genauso berechtigt wie Vogels Vergleich mit Grotewohl. Anfang 1946 war der ostdeutsche SPD-Chef Otto Grotewohl unter dem Druck von Teilen der Parteibasis und der sowjetischen Besatzungsbehörden »umgefallen« und befürwortete die Vereinigung mit der KPD. Danach war Grotewohl binnen kürzester Zeit zum Kommunisten mutiert, der sich Wilhelm Piecks und Walter Ulbrichts Führung restlos unterwarf. Im Westen galt Grotewohl seitdem als die Personifizierung des Verrats.

Gewiß, Stalin war tot, jedoch nicht seine Methoden. Es wurde zwar nicht mehr gemordet, aber Stalins Nachfolger verstanden sich auf die Differenzierungsarbeit nicht schlechter als das historische Vorbild.

Zehntausende von SPD-Mitgliedern gaben zwischen 1990 und 1994 ihre Mitgliedsbücher zurück, fast alle Mitglieder der Parteiführung emigrierten ins Ausland. Viele Sozialdemokraten waren nicht einverstanden mit einem Kurs ihrer Partei, der als Schlingern begann und in der Selbstaufgabe endete. Sie beschuldigten ihre Parteiführer, die Ideale der Sozialdemokratie verraten zu haben, nur um die Organisation als solche zu retten. »Als könnte es eine Organisation ohne geistige Identität geben«, schimpfte ein Exgenosse in Zürich an einem der zahlreichen Emigrantenstammtische. »1933 machten Teile der Parteiführung den Vorstand judenfrei, um die Nazis nicht zu ärgern. 1946 wollten manche die SPD retten, indem sie der Zusammenarbeit mit den Kommunisten zustimmten. Und seit 1990 machte unsere Parteiführung ein Zugeständnis nach dem anderen, um die Partei zu erhalten, bis von der Partei nichts mehr übrig war. Und da gibt es immer noch welche, die glauben, man könne aus der Geschichte lernen.« Verbitterung allerorten.

Aus gutem Grund. Binnen weniger Jahre wurde die SPD umgewälzt, so lange bis die Befürworter der Vereinigung mit der SED »auf marxistischer Grundlage« Parteitagsmehrheiten erzielten. Wie viele Delegierten Anfang Dezember 1994 auf dem letzten SPD-Parteitag in Berlin der *Vereinigung der deutschen Arbeiterbewegung* freiwillig zustimmten und wie viele aus Angst, wird nie geklärt werden. Gleich im Anschluß, noch vor Weihnachten, fand der Vereinigungsparteitag statt. Einstimmig beschloß er die Gründung der Sozialistischen Einheitspartei der DRD (SEdDRD). Paritätische Vorsitzende wurden Egon Krenz und Karsten D. Voigt, der dem neuen Deutschland schon als Außenminister diente. Sozialdemokraten, die den Einheitskurs tatkräftig unterstützt hatten, wurden mit Funktionen und beruflichen Vorteilen belohnt. Gegner der Einheitspartei galten als »Volksfeinde«, deren sich die Justiz annahm.

Der unbarmherzige Kampf gegen den »Sozialdemokratismus« dauerte lange. Auch nach meiner Flucht las ich in deutschen und ausländischen Zeitungen, daß die Sozialistische Einheitspartei »ihre Reihen von feindlichen und unzuverlässigen Elementen reinigt«. Hauptfeind war nun »der Sozialdemokratismus, der die Einheit und Geschlossenheit unserer marxistisch-leninistischen Partei zerstören will, damit die Großkapitalisten in das demokratische Deutschland zurückkehren können«. Systematisch wurden ehemalige Sozialdemokraten verfolgt, die im Verdacht standen, ihren Idealen treu bleiben zu wollen. Auf dem II. SEdDRD-Parteitag im Mai 1999 bekannte sich die Partei zum Marxismus-Leninismus und zum Aufbau des Sozialismus in Westdeutschland. Das neue Statut beendete die Praxis, daß Funktionen auf nationaler und Bezirksebene paritätisch besetzt werden müssen. Jetzt gab es wieder einen Generalsekretär, Egon Krenz, und Politbüromitglied Karsten D. Voigt wurde mit dem Amt des Ministerpräsidenten und stellvertretenden Staatsratsvorsitzenden sowie dem Vaterländischen Verdienstorden in Gold getröstet. Auch Informationsminister Peter Boenisch rückte ins Politbüro auf und beerbte ZK-Sekretär Joachim Herrmann, der aus »Gesundheitsgründen«, wie es offiziell hieß, alle Ämter verlor. Meisnitz hatte schon vor zwei, drei Jahren Herrmann »vorzeitigen Altersschwachsinn« bescheinigt. »Wenn sich zur Dummheit die Verkalkung gesellt, reicht es nicht mal mehr fürs Politbüro«, sagte er mit bitterem Unterton.

Herrmann wurde möglicherweise die Schuld daran gegeben, daß sich die Sozialismusbegeisterung der Westdeutschen nach wie vor in Grenzen hielt. Die tumbe SEdDRD-Propaganda stieß die Menschen eher ab, als sie von den »Errungenschaften der von Ausbeutung befreiten Arbeit« zu überzeugen. Versorgungsengpässe nervten die Menschen, Schlangen vor Konsum- und HO-Verkaufsstellen gerieten zu spontanen Protestveranstaltungen, die oft genug erst die Volkspolizei beenden konnte.

Boenisch sorgte für eine Wende in der Medienpolitik. Er verpackte die Sozialismusbegeisterung zwischen Berichte über Sexorgien und Mordtaten, nachdem die prüde DRD-Regierung solcherlei Exzesse schon kurz nach der Vereinigung unterdrückt hatte. »Bild« und die anderen Boulevardblätter erwachten aus ihrem Dämmerzustand und gingen in die vollen. Gerne nahmen sich diese Blätter auch der Emigranten an, denen nun nicht mehr nur vorgeworfen wurde, daß sie Volksfeinde seien. Es wurden ihnen auch genüßlich und in phantasievollen Details Ehebruch, Kinderschändung, Diebstahl und anderes nachgesagt. Wichtiger aber war die Botschaft, daß die »Regierung des Volkes« hart durchgreife gegen Verbrecher aller Arten. »Endlich können deutsche Frauen wieder ohne Angst in Parks spazierengehen«, frohlockte »Bild«. Die Versorgungsmängel erklärte das Blatt als Sabotage der enteigneten Kapitalisten, die den wirtschaftlichen Aufbau störten. Zehntausende von Patenten hätten sie ins Ausland geschafft, wichtige Mitarbeiter aus den Forschungs- und Entwicklungsabteilungen würden nach

Frankreich, Österreich, in die Schweiz oder in die USA abgeworben. »Warum müssen wir auf Autos, Fernsehgeräte und Telefone so lange warten?« fragte »Bild«, um gleich selbst zu antworten: »Deutschland blutet aus, weil den Kapitalisten Profite wichtiger sind als Menschen. Sie lassen uns keine Wahl. Unsere Regierung wird dem Treiben der Kosmopoliten ein Ende machen.«

Die Grenzen wurden gänzlich undurchlässig. Bewährte Sperranlagen wurden ergänzt durch elektronische Überwachungseinrichtungen, die schon weit vor der Grenze alle Bewegungen registrierten. Mit Stolz berichteten Angehörige der Grenztruppen der DRD – denen schon 1991 der Bundesgrenzschutz eingegliedert worden war –, daß die Sicherungsanlagen weitaus wirkungsvoller seien als dereinst Mauer und Stacheldraht zwischen Deutschland Ost und Deutschland West. »So können wir die Angriffe von Feinden unserer DRD erfolgreich abwehren«, sagte ein Grenzoffizier in einem TV-Interview zufrieden ins Mikrophon des Reporters. Im Hintergrund Stacheldraht, Soldaten, technisches Gerät und der Rhein, am anderen Ufer Frankreich.

Der Flüchtlingsstrom ins Ausland verebbte. In vielen Betrieben hatte die Produktion gestockt, in Krankenhäusern waren Operationen ausgefallen, Kindergärten schlossen, Ämter waren überfordert, weil über Nacht Mitarbeiter abgehauen waren. Auch in der »RP« fehlten immer mal wieder Kollegen. Das brachte den Verbliebenen Mehrarbeit, bis die Lücke durch Neueinstellung geschlossen war. Es warteten genug freie Journalisten auf Festanstellung, so daß wir Engpässe rasch beheben konnten. Und doch waren einige sauer auf diejenigen, die abgehauen waren. In den Betrieben, die stärker betroffen waren, vor allem aber in Krankenhäusern, Arztpraxen und Sozialeinrichtungen, herrschte oft Zorn auf die, die die anderen im Stich gelassen hatten. Mit Befriedigung las man in den Zeitungen, auch in der »RP«, daß der Staat das Eigentum der »Verantwortungslosen« eingezogen habe als »viel zu geringe Entschädigung«. Als praktisch keiner mehr ohne behördliche Genehmigung aus Deutschland herauskam, schon gar nicht in den Westen, forderte die Partei die Deutschen auf, mehr zu arbeiten, um die Lücken zu schließen, die die Republikflüchtlinge verursacht hätten.

»Die Abhauer sitzen wie die Maden im Speck und lassen sich von französischen, schweizerischen oder österreichischen Steuerzahlern das Dasein versüßen«, sagte Herr Dranosch auf einer Hausgemeinschaftsversammlung. »Aber manchmal hat das ja auch einen Vorteil, wenn man Verräter los wird. Denken Sie nur mal an den Günter.« Herr Günter war schon vor einiger Zeit eines Nachts verschwunden. Nun sparte die DRD seine Rente, denn ins NSW – das Nichtsozialistische Wirtschaftsgebiet – wurde sie nicht überwiesen. Die meisten »Abhauer« aber waren keine Rentner, sondern in den besten Jahren.

In Zürich leben einige Deutsche, die sich keineswegs zur Emigrantenszene zählen, sondern in High-Tech-Firmen, Banken, Versicherungen, Handelsbetrieben als Spezialisten gut verdienen. Sie sind bei den einheimischen Berufskollegen verhaßt, weil sie die Preise verderben. Aber die Unternehmen profitieren von ihren Kenntnissen und stärken ihre Position im internationalen Wettbewerb, begünstigt auch durch den Niedergang der westdeutschen Wirtschaft.

Inzwischen gehöre ich ja auch zu denen, die ihrer »nationalen Verantwortung feige entflohen« sind. Viele einstige Sozialdemokraten, die den Versprechen der Kommunisten geglaubt hatten, waren ausgeschlossen worden. Wer von ihnen im öffentlichen Dienst beschäftigt gewesen war, verlor mit dem Parteibuch auch die Arbeit. Die Abtrünnigen der SEdDRD bilden eine eigene, relativ homogene Gruppe in der in viele Strömungen und Fraktionen zerfallenden Zürcher Emigration. Meisnitz und Säbler hatten zu den »Renegaten« gehört, wie sie sich selbst gern ironisch nannten. Sie folgten der Losung »Vorwärts zu Marx« und behaupteten, daß die Machthaber in Deutschland keine Marxisten seien, sondern Stalinisten, die die reine Lehre Tag um Tag durch ihre Unterdrückung verrieten. Manche hatten gehofft, daß sich die SED nach Honeckers Ablösung auf ihre »ursprünglichen Ideale« zurückbesinnen würde. Aber sie waren von Krenz und Genossen bitter enttäuscht worden. Die neue Parteiführung stand fest an Moskaus Seite. »Eher geht ein Kamel durchs Nadelöhr, als daß sich unsere Partei auch nur einen Millimeter von der KPdSU entfernt«, posaunte Krenz auf einem Parteitag, und er sagte ausnahmsweise sogar einmal die Wahrheit. »Ohne Sowjetunion gibt es keine DDR«, hatte dereinst Leonid Breschnew Erich Honecker gesagt. Ohne Sowjetunion gab es auch keine DRD.

Freie Wahlen hätten das Regime weggefegt. Es mußte stetig Angst erzeugen, um seine soziale Basis zu erhalten. Im Herbst 1990 wären Bundestagswahlen fällig gewesen, aber sie wurden abgesagt, »um das Zusammenwachsen Deutschlands nicht zu stören«. In Wahrheit fürchteten die Machthaber im Osten die Niederlage an der Urne. Es hätte ihre Behauptung, die legitimen Interessen der Deutschen zu vertreten, als Lüge entlarvt. Die Sozialdemokraten und die anderen Westparteien hatten der Wahlabsage zugestimmt, weil ihnen versprochen worden war, daß 1994 freie Wahlen stattfinden würden. Im Oktober 1996 wurden dann zwar endlich Wahlen durchgeführt, aber nicht mehr zum Bundestag, sondern zum DRD-Volkstag, und es trat nur die Liste der Nationalen Front an, auf der neben Parteivertretern Kandidaten von Massenorganisationen wie FDGB, FDJ oder Kulturbund standen.

Wegen der Gebietsreform waren Landtags- und Kommunalwahlen ausgefallen. Um die Verwaltungsstruktur zu vereinheitlichen, wurden die Länder aufgelöst und Bezirke geschaffen. Statt Landtagen gab es nun Bezirkstage, in denen nur noch Abgeordnete der Nationalen Front saßen. Inzwischen funktionierte die Nationale Front, nachdem zunächst Vertreter von

Westparteien und des ehemaligen DGB noch nicht so gespurt hatten, wie die Partei der Arbeiterklasse dies verlangte. Vom »Bündnis aller werktätigen Klassen und Schichten« waren nur die ehemaligen Großkapitalisten ausgenommen, jene Reste einer »sozial parasitären Klasse, denen das Volk aus guten Gründen die Bürgerrechte abgenommen hat«, wie ich einem Kommentar im »Neuen Deutschland« entnahm. Ich hatte vor meiner Flucht noch vergleichsweise moderate Verhältnisse erlebt. Nach der Vereinigung der beiden »Arbeiterparteien« aber zog das Regime die Zügel an.

Und doch versuchten mutige Menschen, Widerstand zu leisten. Einige helle Köpfe im DW setzten auf eine neue, subversive Waffe, um das Regime in Deutschland zu erschüttern: das Internet. Tatsächlich gelang es den meist jungen Leuten, Kontaktpersonen in Deutschland zu finden und Informationen mit ihnen auszutauschen. Skeptiker sagten aber, die Kontaktpersonen in Deutschland seien »rein virtueller Natur«, und was an diesen Personen echt sei, rieche ganz unvirtuell nach Stasi. Es sei undenkbar, daß die Staatssicherheit das Internet in Deutschland nicht überwache. Das Regime nutze es ja bereits zur Selbstdarstellung. Bevor die DW-Internetfans die Diktatur quasi online unterminierten, zersetze die Stasi den DW durch Desinformation auf genau diesem Weg. Tatsächlich waren die angeblich unter hohem Risiko aus Deutschland versandten E-Mails dermaßen trostlos, daß sie den Widerstand eher demotivierten.

Die virtuellen Widerständler ließen sich aber nicht entmutigen. Wenigstens wollten sie Unzufriedenen in Deutschland die Möglichkeit bieten, im Internet eine DW-Website anzusteuern. Dort wurden Informationen über die wirkliche Lage in Deutschland angeboten, aber auch Satirisches und Tips, wie man dem Regime hier und da ein Schnippchen schlagen konnte. Außerdem versuchten die Homepagebetreiber, unter der Überschrift »Die Made im Speck« die Lügen zu widerlegen, die das Krenz-Regime über die Emigranten verbreitete. Prominente im Exil – Politiker, Künstler, Showstars – schrieben öffentliche Briefe an die »Landsleute hinter dem Stacheldraht«. Besonderes Aufsehen, jedenfalls unter uns Emigranten, erregte ein offener Brief von Walter Jens, der seine ursprüngliche Unterstützung des kommunistischen Regimes längst bereute, an den Leiter der Bayreuther Festspiele, Wolfgang Wagner. Daraus ein kleiner Auszug:

Lieber Wolfgang Wagner,

ich habe die Bayreuther Festspiele viele Jahre genossen, mal mehr, mal weniger, je nach Inszenierung. Ich habe mir eingebildet, man könnte Wagners Werk von Wagners frühbraunem Ungeist trennen. Sie, Wolfgang Wagner, haben mich aber gelehrt, daß diese Trennung nicht möglich ist. Für diese Lektion danke ich Ihnen. Nun kann ich Wagner nicht mehr hören, nicht den alten und nicht den neuen. Auch weil ich weiß, daß zu den meistgeschätzten Gästen auf dem Festspielhügel nun Krenz, Voigt und Genossen gehören, die Unterdrücker der deutschen Demokratie, die sich zynischerweise Demokraten nennen.

Im Dritten Reich, aber auch schon davor, war Hitler der mit aufrichtiger Herzlichkeit begrüßte Lieblingsgast bei den »Meistersingern«, dem »Fliegenden Holländer« und den anderen Bühnenaufführungen von Werken des vermeintlich großen Richard Wagner. Danach waren es die Vertreter der bundesdeutschen Demokratie, die Sie inzwischen als »Zerstörer des nationalen Kulturerbes« beschimpfen, um den neuen Machthabern zu gefallen.

Sie sind da konsequent: Gleich welche Herren es sind, Sie dienen jedem. Und damit erfüllen Sie in gewisser Weise sogar das Vermächtnis Ihres Großvaters. Machen Sie weiter so. Das wird uns später die Entscheidung erleichtern, die ganze Wagnerei dorthin zu werfen, wo sie hingehört, nämlich in den Abort der Kulturgeschichte. (...)

Mit den besten Wünschen
Ihr Walter Jens

Aber das Glück des virtuellen Widerstands währte nicht lange. Schon nach wenigen Wochen waren professionelle Hacker eingedrungen in den Zürcher Internetserver, auf dem die DW-Website geführt wurde. Alle Versuche, die Hacker abzuwehren, scheiterten. Der Gegner wußte genau Bescheid. Wir hatten immer geahnt, daß die Stasi den Widerstand ausspähte und bearbeitete. Diesmal mit Erfolg.

Und natürlich wußten wir auch, daß sich die Festspielleitung in Bayreuth nicht beeindrucken lassen würde durch Kritik. »Die Festspiele waren deutsch, sind deutsch und werden deutsch bleiben«, hatte Wolfgang Wagner auf der Pressekonferenz zur neuen Saison erklärt. »Wir ziehen nicht ins Ausland, weil wir unsere Heimat nicht verraten. Sie ist Fundament Wagnerscher Musik. Wir sind Partei und Regierung zu Dank verpflichtet, ohne ihre großzügige Unterstützung könnte der Festivalbetrieb nicht aufrechterhalten werden.«

In Wahrheit ist es mittlerweile wohl eher so, daß der Staat die Deviseneinnahmen aus Bayreuth und durch die Verwertung der Aufführungen gut gebrauchen kann. Die Festspiele gehören zu den wenigen Ereignissen, die Menschen aus dem NSW nach Deutschland ziehen. Daneben gibt es noch die Buchmesse in Frankfurt am Main und die Leipziger Messe. Viele andere einst berühmte *Events* sind ausgestorben oder auf Provinzmaß geschrumpft. So die »Grüne Woche« in Berlin, auf der billigster LPG-Agitprop geboten wird. So die Automobilausstellung in Frankfurt am Main, auf der sich kaum ein westlicher Autohersteller blicken läßt, seit Deutschland die D-Mark abgeschafft hat. Das gleiche gilt für die »boot« und die Internationale Modemesse in Düsseldorf.

Über die Modemesse berichtet die »RP« als Lokalblatt weiter in buntesten Farben, aber der Chic vergangener Tage ist längst verblichen. »Das ist ein Happening für sibirische Bauerntrampel geworden«, spottete ein Kollege 1993, als der Niedergang der IGEDO unübersehbar wurde. Das brachte ihm einen Rüffel und eine arbeitsrechtliche Abmahnung wegen Rassismus ein, weil irgendeiner den Spruch gepetzt hatte. Heute säße der Kollege wegen eines solchen Satzes im Gefängnis. Und er würde es selbst öffentlich rechtfertigen, hat er es doch inzwischen zum stellvertretenden Chefredakteur gebracht, und Parteimitglied ist der Sozialistenfresser früherer Tage auch geworden.

Manchmal lese ich in Zürich in deutschen Zeitungen, wie Menschen, denen ich dies nie zugetraut hätte, das Regime preisen, und jedesmal überfallen mich Depressionen. Wenn aus den größten Feinden der Partei Unterstützer werden, dann wird die Diktatur ewig leben. Mich tröstet es nicht, daß es anderen Emigranten genauso geht, daß auch sie erst fassungsloses Staunen erfaßt, schließlich aber die Verzweiflung, weil dieser oder jener nun auch den Sozialismus in den Himmel hebt, wo er zuvor nur Gott gefunden hätte, den der Bibel oder den des Geldes.

Auf Gott verwiesen einige Teilnehmer einer denkwürdigen Podiumsdiskussion im Juni 1999 unter dem Titel »Zehn Jahre Wende«, die im Theatersaal des Volkshauses am Helvetiaplatz stattfand. *Wende* nannten einige, was sie besser Revolution genannt hätten. In den vergangenen zehn Jahren nämlich wurden in Westdeutschland alle Werte umgestülpt. Statt Erfolg galt nun Solidarität als Tugend Nummer eins. Dagegen hätten keineswegs alle Emigranten etwas einzuwenden gehabt, hätte das Regime nicht auch die Sprache revolutioniert: Solidarität hieß nun nämlich Loyalität gegenüber den Mächtigen. Wer die Solidarität aufkündigte, galt als Volksfeind. Die internationale Solidarität – der *Internationalismus* – der Arbeiterbewegung hatte sich längst in Hörigkeit gegenüber Moskau verwandelt. Es war mit dieser Solidarität zu vereinbaren, daß die Sowjetunion Kuba dem Imperialismus zum Fraße vorgeworfen hatte: Die Solidarität mit dem sozialistischen Lager als Ganzem hatte es eben verlangt, ein Glied zu opfern, um die Welt vor dem großen Krieg zu retten (in diesem Zusammenhang verzichtete die kommunistische Propaganda darauf, das Saldo des großen Geschäfts zu benennen, als hätten der Verkauf Kubas plus einiger Einflußzonen und die Erbeutung Westdeutschlands nichts zu tun miteinander). Wir Emigranten standen außerhalb der Solidarität. Wir wollten, so verbreitete das Regime, einen Weltkrieg schüren und Deutschland, wenn nicht alle sozialistischen Länder, wieder den Ausbeutern ausliefern.

Obwohl Deutschland einer fremdbestimmten Revolution anheimgefallen war, sprachen fast alle von einer *Wende*. So auch die Veranstalter der Podiumsdiskussion mit dem Untertitel »Perspektiven des deutschen Widerstands«. Ein Kollege hat mir freundlicherweise seine Aufzeichnungen von dieser Diskussion für einige Tage ausgeliehen, so daß ich hier einige Auszüge wiedergeben kann. Teilnehmer waren der ehemalige SPD-Bundesgeschäftsführer Peter Glotz (als Vertreter der »Neuen Sozialdemokratie«); Detlef Hensche, bis 1991 Vorstandsmitglied der Industriegewerkschaft Druck und Papier (als Vertreter der Gruppe »Gewerkschaftsdemokratie«); Volker Rühe, bis 1990 Generalsekretär und bis 1991 stellvertretender Vorsitzender der CDU; der Journalist Gerhard Löwenthal und der ehemalige SED-Chefplaner Gerhard Schürer. Als Moderator hatten die Veranstalter den ehemaligen Hamburger Journalisten Traugott Beissinger verpflichtet.

Der mühte sich, das Gespräch in den vorbestimmten Bahnen zu halten.

Beissinger: »Was können wir tun gegen die Diktatur in Deutschland? Gibt es Kräfte im Land, auf die wir hoffen dürfen? Welchen Beitrag kann die Emigration leisten trotz der Grenzen der politischen Betätigung, die uns die hiesige Regierung gesetzt hat? Herr Rühe, ich wäre Ihnen dankbar, wenn Sie als erster eine Antwort versuchen könnten. Welche Perspektive hat unser Widerstand?«

Rühe: »Herr Beissinger, bevor ich auf die Frage antworte, muß ich erst etwas zu den Ursachen der heutigen Situation sagen. Hätten 1989/90 die Sozialdemokraten nicht die Zusammenarbeit mit den Kommunisten gesucht, wäre es erst gar nicht zur heutigen Diktatur gekommen ...«

Glotz, empört: »... dann schauen Sie sich mal Ihre Parteifreunde in Deutschland an. Die sitzen den Kommunisten doch auf dem Schoß ...«

Rühe, säuerlich: »Ja, nachdem die SPD die Bonner Demokratie aufgegeben hatte, gab es kein Halten mehr. Ich behaupte ja nicht, daß jeder Christdemokrat eine rühmliche Rolle gespielt hat – wenn ich da nur an die CSU denke –, aber wer untergeht, greift nach jedem Stückchen Holz, das einen über Wasser hält. Nur, das Schiff versenkt hat die SPD mit ihrer historischen Fehlentscheidung für die Kommunisten. Was dabei herauskommt, zeigt sich an Ihrem« – Rühe wendet sich an Glotz – »neuen Grotewohl.«

Beissinger, wendet sich an Schürer: »Hat die SED ...«

Glotz, zornig: »... Herr Beissinger, das, was hier der Herr Rühe behauptet, kann ich nicht so stehenlassen. Ich ...«

Beissinger: »Sie haben gleich die Gelegenheit, alles zurechtzurücken. Vorher wollte ich aber Herrn Schürer noch ...«

Glotz: »Nein, das kann ich nicht so stehenlassen.« Er wendet sich an Rühe. »Sie, Herr Rühe, haben doch die eigene Partei den Göttings in die Arme getrieben. Haben von nationaler Verantwortung gefaselt, der man ein Opfer bringen müsse. Daß die Einheit über alles gehe, daß der Rechtsstaat garantiert sei. Und vor allem hat Ihr Bundeskanzler, der sitzt heute am Wolfgangsee und hält sich fein raus, wir waren ja die Minderheit in der großen Koalition, den Vertrag mit Honecker geschlossen. Die Unterschrift Ihres Bundeskanzlers steht darunter. Und erst danach haben wir die SED beim Wort genommen. Das haben Sie, also Ihr Bundeskanzler, alles mit Honecker ausgehandelt.«

Beissinger: »Gut, jetzt haben wir das erst einmal abgearbeitet. Herr Schürer, Sie haben 1989 auf SED-Seite ...«

Rühe: »Nein, ich muß vorher noch etwas zu Herrn Glotz sagen. Es geht ja um die Wahrheit. Und die ist: Hätten Sie nicht mit den Kommunisten gekungelt, wäre es nie soweit gekommen ...«

Löwenthal: »... die Kungelei hat ja schon 1969 angefangen. Daß unser Vaterland jetzt russisch besetzt ist, ist das Ergebnis der sogenannten Entspannungspolitik. Bewußt oder unbewußt, Willy Brandt und Egon Bahr sind Verräter. Ich habe das schon immer gesagt, und alle haben mich als kalten Krieger beschimpft. Was habe ich mir alles anhören müssen, als ich im ›ZDF-Magazin‹ ein paar Mal den Todenhöfer in Afghanistan interviewt habe. Wenn man den Russen nicht mit Stärke begegnet ...«

Glotz: »Diese Litanei kenne ich zur Genüge. Sie wird durch Wiederholung nicht wahrer. Wir, vor allem Willy Brandt und Egon Bahr ...«

Rühe: »... und was ist mit Voigt? Der war doch auch immer dabei bei Ihren Geheimgesprächen mit der SED! Jetzt, nach so vielen Jahren, wo die Ergebnisse Ihrer Kungelei auf dem Tisch liegen, da hat ja sogar Bahr eingestanden, daß die SPD zu leichtgläubig war. Und das ist noch schwach ausgedrückt. Sie haben 1987 dieses Gemeinsame Papier mit der SED gemacht, und nun haben Sie den Salat. Geben Sie es doch einfach zu ...«

Hensche: »... wenn ich auch mal was sagen darf. Ich glaube ...«

Löwenthal: »... Sie haben in den vergangenen Jahrzehnten genug gesagt. Ihre Gewerkschaft gehörte ja schon zum FDGB, als es die Bundesrepublik noch gab ...«

Beissinger: »Meine Herren, ich bitte Sie. Ich möchte jetzt doch den Herrn Schürer ...«

Löwenthal: »... demnächst laden Sie noch Nazis ein ...«

Glotz, wendet sich an Löwenthal: »Sie sind unbelehrbar.«

Löwenthal: »Ich brauche über Diktaturen auch nichts mehr zu lernen.«

Glotz, wendet sich an Löwenthal: »Fanatiker.«

Löwenthal, schaut ins Publikum: »Das sieht Ihnen ähnlich. Wenn Ihnen nichts mehr einfällt, greifen Sie zu Beleidigungen.«

Beissinger: »Bitte, jetzt lassen Sie mich doch einmal Herrn Schürer etwas fragen. Herr Schürer, Sie haben damals, wenn ich das so sagen darf, auf der anderen Seite der Mauer gesessen. Welche Pläne hatte die SED? Steuerte das Politbüro von Anfang an auf diese Art der Vereinigung hin? Wollte die SED die ganze Macht und hat sie alle anderen nur über ihre wahren Absichten getäuscht?«

Schürer: »Die Frage ist nicht so einfach zu beantworten ...«

Löwenthal: »Sie drücken sich um die Wahrheit herum. Die Kommunisten wollten schon immer die Weltrevolution. Lesen Sie mal das ›Kommunistische Manifest‹!«

Schürer: Herr Löwenthal, das habe ich vielleicht öfter gelesen als Sie. Ich ...«

Löwenthal, ins Publikum: »... aber wohl nicht so genau.«

Rühe: »Der Marxismus ist Deutschlands Untergang.«

Beissinger: »Herr Schürer, ich glaube, Sie hatten da einen interessanten Ansatz ...«

IX.

Es war etwa ein Jahr vor meiner Flucht. Am Abend war ich bei Johannes und Elvira eingeladen. Sie wollten etwas Schönes kochen, und darauf freute ich mich, weil die beiden immer mit großem Erfolg den Satz widerlegten, daß viele Köche den Brei verderben. Es sollte allerdings keinen Brei geben, sondern Hasenpfeffer nach rheinischer Art und ein »Gedicht von Nachtisch«, wie Elvira am Telefon geflötet hatte. Meine Freude erhielt allerdings ihren ersten Dämpfer, als ich, bei Johannes und Elvira eingetroffen, feststellen mußte, daß ihre Laune, gelinde gesagt, gestört war. Warum, sollte ich während des Essens erfahren.

Sie waren mit dem Hasenpfeffer gar nicht glücklich. »Da muß eigentlich roter Weinessig rein, aber den gab es nicht«, schimpfte Johannes. »Na ja, weißer tut es notfalls auch. Aber find' mal Honigkuchen. Ich habe alle HO- und Konsumverkaufsstellen abgeklappert, nichts. Wir haben halt ein bißchen improvisiert. Zum Nachtisch wollte Elvira Tiramisu machen. Aber das kannste vergessen. Statt dessen gibt es Schokoladenpudding, die Schokolade ist ganz schön teuer geworden.« Der süffige Bordeaux, den die beiden so gerne tranken, war auch nicht mehr zu kriegen. Immer mehr Dinge, die einem lieb geworden waren, fehlten in den Verkaufsauslagen. Richtig schmerzhaft wurde es mir aber erst in Zürich bewußt, als ich die überladenen Schaufenster bewunderte und es meist bei der Bewunderung belassen mußte, weil die Schweizer Regierung uns nur einen äußerst geringen Teil ihres Reichtums überließ.

Johannes war begründet sauer, aber zornig wurde er erst, als er mir nach dem trotz allem vorzüglichen Essen und einem doppelten Wodka erzählte, daß er sich ein neues Auto kaufen wollte. »Vielleicht in fünf Jahren«, hatte der Verkäufer gesagt. Johannes: »Ich wollte mir wahrlich keinen Rolls-Royce zulegen, sondern einen kleinen Wolfsburg. Den Baikal, früher hieß er ›Polo‹. Und weißt du, was der Verkäufer als Begründung für die lange Wartezeit genannt hat? Heute wollten viel mehr Menschen ein Auto kaufen als früher, weil die Armut besiegt sei. Da frage ich mich, woher die vielen Wolfsburgs, BMWs und Mercedes-Benz im Westen kommen.« *Westen* war alles, was westlich der deutschen Grenze lag.

Ich erinnere mich noch gut an mein Erstaunen, als meine Kollegen von der Wirtschaftsredaktion mir erzählten, daß Volkswagen in Wolfsburg umgetauft worden sei. »Warum denn das?« fragte ich fassungslos. »Weil Volkswagen von den Nazis gegründet worden ist. Die neue Regierung ist konsequent antifaschistisch, so sagt sie. Und *Volkswagen* ist eben ein Propagandabegriff aus der NS-Zeit. Die alten Antifaschisten in der SE« – so nannten wir die neue Einheitspartei, weil uns die offizielle Abkürzung zu lang war – »würden jedesmal an Hitler, Autobahnen und KZs denken müssen, wenn sie das Wort *Volkswagen* hörten. Und das will ein antifaschistischer Staat ihnen nicht zumuten.«

»Und warum hat man Mercedes-Benz nicht auch gleich umgetauft?« fragte ich. »Das war doch Hitlers Lieblingsauto.«

»Dazu hat die Regierung nichts gesagt.«

Wie aber jeder sehen konnte, fuhren die Herren der Partei- und Staatsführung in des Führers Lieblingsauto durch die Lande.

Erst im Zürcher Exil erfuhr ich die wahren Hintergründe der seltsamen Umtaufaktion. Die führenden Genossen aus dem Osten wollten nicht pausenlos an ihre vierzigjährige autotechnische Unterlegenheit erinnert werden. Sie waren es leid, daß selbst die der DDR treuesten Bürger lieber Golf fuhren als Wartburg oder Trabi. Und so verpaßten sie dem westdeutschen »Angeberkonzern« einen neuen Namen. Ob die Genossen im ZK nicht wußten, daß nicht nur Volkswagen, sondern auch Wolfsburg eine Nazigründung war?

Aber sonst änderte sich nicht viel, jedenfalls an den Automodellen. Noch heute sehen die Baikal und Amur aus wie die Polo und Golf von 1989. Man sieht immer noch einige in der Schweiz umherfahren, aber viele einst stolze Autobesitzer ärgern sich über zunehmende Verarbeitungsmängel, vor allem den Rost, der die Autos auffrißt. Der VEB Wolfsburg spart, wie andere deutsche Autohersteller auch, an Zink. Dieses Metall muß nämlich teilweise aus dem NSW eingeführt werden, und dort verlangt man Dollar oder Yen als Zahlungsmittel. Die »Aluchips«, wie die Münzen bald nach Einführung der DRD-Mark hießen, haben jenseits der deutschen Grenzen keinerlei Kaufkraft. Die Regierung hatte dem »D-Mark-Imperialismus« erfolgreich das »Genick gebrochen«, wie Finanzminister Heide Simonis triumphierte (in der DRD gibt es wie einst in der DDR nur die männliche Form von Amtsbezeichnungen). Und nun zerlegt der Rost den einstigen Stolz einer autoverrückten Nation.

Es begann mit dem Schlag gegen die Banken. Im Dezember 1992 unterstellte die Regierung die Deutsche Bundesbank ihrer Regie. Längst war die D-Mark im freien Fall auf den Finanzmärkten. Schon als sich die deutsche Einheit abzeichnete, hatte die Mark gegenüber Dollar und Yen deftig an Wert verloren. Bis sie praktisch keinen mehr hatte. Insofern konnte die Zerschlagung der Bundesbank keinen großen Schaden mehr anrichten. Die reichen Devisenreserven der Zentralbank investierte die DRD-Regierung in Wohltaten für die Werktätigen. Sie freuten sich über Steuererleichterungen, Erhöhungen des Wohngelds, »Geburtsprämien« und viele weitere Vergünstigungen. Neue Lehrer und Hochschuldozenten wurden eingestellt, weit mehr, als nötig waren, um Republikflüchtlinge zu ersetzen. Wo das

Geld aus dem Bundesbankkeller nicht reichte, wurden Unternehmensgewinne und Vermögenswerte hart besteuert. Die Anteile der Beschäftigten an den Sozialversicherungsbeiträgen wurden zu Lasten der Betriebe gekürzt, bis am Ende die Unternehmen Krankenkassen-, Arbeitslosen- und Rentenversicherungsbeiträge allein tragen mußten. »Die Unternehmen können sich diese Last erleichtern, wenn sie neue Arbeitskräfte einstellen und die Arbeiter nicht schinden wie in Ausbeuterzeiten«, erklärte ZK-Sekretär Mittag. »Wenn es keine Arbeitslosen mehr gibt, brauchen wir auch keine Arbeitslosenversicherung, und dann entfallen diese Beiträge. Und wenn die Arbeiter nicht so oft krank werden, dann können die Krankenversicherungsbeiträge gesenkt werden.«

Inzwischen haben die Sozialversicherungsbeiträge den tiefsten Stand ihrer Geschichte erreicht, auch weil viele Sozialausgaben aus dem Staatshaushalt bestritten werden. Die meisten Unternehmer haben davon allerdings nichts mehr. Sie sind längst enteignet.

In dem Maß, wie der Wert der D-Mark verfiel und durch massive Kapitalflucht weiter in den Abgrund getrieben wurde, stiegen die Preise für Importwaren aus dem westlichen Ausland. Für die Inflation machte die Partei das *Finanzkapital* verantwortlich. Die großen Kreditinstitute, angeführt von der Deutschen Bank, würden »in Zusammenarbeit mit den Spekulanten des internationalen Finanzkapitals die Macht der Arbeiterklasse und der mit ihr verbündeten werktätigen Schichten frontal angreifen. Aber die Spekulanten haben sich verrechnet. Die Regierung der arbeitenden Menschen wird diesen Angriff zurückschlagen«, drohte Informationsminister Boenisch. Zwei Wochen danach dekretierte die Regierung im Eilverfahren die Verstaatlichung sämtlicher Banken. Gleichzeitig verhaftete die Generalstaatsanwaltschaft den ehemaligen FDP-Politiker Otto Graf Lambsdorff als Kopf der »finanzkapitalistischen Verschwörung gegen die Volkssouveränität der DRD«. Das hatte unter anderem den Vorteil, daß ein Wortführer der Anti-LDPD-Fronde ausgeschaltet war und diese Gruppe nun insgesamt in den Geruch des Landesverrats geriet.

Die Menschen waren empört über die rapide Inflation. Wein, Käse, Autos, Uhren, Teigwaren und viele andere Produkte aus Westeuropa und den USA wurden unerschwinglich teuer. Ebenso Rohstoffe und Halbfertigprodukte. Die Computerindustrie, die ohne Chips und Platinen aus den USA und Asien nicht lebensfähig war, geriet als erste in den Strudel der Währungskrise. Den Einzelhandel, vor allem die großen Kaufhäuser, erwischte es kaum weniger hart. Öl und Benzin wurden praktisch unbezahlbar. Der Benzin- und Heizölpreis wurde staatlich subventioniert, um den Volkszorn zu dämpfen, aber trotz Sondereinfuhren aus der Sowjetunion kostete der Liter Sprit bald mehr als sechs Mark. Unter der Verteuerung der Rohstoffe litten auch die Textil-, die Chemie- und die Stahlindustrie, und weil deren Erzeugnisse immer mehr kosteten, explodierten auch die Preise in praktisch allen anderen Branchen. Ob Hosen, ob Waschpulver, ob Möbel, ob Gartengeräte, kaum etwas des täglichen Bedarfs war noch erschwinglich. Ein nur geringer Trost war die letzte gute deutsche Handelsbilanz 1993. Viele Güter aus Deutschland waren wegen des Wertverlusts der D-Mark auf dem Weltmarkt unschlagbar billig.

Ich erinnere mich noch gut des ungläubigen Entsetzens unter meinen Kollegen, als binnen weniger Monate die Inflation nach Deutschland zurückkehrte, die Ersparnisse auffraß und Fabriken und Läden ruinierte. Wer, wie viele Unternehmen, Rechnungen in Dollar, Pfund oder Yen begleichen mußte, war fast von einem Tag auf den anderen überschuldet. Erst jetzt bemerkten wir, wie elementar unser ganzes Leben davon abhing, daß Millionen von kleinen Rädchen exakt ineinanderpaßten. Die Regierung hatte ins Räderwerk eingegriffen und das Gleichgewicht der Wirtschaftskräfte gestört. Binnen weniger Jahre verabschiedete sich die westdeutsche Wirtschaft weitgehend vom Weltmarkt.

Schuld daran waren natürlich die Kapitalisten. Ich habe damals gestaunt, wie viele Leute beim Bäcker oder in der Kneipe glaubten, was die Regierung verbreitete. Es ist einfacher, Köpfe zu fordern, als die Mechanismen der Weltwirtschaft zu studieren.

Es blieben aber genug Menschen, die die wahren Ursachen der Krise wenigstens ahnten. Vor Geschäften kam es zu Tumulten. Arbeiter streikten, weil sie nicht mehr viel kaufen konnten von ihren Löhnen. Mieter protestierten gegen das rasante Wachstum von Heizungs- und Stromkosten. Rentner verzweifelten, weil sie hungern mußten. Zu den Protestierenden stießen Studenten, die gegen die Absicht der Regierung rebellierten, ein gesellschaftswissenschaftliches Grundstudium einzuführen.

Im März und April 1993 erlebte das neue Regime seine erste große politische Krise. Die Parteien hatten noch nicht richtig zueinander gefunden, und im Innern der westlichen Landesverbände rumorte es. Die Regierung war überrascht von den weltwirtschaftlichen Folgen ihrer Maßnahmen, vor allem der Verstaatlichung der Banken. Sie hatte geglaubt, daß ihr der sauber geplante Coup gegen die Banken gleich die Kontrolle über große Teile von Industrie und Handel bringen würde. Denn gehörten den Banken nicht gigantische Aktienpakete und sonstige Unternehmensanteile? Saßen die Finanzkapitalisten nicht in praktisch allen Aufsichtsräten der großen westdeutschen Unternehmen? Verwalteten sie nicht treuhänderisch die Vermögen der zahlreichen Kleinanleger? Und war nicht zuletzt der Staat mit Milliarden und Abermilliarden bei den Banken verschuldet?

Günter Mittag hatte im Politbüro der SED die Verstaatlichung der Banken als großen strategischen Schlag gegen die Feinde angepriesen. Und was hatten er und die Mitarbeiter der Wirtschaftsabteilungen im ZK nicht alles für Gründe und Argumente gesammelt, um bei diesem Schlag auch in der internationalen Öffentlichkeit gut dazustehen? Es war ja nicht gelogen, daß deutsche Banken Hitlers Machtergreifung mitfinanziert hatten. Daß viele Länder der Dritten Welt bei deutschen Kreditinstituten verschuldet waren und diese nicht schlecht verdienten an den Zinsen. Die Deutsche Bundesbank genoß im westlichen Ausland keineswegs nur einen guten Ruf, oft genug war vom *D-Mark-Imperialismus* die Rede gewesen. Die Propagandaarbeit gegen die Banken war gut, und gerade die NS-Akten, die die Genossen vom Dokumentationszentrum des Staatlichen Archivwesens herbeigeschafft hatten, hatten im In- und Ausland beeindruckt.

Aber es ging schief. Was gedacht war, die westdeutsche Wirtschaft unter Kontrolle zu bekommen, schuf Anarchie. Sie weitete sich in Windeseile aus, zerstörte die Wirtschaftsabläufe und trieb immer mehr Menschen auf die Straße.

SED-Generalsekretär Honecker schwieg. Das »Neue Deutschland« und die anderen gelenkten Medien forderten zu Ruhe und Besonnenheit auf und schimpften über Spekulation und Kapitalflucht. Die Parteien riefen die Menschen auf, sich zu mäßigen. Aber es nutzte nichts, immer mehr Betriebe schlossen, weil sie pleite waren oder bestreikt wurden. Am 23. April erreichten die Proteste eine neue Dimension, als Rathäuser in Gelsenkirchen, Essen, Bottrop, Nürnberg und in Berlin-Kreuzberg besetzt wurden. Als die Menschen an anderen Orten über ausländische Radio- und Fernsehstationen davon erfuhren, wurden zahlreiche weitere Rathäuser, aber auch andere Behörden gestürmt.

Konnte man am Anfang der Unruhen noch vereinzelt Transparente lesen mit Aufschriften wie »Flieht euer Kapital, dann flieht doch hinterher« oder »Nieder mit den Spekulanten«, so beherrschten jetzt andere Losungen die Demonstrationen und Versammlungen: »Wer schweigt, soll gehen« – eine Anspielung auf Honeckers Untätigkeit –, »Arbeiterverräter«, »Es ist uns ganz egal, ob ihr uns ausbeutet oder das Kapital«. Man sah nun auch Sozialdemokraten, die gegen die Zusammenarbeit mit der SED protestierten und »Es gibt nur einen Grotewohl« deklamierten. Ein sympathischer Irrtum.

Ein Zentrum des Aufstands war Castrop-Rauxel. Streikende Arbeiter besetzten Behörden und Fabriken, Läden blieben geschlossen, und das Privathaus des SED-freundlichen Bürgermeisters wurde belagert. In den Nachrichten war von »kriminellen Elementen« die Rede, die Teile der Bevölkerung aufhetzten, um das »Geschäft der Großkapitalisten« zu betreiben. Als der Aufstand dann auch in Castrop-Rauxel blutig niedergeschlagen war, wurde in der Ruhrgebietsstadt einer der ersten Intershops eingerichtet, im ehemaligen Modehaus Schulze am Castroper Markt. Darin durften die Rebellen von gestern nun Konsumartikel aus dem westlichen Ausland erstehen. Wenn sie denn Dollar, Pfund, Gulden oder Franc hatten.

Sogar in der sonst gar nicht rebellischen »RP« standen im April 1993 die Druckmaschinen an manchen Tagen still. Chefredakteur Gerstig appellierte an die Redakteure, daß »gerade in diesen Zeiten die Presse ganz besonders wichtig ist«, aber insgeheim war er wohl froh, daß einige Ausgaben nicht erschienen. Was nicht gedruckt war, konnte nicht gegen ihn verwendet werden. Die Leitartikel aber, die gedruckt wurden, waren von unübertrefflicher Unbestimmtheit. Welche Wendung die Ereignisse auch nehmen sollten, die Leitartikler wollten nicht zu den Verlierern zählen. »Ich habe Frau und Kind«, sagte einer, als würde dies zur Rechtfertigung seiner Feigheit genügen.

Der Uhu war abgetaucht. Kurt Seiler, der 1. Sekretär der DKP-Betriebsparteiorganisation, war kleinlaut geworden, was um so mehr auffiel, als er in den vergangenen Monaten zu oft einen triumphalen Unterton nicht hatte verbergen können oder wollen. Vielleicht spricht es für Seiler, daß er nach der Aprilkrise Mäßigung an den Tag legte. Er hatte aus den Unruhen gelernt, und wenn er sich zu diesem Thema äußerte, verzichtete er weitgehend auf die Parolen, die seine Partei ausgab. Schließlich wurde er als hauptamtlicher Mitarbeiter in die Bezirksleitung versetzt, wo er den Sekretär für Agitation und

Propaganda unterstützen durfte. War es Auszeichnung, war es Strafe? Ich habe es nicht herausbekommen. Ende 1994 traf ich Seiler bei Weihnachtseinkäufen auf der Kö. Er machte keinen unglücklichen Eindruck, war freundlich und wünschte mir alles Gute fürs neue Jahr. Mir kam es so vor, als ob er es schätzte, nicht mehr direkt mit Menschen zu tun haben zu müssen, die seine Partei keineswegs alle liebten.

Auch ich war kein Held. Ich demonstrierte nicht, geschweige denn, daß ich Transparente gegen Regierung, SED oder Nationale Front hochreckte. Bei Belegschaftsversammlungen hielt ich meine Klappe und tröstete mich damit, daß ich bei solchen Gelegenheit sonst auch nie etwas gesagt hatte. Warum also jetzt? Aber ich wußte natürlich, daß der Aufstand gegen die »Volksregierung« kein gewöhnliches Ereignis war, sondern von jedem einzelnen mehr Mut verlangt hätte. Ich hätte auf jeden Fall protestieren müssen, als am 26. April 1993, einem Montag, die »RP« mit der Schlagzeile erschien: »Regierung verurteilt antidemokratische Hetze«. An diesem Tag tauchte auch der Uhu wieder auf und ließ sich nicht anmerken, was in der Zeit seiner Abwesenheit geschehen war.

Die Stimmung schlug um, Angst kam auf. Hatten Partei und Regierung bisher tatenlos und offenbar auch ratlos zugesehen, was sich auf Westdeutschlands Straßen abspielte, so rollten in der Nacht vom 22. zum 23. April die Panzer durch die Städte. Später erfuhr ich, daß die Moskauer Regierung ihren westlichen Vertragspartnern vorher mitgeteilt hatte, daß sie »zeitlich befristet« das sowjetische Truppenkontingent im Westen der DRD verstärken würde über die vereinbarten 100 000 Mann hinaus. (Leider vergaß die Sowjetregierung zu erwähnen, wann die Frist ablaufen würde.) Hatten sich zuvor die Sowjetsoldaten kaum sehen lassen, so standen jetzt auf Straßen und Plätzen Panzer und andere Militärfahrzeuge. Die Botschaft war deutlich, und jeder verstand sie.

Die Medien berichteten von Razzien in allen größeren Städten gegen »Unruhestifter«, die zu Tausenden in Isolierungslagern landeten. Mancherorts wurde scharf geschossen. Daraus machte die Regierung kein Geheimnis, um die Abschreckung zu erhöhen. Fast genüßlich verlas Informationsminister Boenisch auf seiner täglichen Pressekonferenz im Berliner Ministerratsgebäude die Zahlen der Verhafteten. Schnellgerichte verhängten drastische Strafen wie am Fließband. Verteidiger waren nicht zugelassen, die Urteile standen fest, bevor die Gerichtsverhandlung eröffnet war. Der Verdacht, an den Unruhen beteiligt gewesen zu sein, genügte für viele Jahre Zuchthaus. Auch in der »RP« las man nun von »Drahtziehern«, die, »als Gewerkschafter getarnt«, regierungsfeindliche Lügen in die Welt gesetzt hätten, um im Zusammenwirken mit ausländischen Geheimdiensten die Volksherrschaft zu stürzen. Einige von ihnen hatten das Pech, sowjetischen Sicherheitsorganen in die Hände zu fallen. Ihnen wurde vorgeworfen, sie hätten den »Bruch des internationalen Vertrags von Genf provozieren wollen, um einen dritten Weltkrieg anzuzetteln«. Sowjetische Sondergerichte schickten die »Friedensfeinde« in den Gulag. Ich habe nirgendwo gelesen oder gehört, daß einer der Bedauernswerten zurückgekommen wäre.

Welche westliche Station man in diesen Apriltagen auch im Radio einstellte, überall Sondersendungen über den Aufstand in Westdeutschland. Kluge Kommentatoren etwa des deutschsprachigen Dienstes der BBC wiesen darauf hin, daß die Rebellion nicht ausgebrochen sei, als man den Deutschen die Demokratie genommen habe. Auf die Straße seien die Menschen erst gegangen, als ihnen der Wohlstand abhanden gekommen sei. Nie habe die DRD-Regierung unter einem solchen Druck gestanden wie im April 1993. Die »Aprilkrise« zeige, daß die Mehrheit der Deutschen die Regierung und die Nationale Front keineswegs unterstütze. Die Korrespondenten der ausländischen Radiostationen enthüllten, was die deutsche Regierung so gerne verschwiegen hätte. Daß es sich nicht um vereinzelte Drahtzieher und Irregeleitete gehandelt hatte, sondern in manchen Orten des Ruhrgebiets sogar um einen Generalstreik, dem sich selbst Mitarbeiter der Behörden angeschlossen hatten. In einigen Städten war der Verkehr zusammengebrochen und die Versorgung bedroht, weil, wie etwa in Hamburg, die Einzelhändler ihre Läden geschlossen hatten. In Westberlin hatten Autonome Revolution gespielt und sich Straßenschlachten mit Polizei und Militär geliefert. Kein Berichterstatter wußte, wie viele Tote und Verletzte die Aprilkrise forderte. Boenisch beklagte öffentlich die schweren menschlichen Verluste unter den Sicherheitskräften, deren Urheber die »ganze Härte des Gesetzes« treffen werde.

Am meisten Aufsehen erregte aber eine andere Folge der Aprilkrise. Und die zeigte sich am 1. Mai. Die Fernsehbilder aus Berlin waren eine Sensation. Nicht daß auffällig viel Militär an der Maidemonstration teilnahm, dieses Signal überraschte niemanden. Auch nicht, daß die Zahl der Menschen, die auf der Karl-Liebknecht-Straße an der Partei- und Staatsführung vorbeizogen, größer war als je zuvor: Die SED hatte allen Grund, die »untrennbare Verbundenheit von Partei und Volk« (Boenisch) herauszustellen. Aufregung löste vielmehr aus, was man nicht sah: Erich Honecker fehlte auf der Tribüne. Alle Mitglieder des Politbüros standen wie jedes Jahr an ihrem Platz und ließen sich von den Massen feiern. Diesmal aber fehlte die Nummer eins.

Am nächsten Tag trauten sich immerhin einige Kollegen, Honeckers Abwesenheit auf der Redaktionssitzung anzusprechen. Es war ein Nachhall des Aprilaufstands, in dem die Menschen Mut bewiesen hatten. Aber Chefredakteur Gerstig hüllte sich in Schweigen, der Uhu sagte wie immer gar nichts. Dabei hatten gewiß alle genauso wie ich die deutschsprachigen Auslandssendungen abgeklappert, um zu erfahren, was los war. Aber die Deutschlandexperten der britischen, französischen, schweizerischen oder österreichischen Stationen wußten auch nichts und spekulierten mehr oder minder intelligent. Die einen verwiesen auf Honeckers Alter – er würde im August 81 Jahre alt, und das war sogar für Politbürokraten stattlich –, und außerdem sei der Generalsekretär schon mehrmals im Regierungskrankenhaus behandelt worden, angeblich wegen Leberkrebs. Andere erklärten, daß die SED einen Schuldigen präsentieren müsse für das Wirtschaftsdebakel in Westdeutschland. »Es mag zur Gesichtswahrung wichtig sein, böse Konterrevolutionäre und ausländische Geheimdienste für die Aprilunruhen verantwortlich zu machen. Aber jeder Deutsche weiß, daß dies Unsinn ist. Gewiß haben Regimegegner versucht, die Wirrungen für ihre Ziele zu nutzen. Aber die Urheber des Aufstands sind die paar Oppositionellen nicht«, so ein BBC-Kommentar. Am 3. Mai titelten die deutschen Zeitungen: »BBC bestätigt Aktivität von Volksfeinden«.

Am folgenden Tag widmeten sich die Blätter einem anderen Thema:

(ADN – Berlin) Der Generalsekretär des Zentralkomitees der Sozialistischen Einheitspartei Deutschlands, Vorsitzende des Föderationsausschusses der Demokratischen Republik Deutschland und Vorsitzende des Staatsrats der Deutschen Demokratischen Republik, Genosse Erich Honecker, hat auf dem gestrigen 7. Plenum des ZK der SED in Berlin erklärt, daß er aus Gesundheitsgründen von allen seinen Ämtern zurücktritt. Als seinen Nachfolger als Generalsekretär des ZK der SED wählte das Zentralkomitee auf Vorschlag des Genossen Honecker den Genossen Egon Krenz. Danach wählte die Volkskammer Genossen Egon Krenz zum Vorsitzenden des Staatsrats der DDR und zum Vorsitzenden des Nationalen Verteidigungsrats der DDR. Der Föderationsausschuß der DRD begrüßte diese Entscheidungen und wählte den Genossen Egon Krenz einstimmig zu seinem Vorsitzenden.

Genosse Egon Krenz erklärte in seinem Bericht des Politbüros an das ZK, daß die Partei nun alle fortschrittlichen Kräfte in Westdeutschland um sich scharen wird, um die volkswirtschaftlichen Verluste, die die Drahtzieher der antidemokratischen Gewaltta-

ten zu verantworten haben, schnell aufzuholen, damit auch unsere Landsleute im Westen bald in den Genuß der Errungenschaft der Volksherrschaft kommen. Genosse Egon Krenz appellierte an die Arbeiter und Bauern, die Angehörigen der Intelligenz, an Handwerker und Kleinunternehmer, nun entschlossen nach vorne zu schauen und die Aufgaben, die vor uns liegen, tatkräftig in Angriff zu nehmen.

Die Titelseiten der »RP« und der anderen Zeitungen waren gefüllt mit Berichten und Fotos von diesem Ereignis. Auf den folgenden Seiten wurden Erklärungen von Leuten abgedruckt, die, welch Wunder, alle Krenz' Kür zum starken Mann der DDR und in der Föderation begrüßten. DRD-Fernsehchefreporter Klaus Bresser: »Ich habe den Genossen Egon Krenz einige Male interviewt und über seine Arbeit berichtet. Ich kann sagen, eine hervorragende Wahl. Jetzt geht es wieder vorwärts.« »Zeit«-Chefredakteur Sommer: »Stabilität ist das Gebot der Stunde. Egon Krenz ist der Mann, der für Stabilität und Ordnung steht. Dafür braucht er unsere Unterstützung.« CSU-Chef Michael Glos: »Die gute Nachricht erreichte mich, als ich gerade mit meinem Freund Ulrich Junghanns zusammensaß. Wir können dem Genossen Krenz melden, daß CSU und DBD diese Entscheidung des ZK der SED als Stärkung der führenden Rolle der Partei der Arbeiterklasse begrüßen. Jetzt geht es schneller voran, mit Bayern und Deutschland.« (Mich würde es interessieren, was Glos heute sagt, da Bayern in vier Bezirke zerlegt worden ist.) Der Schriftsteller Martin Walser: »Ich habe, das muß ich gestehen, am Sozialismus manchmal gezweifelt. Manchmal bin ich aber auch fehlinterpretiert worden. Aber diese Entscheidung des ZK der SED stimmt mich optimistisch.« DRD-Außenminister Karsten D. Voigt: »Ich kenne den Genossen Egon Krenz schon seit Anfang der achtziger Jahre. Er ist mir in dieser Zeit zum Freund geworden. Aus der tiefen Kenntnis der Persönlichkeit des Genossen Egon Krenz weiß ich, daß das ZK der SED keine bessere Wahl hätte treffen können.« Egidius Braun, Vizepräsident des Deutschen Turn- und Sportbundes (DTSB): »Jetzt wird die zweite Hälfte angepfiffen. Wir werden den Rückstand noch aufholen, weil jetzt Partei und Bevölkerung, auch wir Sportler, an einem Strang ziehen.« Und so weiter und so fort.

Die Partei erlaubte Erich Honecker, gemeinsam mit seiner als Volksbildungsministerin zurückgetretenen Frau Margot, in die Schweiz zu reisen, um seine angeschlagene Gesundheit wiederherzustellen. Dort blieb er aber nicht lange, sondern er flog bald weiter nach Chile, wo seine Tochter lebt. Ein gutes Jahr nach seiner Ausreise aus der DRD, über deren Hintergründe er nie ein Wort verlor, starb Honecker in Santiago de Chile. Zu seiner Beerdigung schickte die DRD-Regierung Informationsminister Boenisch. Die Weltöffentlichkeit sah darin einen letzten Affront. Wenn man an das Staatsbegräbnis denkt, das Honecker seinem unterlegenen Rivalen Walter Ulbricht zugebilligt hatte, dann kam Boenischs Mission einer betonten Mißachtung gleich. Mehr Respekt bringen ihm einige Deutsche entgegen. Emigranten dieser Tage berichten von einem Satz, den man in Deutschland immer mal wieder hört: »Wenn das der Erich wüßte.«

In gewisser Weise rechtfertigte Egon Krenz die Erwartungen, die in ihn gesetzt wurden. Noch im Mai 1993 zog die Partei die Notbremse. Es fing damit an, daß der Föderationsausschuß sämtliche Kompetenzen in der Finanz- und Währungspolitik an sich riß. Der Bonner Finanzminister Lafontaine war von einem Tag auf den anderen funktionslos, wenn er auch schon zuvor Kompetenzen an Berlin hatte abtreten müssen. Ein knappes Jahr später setzte er sich auf einer Dienstreise nach Frankreich ab. Die Weltpresse entdeckte in Lafontaines Flucht das unwiderrufliche Ende der westdeutschen Geldpolitik. Aber das war bestenfalls ein Viertel der Wahrheit, denn der große Einschnitt war schon Ende Mai 1993 erfolgt, als die DRD-Regierung überfallartig eine Währungsreform verkündete. Über Nacht wurde die wertlose D-Mark durch die DRD-Mark ersetzt. Um neue Proteste zu vermeiden, wurden komplizierte Umrechnungsregeln verordnet: Für alle steuerpflichtigen Einkommen aus nicht selbständiger Arbeit wurde ein Verhältnis von 1:1 zwischen der D-Mark und der DRD-Mark festgesetzt, und zwar zum Stichtag 1. Januar 1993. Damit nahm die Regierung immerhin die drastischen Reallohnsenkungen durch Geldentwertung zum Teil zurück. Einkommen aus selbständiger Arbeit wurden ebenfalls im Verhältnis von 1:1 umgestellt, aber zum Stichtag 1. Mai 1993. So wurden auf einen Schlag die Einkommen von Unternehmern und Freiberuflern dezimiert. Die Regierung hatte eine sozial gerechte Währungsreform versprochen, und bald begriff jeder, was sie unter sozialer Gerechtigkeit verstand.

Um die Inflation gar nicht wieder entstehen zu lassen, wurden die Preise der meisten Waren staatlich festgesetzt. Lediglich einige Luxusartikel, oder das, was die Regierung dafür hielt, durften zu Marktpreisen verkauft werden. »Es geht nicht darum, daß das Wertgesetz sich in jeder Ware pfenniggenau ausdrückt, sondern daß es dies in der Summe aller Warenpreise tut. Es ist ein Vorteil der Planwirtschaft, das Verhältnis von Angebot und Nachfrage langfristig steuern zu können«, so Planungschef Gerhard Schürer. Ein halbes Jahr später erfuhr man aus Westmedien, daß er sich in die Schweiz abgesetzt hatte. Gründe nannte er nicht. Aber es lag nahe, Schürers Flucht auf die Zerrüttung der gesamtdeutschen Wirtschaft zurückzuführen. Möglicherweise wollte er nicht der nächste Sündenbock werden oder gar ein Agent des Imperialismus, der den wirtschaftlichen Aufbau sabotiert hat.

Den Tauschkurs der DRD-Mark zu westlichen Währungen legte die Regierung exakt fest. DRD-Mark-Beträge auszuführen war bei Strafe untersagt. So war die neue Währung von Anfang an nicht konvertibel, und das sollte sie auch nicht sein, denn die Regierung ließ es nicht zu, daß »die Währung unseres souveränen Landes noch einmal zum Spielball internationaler

Großkapitalisten und Spekulanten wird. Was unser Geld wert ist, bestimmen wir selbst. Damit haben wir Souveränität zurückgewonnen.«

Meisnitz berichtete mir später, daß die Aprilkrise die DDR und darüber hinaus den gesamten Warschauer Pakt schwerer belastete, als die Regierung öffentlich zugab. Um die Konflikte in Westdeutschland zu beenden, wurden nämlich Lebensmittel und sonstige Konsumartikel tonnenweise nach Westdeutschland geschafft, um die fehlenden und überteuerten Importwaren aus Westeuropa und den USA zu ersetzen. Auch wenn sie öffentlich finstere Mächte für den Aufstand verantwortlich machten, wußten die Genossen des Politbüros doch genau, daß weitere Versorgungsengpässe im materiell verwöhnten Westen noch mehr Menschen auf die Barrikaden trieben. Also mußten die DDR-Bürger den Gürtel enger schnallen, um den »Angriff der Konterrevolution auf die demokratischen Errungenschaften Westdeutschlands zurückzuschlagen«, wie Informationsminister Boenisch in der von Angelika Unterlauf gewohnt souverän moderierten »Aktuellen Kamera« äußerte.

In meiner HO-Verkaufsstelle in Düsseldorf-Oberkassel hatten Produkte aus der DDR und anderen sozialistischen Staaten bald das Übergewicht unter den Importwaren. Wie viele andere Konsumenten war ich einigermaßen beruhigt, weil die Inflation besiegt war und das Leben wieder einen halbwegs normalen Verlauf nahm. In der Redaktion beschäftigte ich mich nun wieder mehr mit dem Sport, vor allem mit den vergeblichen Mühen der DRD-Fußballmannschaft, sich für die Weltmeisterschaften 1994 in den USA zu qualifizieren.

Natürlich, viele hatten kein gutes Gefühl, als die Regierung das Streikrecht so stark einschränkte, daß manche sagten, es sei in Wahrheit abgeschafft worden. Streiks durften nun nicht mehr die öffentliche Sicherheit gefährden, genausowenig die Versorgung der Bevölkerung mit lebenswichtigen Produkten, und die »Verleumdung« von Staat und Regierung wurde unter Strafe gestellt. Das alles verordnete die Regierung, »um das Versammlungsrecht vor Mißbrauch zu schützen«. Die wenigen Gewerkschafter, die nach dem großen Aufräumen zu protestieren wagten, wurden gnadenlos verfolgt. Die Führung des DGB und der Einzelgewerkschaften war ohnehin von Konterrevolutionären gesäubert worden. Nun gab es in den Führungsgremien endlich eine Mehrheit für den Beitritt zum Freien Deutschen Gewerkschaftsbund (FDGB).

FDGB-Chef und SED-Politbüromitglied Harry Tisch freute sich, wie überhaupt alle Genossen im ZK der Partei, denn die *Gewerkschaftseinheit auf marxistischer Grundlage* war ein entscheidender Coup. Nicht zuletzt verdeutlichte er den Sozialdemokraten, daß alles Zögern auf dem Weg zur Einheitspartei keinen Sinn hatte. Der Druck auf die offiziell schon längst auf Einheit gepolte SPD nahm weiter zu. Es sollte nun nicht mehr lange dauern.

Wenn man so will, erging es den Gewerkschaften immer noch besser als den Unternehmerverbänden. Der Bundesverband der Deutschen Arbeitergeber (BDA), der Bundesverband der Deutschen Industrie (BDI), der Deutsche Industrie- und Handelstag (DIHT) und sämtliche sonstigen »Vereinigungen des Kapitals« wurden per Dekret aufgelöst. Ihre Besitztümer wurden vergesellschaftet. »In einer modernen demokratischen Gesellschaft braucht es keine Streikorganisationen der Arbeiter und keine Kampforganisationen der Arbeitgeber. Der Staat ist der größte Unternehmer, er kann die Interessen des Unternehmertums am besten wahrnehmen. Er sollte sich aber mühen, die divergierenden Einzelinteressen auszugleichen«, kommentierte Theo Sommer in der »Zeit«. Und Informationsminister Boenisch ließ verlauten, daß wir alle nun in einer »wirklichen Demokratie« lebten, in der »nicht mehr partikulare Interessen Mehrheiten außer Kraft setzen können«. »Bild« titelte unter der täglichen Verbrechensmeldung aus dem westlichen Ausland (»Pariser

Frauenmörder zerfleischt neues Opfer«): »ENDLICH DEMOKRATIE!«

Bald wären die Arbeitgeberverbände ohnehin überflüssig geworden. In den Augen der Agitpropexperten in Partei und Regierung waren mit den Banken längst nicht alle Schuldigen am »Angriff der Konterrevolution« im April bestraft worden. Mitte Juli 1993 kam das Großkapital an die Reihe. In einer Nacht-und-Nebel-Aktion besetzten Staatsanwälte und Polizisten die Zentralen und Filialen zahlreicher großer Unternehmen wie Daimler-Benz, BMW, Volkswagen, Bertelsmann, Veba, Siemens, Bosch, MAN, Mannesmann und andere. So wollte der Staat verhindern, daß die Unternehmer Unterlagen und Werte ins Ausland schafften. Aber das hatten die meisten Vorstände längst getan, mußten sie doch mit einer Enteignungswelle rechnen. Und erst jetzt fiel den Wirtschaftsprofis in Günter Mittags Reich auf, daß Siemens und Volkswagen sogar so clever gewesen waren, ihre Auslandsfilialen in eigenständige Firmen umzuwandeln. Die Prozesse über Namen und Patente dauern bis heute an, und sie werden die Gerichte vieler Länder noch viele Jahre beschäftigen. In den USA versuchen DRD-Anwälte zu verhindern, daß eine Firma namens *People's Cars* Autos herstellt und vertreibt, die Wolfsburg-Produkten verblüffend ähnlich sind. Mittlerweile allerdings hat *People's Cars* neue Modelle auf den Markt gebracht, den Prozeßeifer der DRD hat das jedoch nicht gebremst.

Daimler-Benz und BMW wurden ein knappes Jahr nach der Enteignung zum VEB Autobau Süd zusammengeführt. Bosch wurde eingegliedert in den ehemaligen Siemenskonzern, der seitdem VEB Elektrotechnik »Ernst Thälmann« heißt. Wirtschaftsexperten interpretierten diese Gigantomanie in westlichen Medien als Fortsetzung des Kurses von Günter Mittag, der schon seit vielen Jahren auf sozialistische Großkonzerne setzte. Die Firmenverbünde, die in der DDR als Kombinate bezeichnet werden, hätten aber keineswegs größere Produktivität gebracht, sondern wachsende Unbeweglichkeit. Das zeige sich vor allem in der Versorgung der Bevölkerung. »Wer die mittleren und kleinen Unternehmen zerschlägt und nur auf große setzt, nimmt der Volkswirtschaft ihren Unterbau. Das gilt auch im Sozialismus«, schrieb ein kluger Journalist im Zürcher »Tagesanzeiger«. Er erklärte auch die Vorstellung für wirklichkeitsfremd, daß man in einer Wirtschaft »alles zwischen Eisenbahnwaggons und Stecknadeln« planen könne. »Wer das versucht, erleidet immer Schiffbruch, entweder bei den Eisenbahnwaggons oder den Stecknadeln oder bei beidem. Aber Mittag verwechselt die Plünderung der Rücklagen der westdeutschen Großunternehmen und den Verzicht auf Innovation mit Produktivität. Und über kurz oder lang werden auch die stattlichen Devisenreserven des 93er Raubzugs aufgebraucht sein, und dann wird die Einheitspartei wieder nach Schuldigen für das Wirtschaftsdesaster suchen. Vielleicht heißt einer der Schuldigen das nächste Mal Günter Mittag.«

Nur der VEB Wolfsburg änderte auch die Markennamen, so daß weiterhin Mercedes- und BMW-Limousinen auf den Straßen fuhren. Noch einige Jahre konnte der VEB Autobau Süd stolz große Exporterfolge melden. Zwar sank die Qualität der Fahrzeuge, aber noch schneller fiel ihr Preis. Inzwischen aber gelten die Benzinfresser aus Stuttgart und München im Ausland als veraltet, reparaturanfällig und wenig haltbar. Man hört weiterhin Erfolgsmeldungen des VEB Autobau Süd und anderer ehemals berühmter Firmen, aber ihr Wirklichkeitsgehalt dürfte sich mittlerweile dem Wert Null angenähert haben.

Die enteigneten Firmen wurden im Innern völlig umgekrempelt. Wenn man heute das »Neue Deutschland« liest, kann man über die Reportagen aus den Unternehmen nur staunen. Neben den Kombinatsdirektoren gibt es die mächtige Betriebsparteiorganisation der SEdDRD sowie die Gewerkschaftsorganisation mit »ihren Organen der Mitbestimmung und Mitgestaltung«.

Dazu gehören die Mitgliederversammlung, die Vertrauensleutevollversammlung, die Ständigen Produktionsberatungen auf Betriebs- und Abteilungsebene usw. usf. Großen Wert legt die Partei auf die Neuererbewegung, und gute Vorschläge, die die Produktion oder Produkte verbessern, werden honoriert. Konfliktkommissionen bemühen sich um Schlichtung, wenn es Streit gibt und die Arbeitsbrigaden ihn nicht lösen können. Der Rat für Sozialversicherung hilft den Werktätigen bei allen Versicherungs- und Rentenfragen, und die Kommission sozialistische Erziehung der Kinder kümmert sich um betriebseigene Kinderkrippen und Kindergärten. Die Freie Deutsche Jugend besitzt in allen Betrieben neben Grundorganisationen einen FDJ-Kontrollposten. Wichtig sind auch Arbeitsgruppen MMM, die für die *Messen der Meister von morgen* mobilisieren. Die Gesellschaft für Sport und Technik (GST) betreut den Klub junger Techniker, und die Gesellschaft für Deutsch-Sowjetische Freundschaft (DSF) wertet in Zirkeln Erfahrungen der *Freunde* aus.

Am wichtigsten aber unter allen Institutionen nach SED und Betriebsleitung ist das Arbeitsgesetzbuch, dessen Gültigkeit vor kurzem von der ehemaligen DDR auf den Westen ausgeweitet wurde. Seitdem kann Arbeitern praktisch nicht mehr gekündigt werden, es sei denn, sie riefen zum Sturz der Regierung auf. Dies dokumentiere den Sieg über die Arbeitslosigkeit, prahlte die DRD-Regierung unlängst. Es ist wohl eher das Defizit an Produktivität, das den Mangel an Arbeitskräften verursache, konterte Gerhard Schürer in einer Diskussionsveranstaltung in Zürich.

Die DRD-Regierung und die ihr treuen Medien rühmen die »Demokratie am Arbeitsplatz, die die Demokratie von einer Behauptung in eine Tatsache verwandle«, wie es in schönstem Boenisch-Deutsch heißt. Früher habe die Konkurrenz auf dem angeblich freien Markt dazu gedient, die Arbeitsproduktivität zu steigern und damit die Ausbeutung der Werktätigen. Erst mit dem Aufbau des Sozialismus aber erhalte der Wettbewerb einen humanen Charakter. Der sozialistische Wettbewerb sei die wichtigste Form, um die Arbeiter an der Planung und Leitung zu beteiligen. Die Erfolge im sozialistischen Wettbewerb kämen der Gesellschaft insgesamt, aber auch dem einzelnen zugute. Als großes Vorbild wurde der VEB Elektrotechnik »Ernst Thälmann« gepriesen. Dort hätten alle Gewerkschaftsgruppen, Brigaden und Arbeitsgemeinschaften in »hartem kameradschaftlichen und kulturvollen Meinungsstreit Ideen und Initiativen geboren und gezeigt, daß der sozialistische Wettbewerb eine Bewegung der ganzen Klasse ist und nicht einzelner Brigaden oder Bestarbeiter«, weiß das »Neue Deutschland« zu berichten. Die Münchner und Berliner Elektroarbeiter würden zeigen, was es bedeute, die Losung »Sozialistisch arbeiten, lernen und leben« zu verwirklichen. Aus diesem Grund sei das Kombinat als erstes in Westdeutschland mit dem Ehrentitel *Betrieb der sozialistischen Arbeit* ausgezeichnet worden. In keinem anderen volkseigenen Betrieb in den neuen Bezirken habe es so viele Auszeichnungen von Werktätigen als *Beste Meister*, *Beste Facharbeiter* oder *Bestes Maschinenkollektiv* gegeben.

Das klingt alles wie schon zu DDR-Zeiten. Eines aber ist anders. Seit ihrem VIII. Parteitag 1971 hatte die SED bis zum Überdruß von der *Hauptaufgabe* und der *Einheit von Wirtschafts- und Sozialpolitik* gesprochen. Keine Ausgabe der »Aktuellen Kamera« und kein Artikel über die Wirtschaftspolitik der Partei, in denen nicht diese Schlüsselbegriffe der Honecker-Ära genannt wurden. Als *Hauptaufgabe* bezeichnete es Honecker, die Bedürfnisse der Menschen in seinem Herrschaftsbereich »immer besser zu befriedigen«. Und mit der *Einheit von Wirtschafts- und Sozialpolitik* war gemeint, die Versorgung der Bevölkerung in dem Maß zu verbessern, wie die Arbeitsproduktivität es zuließ. Hinter dieser Formel drückte sich aus, daß die SED nicht mehr, wie zu Ulbrichts Zeiten, sich vor allem auf die Schwerindustrie konzentrierte. Nun sollte die Konsumgüterindustrie gleichrangig entwickelt werden. Wie wir heute wissen, führte dieser Kurs in die Schuldenkrise der DDR, die sie nach der

Einheit erst überwand, indem sie ihre Hauptgläubiger verstaatlichte, um das Schuldentrauma dann als gesamtdeutsches Menetekel doch wiederauferstehen zu lassen.

Seit Honeckers Sturz aber hatten die verstaubten Formeln ausgedient. Krenz und seine Genossen sprachen statt dessen vom *neuen Realismus*. Nirgendwo hatte man lesen können, daß es einen Mangel an Realismus gegeben habe, was dieser Begriff ja unterstellte. Kommentarlos schwenkte die neue Führung um. Das mag vor allem darin begründet sein, daß die neuen Herren mit Ausnahme Honeckers die alten geblieben waren. Auch sie hatten die *Hauptaufgabe* und die *Einheit von Wirtschafts- und Sozialpolitik* tausendmal im Mund geführt, und so zogen sie es vor, sich nicht selbst zu kritisieren.

Was *neuer Realismus* bedeutet, haben wir in der Emigration schnell begriffen. Die DRD steckt in einer wirtschaftlichen Misere. Die Arbeitsproduktivität ist dramatisch geringer als in kapitalistischen Staaten. In der Hochtechnologie ist der Rückstand kaum mehr einholbar, viele Dritte-Welt-Staaten haben die DRD abgehängt in diesem Schlüsselsektor der Wirtschaftsentwicklung. Das Internet, das sich in den neunziger Jahren im Westen explosionsartig ausgeweitet hat, hat seine Fühler kaum in die DRD ausstrecken können. Zum einen fürchtet die Partei das subversive Potential des großen Netzes, das jede Zensur umgeht. Zum anderen fehlen die technischen Voraussetzungen, um Firmen und Privathaushalte flächendeckend zu vernetzen.

Mit dem *neuen Realismus* akzeptiert die Führung, daß die hochgespannten Pläne Ulbrichts, der den Westen sogar überholen wollte, und Honeckers gescheitert sind. Natürlich machen Krenz und Genossen dafür die Machenschaften des internationalen Kapitals verantwortlich. Die Zeiten, in denen die Einheitspartei versuchte, ihr Regime durch soziale Wohltaten zu versüßen, sind vorbei. Im gleichen Maß wächst die Unterdrückung.

X.

Nach zehn Jahren ist die DRD weitgehend so, wie es die DDR immer war. CDU, CSU, FDP sind mit den Blockparteien verschmolzen. Wer nicht mitmachte, verlor die Mitgliedschaft und manchmal auch die Freiheit. Vorstandsmitglieder der bürgerlichen Westparteien, die sich zögerlich verhielten oder gar widerstanden, wurden so lange bearbeitet, gelockt, verfolgt oder erpreßt, bis sie sich den Einheitssozialisten unterworfen hatten. Die SPD gibt es nicht mehr, seit sie in der Sozialistischen Einheitspartei aufgegangen ist. Der Kampf gegen den *Sozialdemokratismus* wurde siegreich beendet, und einstige SPD-Mitglieder, die Reste früherer Ideale in die neue Zeit retten wollten, wurden zur öffentlichen Selbstkritik gezwungen, ausgeschlossen, verhaftet und wegen »Konspiration gegen Verfassungsorgane der DRD« zu hohen Gefängnisstrafen verurteilt. Das Grundgesetz wurde im letzten Jahr außer Kraft gesetzt (nachdem es schon das Papier nicht mehr wert war, auf dem es stand), weil Westdeutschland keine eigene provisorische Verfassung mehr benötige. »Damit erfüllt die DRD ein zentrales Gebot des Grundgesetzes. Schließlich sollte das Grundgesetz nach dem Willen seiner Mütter und Väter nur bis zu dem Tag gelten, an dem Deutschland in Frieden und Freiheit wiedervereint ist«, erläuterte Informationsminister Boenisch den Beschluß des DRD-Volkstags. Die Parteien, die Nationale Front und die DRD-Medien jubelten, viele Menschen in den neuen Bezirken aber verstanden, daß ihnen nun das letzte bißchen Bundesrepublik genommen war, auch wenn es nur noch symbolische Bedeutung gehabt hatte.

In Zürich hatten einstige Stars der westdeutschen Politszene diesen Tag genutzt, um noch einmal auf sich aufmerksam zu machen. Helmut Schmidt, Helmut Kohl, Hans-Dietrich Genscher, Joschka Fischer, Hans-Jochen Vogel, Björn Engholm und andere hatten auf einer denkwürdigen Veranstaltung im Volkshaus die Werte des Grundgesetzes beschworen und Freiheit für alle politischen Gefangenen gefordert (Genscher: »Laßt Lambsdorff frei!«). Aber der Stern der einstigen Lenker der Bundesrepublik sinkt schnell. Wer ohne Amt und Mandat ist, verliert seine politische Bedeutung. Und so haben die DRD-Medien sich darauf beschränkt, ein paar polemische Pfeile auf die Veranstalter abzuschießen und die »Einmischung in die inneren Angelegenheiten der DRD« zurückzuweisen. Da war die Rede von »Ewiggestrigen, die ihren Absturz in die wohlverdiente Bedeutungslosigkeit nicht verkraften«. Dieser Vorwurf ist perfide, aber ganz falsch ist er nicht.

Ich wüßte zu gerne, wie Johannes und Elvira heute leben, ob sie zurechtkommen. Vielleicht findet Johannes es schon normal, daß die Kinder in seiner Klasse aufspringen und ihm mit Pioniergruß Meldung machen. Daß es keine Schülermitverwaltung (wir hatten das Kürzel SMV früher als Schülermilchverteilung lächerlich gemacht) mehr gibt, statt dessen eine FDJ-Schulleitung, die durch den SED-Sekretär an der Schule angeleitet wird. Ich gebe es zu, ich verschlinge deutsche Zeitungen und Zeitschriften in der Hoffnung, trotz aller Sprachregelungen Zeichen von Änderungen zu erspähen. Und weil ich an meiner Heimat hänge, mehr als je zuvor. Die Zeit der Emigration heilt keine Wunden, sie vergrößert sie nur. Ich könnte Johannes und Elvira schreiben, aber ich tue es nicht, um sie nicht zu kompromittieren. Die Zeiten der Depression dauern länger als jene Phasen, in denen ich hoffe.

Was macht Willi? Das letzte, was ich von ihm mitbekam, war eine Postkarte, die er ein Dreivierteljahr nach meiner Flucht in

Wien einsteckte. »Es geht mir gut«, hat Willi geschrieben (c/o Internationales Rotes Kreuz). Aber seitdem kein Sterbenswörtchen mehr. Vielleicht war er in der Nomenklatur nach oben geklettert und machte keine Auslandsreisen mehr. Vielleicht aber war er in das Räderwerk einer Säuberung geraten und saß im Gefängnis oder im Lager. Ich habe ein schlechtes Gewissen, wenn ich an Willi denke. Genutzt hat es ihm bestimmt nicht, daß er mir die Flucht ermöglichte.

Was hat ihn, den Anhänger Gorbatschows, den Antistalinisten, in der kommunistischen Partei gehalten? Ist es Sentimentalität oder die Überzeugung, daß die Partei bei allen Irrungen und Wirrungen letztlich doch recht hat? Glaubt er immer noch an die Überlegenheit des Sozialismus, obwohl seine Partei nun auch Westdeutschland in die Sackgasse geführt hat? Hofft er, daß der pure Wille den historischen Gesetzen, an deren Wirken er glaubt, am Ende doch zum Durchbruch verhelfen wird? Wie hoch, Willi, darf der Preis sein, den ihr von den Deutschen fordert für das große Ziel des Kommunismus, die Abschaffung aller Klassen und des Staats, aller Unterdrückung und Ungerechtigkeit? Und wenn das Ziel Utopie bleibt, werden dann eure Nachfahren sagen: Tut uns leid, wir haben uns geirrt? Welche Opfer rechtfertigt eine große Idee, die noch nirgendwo Wirklichkeit geworden ist?

Ich habe Heimweh, aber keine Sekunde wünsche ich mir, nach Deutschland zurückzukehren. Nicht solange Krenz und Genossen das Sagen haben, Zyniker der Macht alle miteinander. Sie mißbrauchen Humanismus und Antifaschismus, um ihre Diktatur zu rechtfertigen. Und sie haben in Westdeutschland Vasallen gefunden, die sich zuvor noch als Superdemokraten präsentiert hatten. Heutzutage erlebt man so manchen unentwegten Verteidiger der »freiheitlich-demokratischen Grundordnung« früherer Tage, der mit Freiheit und Demokratie nichts mehr im Sinn hat. Je mehr sie vom Volk sprechen – Volksdemokratie, Volkspolizei, Volksarmee, Volkstag usw. –, desto weniger hat das Volk zu sagen. Die Wahlen sind eine Farce, 96 Prozent der Wähler in den neuen Bezirken sollen bei der letzten Volkstagswahl den Kandidaten der Nationalen Front ihre Stimme gegeben haben. Wir Emigranten durften nicht wählen, uns hat die Regierung längst ausgebürgert. Wenn ich alt bin, werde ich auch keine Rente beziehen, weil Republikflüchtlinge alle Ansprüche an Sozialversicherungssysteme verwirkt haben.

Vielen ergeht es wie mir. Wir leben in Zürich – und andere Exilanten in anderen Städten und Ländern – und interessieren uns doch nur für Deutschland. Dabei müßten wir die Heimat vergessen, sie bietet uns keine Zukunft. Wir müßten innerlich annehmen, was rational unabweisbar ist: daß wir uns auf unsere neue Umgebung einlassen sollen. Ich müßte mich eher darum kümmern, eine neue Staatsangehörigkeit und vielleicht eine neue Heimat zu finden, als in der Vergangenheit oder mit einem Land zu leben, das mich nicht mehr will. Einige wenige Flüchtlinge wurden Amerikaner, Kanadier, Holländer und dieser und jener sogar Schweizer, was dann möglich ist, wenn unser Gastland glaubt, von speziellen beruflichen Fertigkeiten eines Emigranten profitieren zu können. Meine beruflichen Fähigkeiten reichen dazu nicht aus. Ich darf froh sein, wenn ein Blatt mich hin und wieder als freier Mitarbeiter für irgendein abgelegenes Sportereignis beschäftigt. Aber da zählt nur meine Kompetenz als ehemaliger Sportredakteur. Vielleicht eröffnet mir dieses Buch nun auch die Möglichkeit, politische Artikel zu veröffentlichen. So hätte ich zu gerne etwas über den II. SEdDRD-Parteitag geschrieben.

Der Parteitag hat im Mai 1999 stattgefunden. Im Fernsehen habe ich die bombastischen Aufmärsche verfolgt: den jubelumtosten Einzug der Parteiführung, allen voran Egon Krenz und Karsten D. Voigt; den zackigen Einmarsch einer Abordnung der Deutschen Volksarmee, die dem Parteitag meldete, jederzeit bereit zu sein, das Vaterland zu verteidigen; den fröhlichen Lauf der blau-rot gekleideten Vertreter von FDJ und Pionierorganisation »Ernst Thälmann«, die die Delegierten im Berliner Palast der

Republik zu stehenden Ovationen bewegten. Vorne am Rednerpult dann ein Knirps von vielleicht acht oder neun Jahren, der den Genossen Krenz und Voigt versprach, daß FDJler und Pioniere weiterhin gute Taten vollbringen wollten »im Gedenken an unser großes Vorbild Ernst Thälmann, den Kämpfer für die Menschheit«. Da saßen die Herren des Politbüros zufrieden in der ersten Reihe, unter ihnen als einzige Frau die alte Inge Lange, Kandidatin des Politbüros und Vorsitzende der Frauenkommission. Krenz in der Mitte, neben ihm Ministerpräsident Voigt, ein paar Plätze links davon der designierte Agitpropsekretär Boenisch, weißhaarig, nachdenklich auf die Tausenden von Delegierten vor ihm blikkend – die Seriosität in Person. Wohin die Kameras auch zeigten, Konzentration in den Gesichtern. Begeisterung und Lachen, wenn der Klassenfeind verächtlich gemacht wurde. Wo waren die Delegierten der westdeutschen Sozialdemokraten, die auf dem letzten Parteitag den Untergang der SPD mitbeschlossen hatten? Keine Träne für Bebel und Brandt?

Brandt hatte sich schon 1990 nach Norwegen abgesetzt und von dort die Entwicklung seiner Partei vernichtend kritisiert. Die SPD-Führer nannte er »Grotewohls«, die moralisch in die gleiche Kategorie zu zählen seien wie die Quislings seines Exillands in den Jahren der Besetzung durch die Nazis 1940 bis 1945. Manche deutschen Medien waren sich nicht zu schade, Brandt zu beschimpfen als einen »Opportunisten, der immer dann, wenn Deutschland um sein Schicksal rang, sich im Ausland in Sicherheit brachte«. *Brandtisten* wurde jene westdeutschen Sozialdemokraten genannt, die sich nicht vom einstigen Parteichef distanzieren wollten. »Brandt gehörte schon immer in die erste Reihe der Kriegshetzer. Wir erinnern uns noch gut an den August 1961, als er Bundeskanzler Konrad Adenauer zum Krieg gegen das Friedenslager aufhetzen wollte, als wir unsere offene Flanke gegen den Imperialismus durch den antifaschistischen Schutzwall schlossen. Und das, was als ›Friedenspolitik‹ verherrlicht wurde, war nicht mehr als der Versuch, die kommunistische

Weltbewegung ideologisch aufzuweichen. Der demokratische Sozialismus ist die Speerspitze des Imperialismus. Zeigt sich nicht die moralische und ideologische Überlegenheit des Marxismus-Leninismus schon darin, daß seine Feinde sich als Sozialisten verkleiden müssen?« fragte Krenz in seiner Parteitagsrede. Und alle, alle klatschten.

Als Brandt am 8. Oktober 1992 im norwegischen Exil starb, hatten »Tagesschau« und »Aktuelle Kamera« dem Friedensnobelpreisträger noch einmal ein paar Sekunden gewidmet, um ihn dann zu vergessen. Seine letzte Frau aber half kräftig mit, den Genossen die Vereinigung mit der SED zu empfehlen. Jedenfalls berichtete das »Neue Deutschland« im Januar 1993, Brigitte Seebacher-Brandt sei aus Norwegen zurückgekehrt, um weiterhin die Geschichte der deutschen Arbeiterbewegung zu erforschen. Sie sei Mitglied der Historischen Kommission beim SPD-Parteivorstand geworden und befürworte den Zusammenschluß mit den Kommunisten.

Eigentlich war die Sozialdemokratie schon im Juni 1993 gestorben, als ihre Führung beschloß, als Antwort auf die Aprilkrise dem Demokratischen Block beizutreten. So unterwarf sie sich der führenden Rolle der SED, um sich in den Jahren bis zur Verschmelzung mit den Kommunisten Stück um Stück selbst zu entleiben. Um die Parteiorganisation zu retten, wurde die Parteiseele geopfert. Als die Seele geopfert war, war die Selbständigkeit der Partei überflüssig geworden.

Der II. Parteitag besiegelte nicht nur das Ende der deutschen Sozialdemokratie, sondern beschloß auch den ersten Fünfjahrplan, nachdem Elemente der Planwirtschaft längst die »Anarchie des sogenannten freien Markts« beseitigt hatten. Offenbar hatte Honecker vorgehabt, den ersten Fünfjahrplan schon 1993 beschließen zu lassen, aber dann war ihm die Aprilkrise dazwischengeraten und er schließlich über den Mangel an Sozialismusbegeisterung in Westdeutschland gestürzt. Die Proteste im April 1993 haben sich wie dereinst der 17. Juni 1953 tief in die

Gemüter der führenden Genossen eingefressen. Krenz, Voigt und andere Spitzenleute des neuen Deutschlands strapazieren zwar pausenlos die »enge Verbundenheit der Partei der Arbeiterklasse mit dem Volk«, sie glauben aber selbst nicht daran. Sonst wären die Auswüchse des Sicherheitsapparats nicht erklärbar.

Folgte man aber den DRD-Medien, so waren alle Deutschen glücklich über Einheit und Sozialismus im *Friedensstaat*. Das zeige sich auch in Kunst und Literatur. Ein kultureller Höhepunkt war Hermanns Kants neuer Roman »Die Einheit«, der im Frühjahr 1999 erschienen ist. Die Kritiker überboten sich in ihrer Freude über diesen »Meilenstein auf dem Weg zu einer entwickelten sozialistischen deutschen Nationalkultur«.

Kürzlich las ich eine hymnische Rezension von Ulrich Weiner, dem Feuilletonchef der »Zeit«. Er würdigte nicht nur Kants neues Buch, sondern auch Gesamtwerk und Lebensweg des Autors. Kant habe es in seinen Werken immer verstanden, die Widersprüche der Zeit abzubilden, er habe glaubwürdige Protagonisten geschaffen, »nie glatt, nie ohne Borsten, aber immer mit dem Blick nach vorne«. Manchen Unmut habe der Autor in der DDR ausgelöst, weil er »trotz seiner Verbundenheit mit der Partei der Arbeiterklasse den literarischen Finger auch in Wunden einer keineswegs perfekten Gesellschaft gelegt habe, von der wir Westdeutsche nichtsdestoweniger unendlich viel lernen können. Weil er beitragen wollte zur Fortentwicklung des Sozialismus und die wahrhaft humane Gesellschaftsordnung ohne ehrlichen und kulturvollen Meinungsstreit nicht zu haben ist.«

Weiner lobte dann die großen Werke eines »der bedeutendsten deutschsprachigen, wenn nicht europäischen Autoren unserer Zeit«, die »Aula«, das »Impressum« und den »Aufenthalt«. Alle diese »großartigen Epen unserer Epoche des Übergangs vom Kapitalismus zum Sozialismus handeln von den Bedingungen und Perspektiven wahrhaftigen menschlichen Zusammenlebens. Das neue Buch von Hermann Kant beschreibt darüber hinaus auch, wie Deutschland wieder zusammengefunden hat, nachdem es ihm endlich gelungen ist, sich ganz von Ausbeutung und Knechtung zu befreien. Der Autor verschweigt nicht die Schwierigkeiten, die sich auf unserem Weg auftun, aber das Buch ist von der ersten bis zur letzten Zeile erfüllt von dem, was man heute mit allen guten Gründen historischen Optimismus nennt.«

Weiner konnte es sich nicht verkneifen, einen Kollegen zu verspotten, Literaturkritikern ist der Konkurrenzneid so fremd nicht: »Marcel Reich-Ranicki hat dereinst gefordert, es müsse sich ein Schriftsteller finden, der den Roman der deutschen Einheit schreibe. Reich-Ranicki hat es mittlerweile vorgezogen, dem geeinten Deutschland den Rücken zu kehren, aber den Roman, den er forderte, gibt es nun, auch wenn Kants großer Wurf den einstigen selbsternannten Literaturpapst kaum pläsieren dürfte.«

In der Tat. Ein paar Wochen später sah ich spätnachts die Aufzeichnung einer TV-Sendung aus Österreich mit dem Namen »Literarisches Quartett«. Vier Kritiker diskutierten in einem Foyersaal der Wiener Staatsoper über zeitgenössische Literatur. Die Namen von drei Beteiligten habe ich schon wieder vergessen, aber das ist egal, denn alle drei haben nicht halb soviel geredet wie der große Zampano Reich-Ranicki, die anderen waren allerdings auch nicht halb so gebildet und unterhaltsam. Reich-Ranickis Urteil über Kants neuen Roman war eindeutig: »Ein durch und durch abscheuliches Buch. Es schildert die deutsche Einheit, als wäre sie eine Vergnügungspartie, nehmen wir mal an, auf dem Rhein. Aber der Rhein stinkt, weil tonnenweise Gift hineingeschüttet wird. Trotzdem sagt der Autor, um im Bild zu bleiben, der Rhein wäre eine Idylle, dabei ist er in Wahrheit fließender Dreck. Dieses Buch schildert nicht die deutsche Einheit, sondern das, was sich Herr Kant und seine geistigen Auftraggeber darunter vorstellen wollen. Das ist Propaganda, aber keine Literatur. Mehr gibt es über dieses Buch nicht zu sagen.«

Ursula Ragwitz, Leiterin der Kulturabteilung des Zentralkomitees der SEdDRD, dagegen war begeistert. Endlich hatte Hermann Kant sein großes Werk über die deutsche Einheit fertig. Darüber war sie stolz, denn hatte sie nicht den Autor geradezu angefleht, diese kulturpolitische Mission zu übernehmen? Hatte nicht auch der vor kurzem leider verstorbene Kurt Hager immer und immer wieder gesagt, daß sich die revolutionären Umwälzungen nun endlich auch in unserer Literatur widerspiegeln müßten? Nun waren ihre Mühen noch einmal reich belohnt worden, kurz bevor sie in den Ruhestand trat – Ruhestand heißt bei Berufsrevolutionären nur eine neue Tätigkeit, Ursula Ragwitz würde bald die Leitung des Kulturhauses in ihrer Geburtsstadt Cottbus übernehmen. Der Genosse Kant hatte lange gebraucht, aber dafür seinen Auftrag großartig erfüllt. Sie erwartete sich von diesem Buch viel, und nicht nur sie. Über das Manuskript war sogar im Politbüro diskutiert worden. Alle waren voll des Lobs. Nur am ursprünglichen Titel hatte Krenz herumgemeckert. »Genossen«, hatte er gesagt, »›Die Partei‹, das ist ein falscher Titel. Gut gemeint, aber falsch. Wir dürfen nicht mit dem Holzhammer arbeiten, sondern müssen unsere Menschen immer wieder aufs neue überzeugen, gerade in Westdeutschland.«

Neumann, alt geworden und grantiger denn je: »Ich habe das Manuskript gelesen. Ich finde es oberflächlich. Wir hatten Klassenkampf, gerade im Ruhrgebiet, und darüber geht der Kant einfach hinweg. Da ist Blut geflossen, Genossen, und darüber steht nichts im Manuskript. Es ist im Oktober 1917 Blut geflossen und bei unserem ersten Versuch 1918/19, den die Sozialdemokraten zerschlagen haben, auch. Und über Spanien, Genossen, brauche ich gar nicht erst zu reden. Da habe ich mehr Blut gesehen als viele hier in ihrem ganzen Leben. Das Buch von Kant aber ist blutleer.«

Boenisch war zu diesem Thema zur Politbürositzung eingeladen worden, und er meldete sich zu Wort: »Ich fürchte, der

Genosse Neumann übersieht die historische Dimension dieses Buches« – er sah im Augenwinkel, daß Krenz seine linke Hand kurz durch die Luft wischen ließ, und verstand das Signal: Hier will keiner mit Neumann diskutieren, also laß auch du es –, »aber ich will mich einer wichtigeren Frage zuwenden, die Genosse Egon Krenz aufgeworfen hat, dem Titel. Die Menschen in Westdeutschland sind unserer Partei natürlich dankbar, daß wir ihnen die Einheit gebracht haben. Wenn ich mal auf meine ja nicht ganz geringen publizistischen Erfahrungen zurückgreifen darf, so meine ich doch, wir sollten trotzdem das Produkt, die deutsche Vereinigung, bewerben und nicht den Produzenten, die Partei. Das würde unserem Autor vielleicht falsch ausgelegt werden, denn es geht ja nicht um Lobhudelei, sondern darum, die Menschen literarisch miterleben zu lassen, wie Deutschland endlich seine Freiheit erringen konnte. Anders gesagt, und, Genossen, verzeiht meinen verbalen Rückfall, ist das Produkt gut, dann nutzt es dem Image unserer Partei ...«

»Neumodisches Zeug«, brummelte Neumann.

Boenisch ließ sich nicht irritieren: »Ich schlage also vor, wir nennen das Buch wie das Produkt, das als größte historische Leistung der deutschen Geschichte mehr als alles andere von der Überlegenheit unserer Partei zeugt. ›Die Einheit‹ sollte es also heißen, und Kant zeigt ja in großartigster Weise, wie dank des Kampfes unserer Partei sich am Ende durchsetzte, was sich durchsetzen mußte.«

Krenz: »Genossen, ich habe mit dem Genossen Boenisch schon gestern über den Titel gesprochen ...«

Boenisch: »... das war ein sehr tiefgründiges Gespräch, das uns bei der Titelfindung entscheidend vorangebracht hat.«

Krenz, leicht säuerlich wegen der Unterbrechung (der Genosse Boenisch kannte die Gepflogenheiten im Politbüro noch nicht), aber auch ein wenig geschmeichelt: »Wenn niemand entscheidende Einwendungen hat, heißt das Buch ›Die Einheit‹. Die Genossin Ragwitz soll das dem Autor erklären.«

Wieder meldete sich Boenisch zu Wort: »Genosse Krenz, wenn ich das vielleicht noch vorschlagen darf. Der Genosse Kant ist ja nicht irgendein Schriftsteller. Immerhin verdanken wir ihm die Säuberung des Schriftstellerverbands, als sich einige der feinen Damen und Herren unbedingt mit Biermann solidarisieren mußten ...«

Krenz: »Gut, dann mach du es doch.«

Boenisch: »So hatte ich das nicht gemeint. Ich will mich hier ja nicht in den Vordergrund ...«

Krenz, grinsend: »Ich verstehe schon. Mach du das. Es ist ja schließlich deine Idee.«

Wenn man sich auf seine Prämissen einläßt, ist »Die Einheit« ein faszinierender Roman. Er schildert auf knapp 700 Seiten, wie die deutsche Vereinigung hätte sein können – wenn die Westdeutschen tatsächlich von der Sozialistischen Einheitspartei hätten regiert werden wollen. Da werden spannend die finsteren Machenschaften noch finsterer Konterrevolutionäre geschildert, die im Auftrag des deutschen Großkapitals und westlicher Geheimdienste die friedens- und vereinigungswilligen Deutschen aufhetzen wollen. Sabotage habe die D-Mark zerstört, und das sozialistische Lager habe sich fast aufgeopfert, damit die konterrevolutionsgeschädigten Westdeutschen genug zu essen bekamen. Es wimmelt in diesem Roman von gütigen Parteisekretären, die sich Irregeleiteten voller Verständnis annehmen, und einer der Protagonisten, Betriebsdirektor Reinhard, darf sogar eine Weile am Sozialismus zweifeln, um ihm dann doch zu verfallen. Ein Grenzer stirbt, weil er einen Saboteur auf der Flucht lebendig fangen will – *»Er ist doch Mensch«, schoß es Burmeister durch den Kopf, »Mensch wie ich«* –, statt nach erstem Anruf zu schießen, wie die Vorschrift es verlangt. Und natürlich beschenkt uns der Autor mit einer hinreißenden Liebesgeschichte, in der der Mann erst am Schluß begreift, daß nur jener »wahrhaft lieben kann, der alle Menschen liebt«.

Glücklicherweise geht alles gut, und wenn sie nicht gestorben sind, dann leben sie heute noch.

Der wichtigste Protagonist dieses Epos aber ist Quasi Riek. Sie kennen Quasi Riek nicht? Er ist ein Held in Kants Erstling »Die Aula«. In diesem Roman über junge Leute an einer Arbeiter-und-Bauern-Fakultät (ABF) schildert Kant die ersten Jahre der DDR, die sich eine eigene, »proletarische« Intelligenz schuf. Und er berichtet von der Freundschaft zwischen seinem Protagonisten Robert Iswall, der anläßlich der ABF-Schließung 1963 eine Rede halten soll, und Quasi Riek, der eigentlich Heinz heißt, aber seinen Vornamen einbüßt wegen der Marotte, das Wörtchen »quasi« überall einzuflechten. Quasi Riek ist ein guter Schüler, auch des großen Lehrmeisters Josef Stalin. Und dann ist er eines Tages weg, abgehauen in den Westen. Iswall, wegen seiner Rede in der Aula der zu schließenden ABF auf der Suche nach alten Genossen, findet Quasi Riek im Hamburger Stadtteil St. Georg, als Wirt der Kneipe »Zum toten Rennen«. Das Gespräch zwischen dem DDR-Journalisten Iswall und dem Wirt einer Kneipe, in der sich alles um Bier, Korn und Pferdewetten dreht, ist belanglos. Die Schlüsselszene aber folgt gleich danach:

Während Robert seinen Mantelkragen hochschlug und die drei Stufen zur Straße hinunterging, hörte er Riek leise sagen: »Aber vielleicht kommst du besser nicht wieder hierher. Und du solltest auch niemandem sagen, daß du hier gewesen bist, es sei denn, irgendwo fragt man dich direkt danach. Aber sonst wäre es besser für uns alle.« Robert sah zu ihm hinauf; er antwortete nicht, er wartete noch, und dann sagte Quasi Riek, und er sagte es wie ein Zitat aus einem fast vergessenen geheimnisvollen Märchen: »Verstehst du das, Robert?« Er drehte sich um und verschwand hinter der Tür der Gastwirtschaft »Zum toten Rennen«.

Robert verstand es nicht, und wenn doch, dann hat es der Autor der »Aula« dem Leser verschwiegen. Wie um dieses Versäumnis auszubügeln, feiert Riek Wiederauferstehung in der »Einheit«. Natürlich bleibt Quasi Riek nicht Wirt der Gastwirtschaft »Zum toten Rennen« in Hamburg-St. Georg. Das ist nur seine Startrampe in die Politik, seine biographische Legende. Denn wer würde einen Kneipenwirt für einen *Kundschafter des Friedens* des Ministeriums für Staatssicherheit der DDR halten? Und der IM Riek macht quasi eine Riesenkarriere, wird Schatzmeister der Hamburger SPD, wirbt in seiner Partei für Kontakte mit der SED, kämpft gegen den NATO-Raketenbeschluß und für Verständigung mit dem Osten. Und berichtet als Kämpfer an der unsichtbaren Front den Genossen Mielke und Wolf in der Ostberliner Normannenstraße, was sich in der Sozialdemokratie tut. Und eines Tages, die staatliche Einheit ist frisch erkämpft, treffen sich der Journalist Robert Iswall und Heinz, genannt »Quasi«, Riek wieder. Riek hatte Iswall in der Redaktion des »Neuen Deutschlands« angerufen, und sie trafen sich gleich am Abend in der »Kamin-Bar« des »Palasthotels« am Alexanderplatz, in der damals wohlgeformte Damen einer gesellschaftlich, politisch und ideologisch überwundenen Profession nachgingen:

Riek steuerte seinen mächtigen Körper auf den Sitz in der hintersten Ecke der »Kamin-Bar« zu, wo Iswall, den Rücken zwecks besserer Übersicht der Fensterwand zugekehrt, schon eine halbe Stunde wartete. Er hätte Quasi, Vollbart im runden Gesicht unter einer Halbglatze, nicht wiedererkannt, aber auch diesmal war Riek ihm um Längen voraus. Wohl konnte Robert nicht behaupten, sich körperlich nicht zu seinen Ungunsten verändert zu haben, aber Riek erkannte Iswalls Gesicht, das zwar in die Breite gewachsen war, aber doch seine Züge nicht verloren hatte, wenn sie auch weicher geworden waren. Robert stand auf, verwirrt, erst allmählich den Freund erkennend. Sie reichten sich die Hand. Quasi Riek fragte statt einer Begrüßung: »Hast du mich damals verstanden?« Robert antwortete nicht und betrachtete schweigend das vertraute und doch so fremde

Gesicht. »Damals, bei deinem Besuch in der Gastwirtschaft ›Zum toten Rennen‹«, hakte Quasi nach. »Nein«, sagte Robert. »Aber jetzt habe ich dich verstanden.«

Epilog

Die Schweizer sind genau. Besuchen Sie das Museum der Zeitmessung im exklusiven Uhrmachergeschäft Beyer Chronometrie in der Bahnhofstrasse, und gleich daneben Bucherer, kaum weniger vornehm, mit Uhren eigener Fabrikation. Ein paar Meter weiter, bei Harry Hofmann, können Sie Schmuck kaufen oder verkaufen. Hofmann ist eine wichtige Anlaufstelle für Flüchtlinge. Sie haben oft nicht mehr mitnehmen können aus Deutschland, als sie zu tragen vermochten. Nur wenige hatten Devisen, und auch die sind begrenzt. Glücklich jene, die prall gefüllte Nummernkonten führten, Schwarzgeld aus besseren Zeiten. Für die meisten aber mußte bald der Familienschmuck dran glauben, zuletzt die Eheringe. Manche Schmuckhändler haben gute Geschäfte mit Flüchtlingen gemacht, ein übergroßes Angebot drückt die Preise. Kluge Juweliere warteten mit dem Wiederverkauf, bis der Markt sich ausgeglichen hatte.

Auch viele andere Luxuswaren, Pelze, Kleidung, Silberbesteck, fanden Abnehmer, im ungünstigsten Fall auf Trödelmärkten.

Wenn man lange vor Hofmanns Laden in der Bahnhofstrasse steht, dann sieht man hin und wieder bekannte Gesichter. Gestern entdeckte ich Norbert Blüm, der mit verkniffenem Gesichtsausdruck die Ladentür hinter sich zuzog. Heute war es Otto Schily, obwohl ich doch dachte, daß wenigstens Rechtsanwälte im Exil einen Lebensunterhalt finden sollten. Aber warum soll es anderen besser gehen als mir, der ich meine Uhr, ein Erbstück meines Vaters, längst bei Hofmann versetzt habe. Immer wenn ich mir am Bahnhof eine deutsche Zeitung gekauft habe, muß ich bei Hofmann vorbei, und jedesmal spüre ich einen Kloß im Hals. Erst wenn ich zum Bürkliplatz weitergehe und der Blick auf den See frei wird, kann ich wieder frei atmen.

Die Zeitungslektüre ist keine Freude. Am 3. Oktober stehen die Feiern zum 10. Jahrestag der DRD an. Im nächsten Jahr soll schon der III. Parteitag der SEdDRD stattfinden; offenbar wollen die Genossen schnell noch Wichtiges beschließen. Schon verpflichten sich überall in der mir fremd gewordenen Republik Arbeitskollektive zu großartigsten Leistungen, die sie zu Ehren des III. Parteitags und des 10. Jahrestags vollbringen wollen. Es kommt eine gigantische Selbstbeweihräucherung der Partei- und Staatsführung auf die Deutschen zu, auch auf uns Emigranten, denn wir leiden nicht weniger als die im Land Verbliebenen, nur anders.

Vor zwei Wochen hatte es wieder eine Versammlung des DW gegeben, zum immer gleichen Thema, nämlich wie denn der Widerstand zu organisieren sei, wie wir dem Regime in die Suppe spucken könnten, um unseren Beitrag zu Parteitag und Jubiläum zu leisten. Es ging, wie jedesmal, wild durcheinander. Thomas Ebermann rief dazu auf, illegal Flugblätter in Deutschland zu verteilen und die paar deutschen Touristen in der Schweiz zu agitieren. Außerdem solle man Milliarden von gefälschten DRD-Mark nach Deutschland schmuggeln, um Chaos zu schaffen. Helmut Schmidt, alt, ein Schatten seiner früheren Tage, widersprach entschieden und warnte, daß ein wirtschaftlicher Zusammenbruch nur die Panzer auf die Straßen bringe. Er versprach, mit den wichtigsten Politikern der westlichen Welt über »geeignete Maßnahmen« zu sprechen – »die hören noch auf mein Wort, glauben Sie mir das«, beschwor er die knapp 200 Anwesenden. Egon Bahr, der ein paar Jahre gebraucht hatte, um dem Regime den Rücken zu kehren, forderte Verhandlungen zwischen den Blöcken, zuerst über Abrüstung und gemeinsame Sicherheit, dann aber auch über eine

»Milderung der innenpolitischen Zustände in Deutschland. Wenn die Partei sich nicht mehr von außen bedroht fühlt, dann wird sie auch im Innern die Zügel lockern.« Aber das brachte ihm keinen Beifall, vielmehr einen Zwischenruf Gerhard Löwenthals ein, den ich nicht genau verstand. Es klang so wie »Kommunistenfreund«, nett war es jedenfalls nicht gemeint.

Auch ich begriff nicht, worauf Bahr hinauswollte. Denn war nicht der Warschauer Pakt so hochgerüstet wie nie zuvor? Klagten nicht seit einigen Monaten verstärkt Westeuropäer und Amerikaner über neue Raketen der Russen? Die, noch nie mundfaul gewesen, konterten die Vorwürfe der NATO und verwiesen auf neue Waffen im Westen. Die sowjetischen Kommunisten mokierten sich via »Prawda« und »Iswestija« und über ihre Sprachrohre in den Satellitenstaaten über amerikanische, britische, französische und belgische Befriedungsmaßnahmen in Ländern der Dritten Welt, die sich nicht damit abfinden wollen, dem Westen als Hinterhof zu dienen. Der große Weltfrieden, der 1989 in Genf besiegelt worden war, ist nicht eingetreten, im Osten nicht und im Westen ebensowenig. Nach einer kurzen Zeit der Beruhigung haben auch die Supermächte wieder begonnen, sich zu belauern. Es gibt zwei gigantische Staatenblöcke auf der Erde und in beiden Blöcken Menschen, die den anderen für das Hindernis auf dem Weg zum ewigen Glück der Menschheit halten. Der Kapitalismus kann sich nicht damit abfinden, daß ein riesiger Teil der Welt sich seinen Profitinteressen widersetzt, daß er die Logik der wirtschaftlichen Vernunft, die das Heil der Menschen in sich trägt, als Ausbeutung verschmäht. Die Kommunisten wiederum glauben unbeirrbar an eine Lehre, nach der dem Kapitalismus nur eine befristete Lebenszeit bewilligt sei. Er schafft mit dem Proletariat seinen Totengräber, der aber nur vollzieht, was die ehernen Gesetze der Geschichte verlangen. Die Welt, so sieht es aus, ist nicht groß genug für beide Weltanschauungen. Eine kann der anderen nicht das Recht auf unbegrenzte Existenz zusprechen, ohne sich selbst anzuzweifeln. Der

Gewinn des einen ist der Verlust des anderen. Der Weg ist nicht weit zur Überzeugung, daß man dem anderen Verluste beibringen muß, um selbst zu gewinnen, ja, daß man nichts gewinnen kann, was man dem anderen nicht nimmt.

Die Medien berichten von gegenseitigen Blockaden im Sicherheitsrat der UNO, während beide Großmächte beginnen, im Einflußbereich der jeweils anderen Bündnispartner zu suchen. Die USA geraten selbst bei ihren Alliierten unter Druck, nachdem sie nicht nur Rebellen in Vietnam mit modernsten Waffen ausrüsten, sondern auch wieder Truppen nach Indochina schicken. Schweizer Zeitungen weisen darauf hin, daß diese anachronistische Aggression vor allem innenpolitische Gründe habe, die Rede ist von einem »quälenden Vietnamsyndrom«, das nun angegangen werde, indem die US-Regierung einen neuen Krieg anzettelt gegen Vietnam, das diesmal ohne Bündnispartner und Waffenlieferanten ist. Und doch warnen Experten die Amerikaner davor, sich in einem zweiten Krieg dort zu verstricken, auch diesmal hätten sie nichts zu gewinnen, aber viel zu verlieren.

Auf der anderen Seite herrscht wirtschaftlicher Niedergang. Aller Propaganda zum Trotz dringen immer wieder Informationen über Versorgungsmängel, Umweltkatastrophen und Planungspleiten in den Westen. Die Eingliederung Westdeutschlands hatten die Genossen in Moskau und Berlin als großen Sieg gefeiert, und es war ja auch einer, aber die Euphorie ist verflogen, und die wirtschaftliche und gesellschaftliche Misere in der grauen Welt hat alles fest im Griff. Die Herren der Sowjetunion werden sich etwas einfallen lassen müssen, um die drohende Erosion von Wirtschaft und Gesellschaft in ihrem Machtbereich wenigstens zu bremsen. In Polen hat es offenbar schon wieder Streiks gegeben, und es wurde gefordert, das Verbot der Gewerkschaft *Solidarność* aufzuheben. Vorboten neuer Aufstände gegen die Vormacht?

Heute nachmittag saß ich mit den Zeitungen, die ich im Bahnhof gekauft hatte, am Bürkliplatz im Café-Restaurant Intermezzo im Kongreßhaus. Es war einer der Tage, an denen sich normalerweise die Depressionen wenigstens für einige Stunden verflüchtigen. Sonne aus strahlend blauem Himmel, nur ein paar schattenlose Schäfchenwolken als Garnitur, der See mächtig zwischen die Ufer gegossen. Segelboote und Windsurfer, Ausflugsschiffe und, winzig klein von hier aus, Schwimmer. Ich bestellte mir einen doppelten Espresso und schlug die »Neue Zürcher Zeitung« auf. Mein Auge blieb hängen an einem Bericht über die Sowjetunion: »Moskaus Pläne – was der Kreml will«. In dieser Analyse werden Äußerungen der sowjetischen Führung und Zeitungsartikel betrachtet. Der Autor, Wolfgang Leonhard, kommt zu dem Schluß, daß das Genfer Abkommen womöglich doch nicht das Ende der machtpolitischen Ambitionen der Sowjetunion sei. Vor allem die Misere im Inneren gebe jenen Kräften in der KPdSU Auftrieb, die ihr Glück in einer zweiten Kraftprobe suchten. »Solange der Sozialismus in Konkurrenz mit dem Imperialismus aufgebaut wird, muß das Sowjetvolk enorme Ressourcen in die Verteidigung des Vaterlands investieren. Bei uns verdient niemand daran, wohingegen im Kapitalismus Rüstungsausgaben Gewinne und Arbeitsplätze schaffen«, zitiert Leonhard die »Prawda«. Und in der Militärzeitschrift »Roter Stern« fand Leonhard den Satz: »Manche haben offenbar vergessen, daß das heutige Deutschland keineswegs allein verantwortlich ist für die Opfer des Großen Vaterländischen Kriegs. Zu Hitlerdeutschland gehörte Österreich, und nicht wenige der Nazigrößen kamen aus Österreich, angefangen bei Adolf Hitler, Geburtsort Braunau. Als Josef Stalin, der Sieger über Hitler, gestorben war, nutzten unsere Feinde diesen Augenblick der Trauer und Verwirrung. Chruschtschow und seine Kamarilla, deren Machenschaften viel zu spät entlarvt worden sind, nutzten ihre Chance, um dem Abzug der ruhmreichen Sowjetarmee aus Österreich zuzustimmen. Das war Verrat am

Sowjetvolk und an jenen friedliebenden, antifaschistischen Kräften, die eine wahrhafte Demokratie in Österreich aufbauen wollten. Es gibt Fehler, die sind unwiderruflich. Und es gibt Fehler, die sich wiedergutmachen lassen. Zu welcher Sorte von Fehlern der Abzug unserer Streitkräfte aus Österreich zählt, steht noch nicht fest.«